宋代西南区域文书通信系统研究

田 青 著

北京理工大学出版社
BEIJING INSTITUTE OF TECHNOLOGY PRESS

版权专有 侵权必究

图书在版编目（CIP）数据

宋代西南区域文书通信系统研究/田青著. —北京：北京理工大学出版社，2019.3
ISBN 978-7-5682-4767-2

Ⅰ.①宋…　Ⅱ.①田…　Ⅲ.①文书工作-历史-西南地区-宋代　Ⅳ.①C931.46-092

中国版本图书馆 CIP 数据核字（2017）第 214828 号

出版发行 / 北京理工大学出版社有限责任公司
社　　址 / 北京市海淀区中关村南大街 5 号
邮　　编 / 100081
电　　话 / （010）68914775（总编室）
　　　　　（010）82562903（教材售后服务热线）
　　　　　（010）68948351（其他图书服务热线）
网　　址 / http：//www.bitpress.com.cn
经　　销 / 全国各地新华书店
印　　刷 / 定州市新华印刷有限公司
开　　本 / 710 毫米 × 1000 毫米　1/16
印　　张 / 14
字　　数 / 200 千字
版　　次 / 2019 年 3 月第 1 版　2019 年 3 月第 1 次印刷
定　　价 / 65.00 元

责任编辑 / 张荣君
文案编辑 / 张荣君
责任校对 / 周瑞红
责任印制 / 边心超

图书出现印装质量问题，请拨打售后服务热线，本社负责调换

序 言

宋代的文书通信系统是指以递铺系统为主体建构的一整套文书邮递和传播系统。尽管相关史料稀少且多散乱，但学者们还是通过艰苦卓绝的努力，出版了众多的论著，也有一些重要成果问世，如邓小南主编的《政绩考察与信息渠道——以宋代为中心》，邓小南、曹家齐、平田茂树主编的《文书·政令·信息沟通——以唐宋时期为主》，等等。这是因为文书通信系统在两宋时期的政治生活和社会发展进程中发挥着重要的作用，并同其他的社会历史内容密切相连。考察该问题，有助于我们在纷繁复杂的历史现象中抓住关键点，更深入地了解宋代政治运行和社会发展的细微之处。宋代的西南区域，不仅自然地理状况纷繁复杂，而且聚居着诸多少数民族，历来是牵涉民族关系和地方关系的重要地区，更是两宋国运延祚和朝廷屏障的要冲。所以，对宋代该区域文书通信系统的研究，则显得尤为重要，其内部的信息流通状况，也颇受后人关注。从学术界已有成果来看，有的主要着眼于两宋全国性的整体研究，有的重点研究唐宋时期的文书通信，对西南地区文书通信虽有涉及，但限于体例或内容，往往语焉不详或一笔带过。因此，专就整个西南区域的信息流通，尤其是对宋代该区域文书通信系统进行整体考察者，尚不多见。

然而，在史籍记载中，有关宋代西南区域文书通信系统的内容，既芜杂又散乱，诸处记载甚至互有抵牾。因此，要想考察宋代该区域文书通信系统的各层面，就必须广泛阅读大量史籍，搜集有关史料，进而去粗取精、去伪存真，认真地梳理和考证。这既需要花费大量的时间和精力，更需要一定的耐心和细心。今有田青同志不惮辛劳，仔细爬梳《宋会要辑稿》、《永乐大典》等各类文献，在充分利用前人研究成果的基础上，对宋代西南区域文书通信系统的建构、分布、运作、管理、演变及其社会功用等问题，做了细致入微的考察，并编纂《宋代西南区域文书通信系统研究》一书。这无疑有助于拓展该问题的研究，实属幸事。该书的出版，可以在一定程度上推动宋代文书通信及相关问题的研究，有利于今后对此类课题的进一步拓展研究，也有助于加深学术界对宋代西南区域政治运作和社会发展的总体把握。

该书立足于宋代西南区域基层社会控制的一个侧面——信息控制，以该区域的文书通信系统研究为切入点，在对陆路和水路文书通信系统建构进行全面细致梳理的基础上，以川峡四路为重心，考察了该文书通信系统的分布，渐次分析其运作、管理、演变及社会功用等方面。全书系统性较强，既有定性分析，也有数据计量、离散度等定量描述；既有宏观层面的区域内论述，又有武陵山片区、海南岛等微观层面的具体叙述。

具体来看，该书第一部分主要讨论宋代西南区域文书通信系统的建构问题，分别从陆路和水路两方面梳理该文书通信系统的架构；进一步从纵向和横向两个层面解析该文书通信系统建构的特征，并从信息控制的角度分析影响该系统建构的诸因素。作者认为该文书通信系统既具有宋代文书通信系统的一般特征，同时亦具有自身的些许殊别，整体上呈现出"哑铃形状"。而谋求对本区域基层社会信息流动的充分掌控则是该系统建构的重要诉求。

第二部分以川峡四路为例，分析宋代西南区域文书通信系统的分布问题。首先通过对各类文献资料的耙梳，以考证宋代本区域馆驿递铺等文书通信组织，并分别从时间和空间两维度具体论述其分布状况。数理分析和定量描述是这部分的特色，也是该书的一大亮点。

第三部分主要讨论宋代西南区域文书通信系统的运行与管理问

题。在辨析宋代西南区域文书通信组织种类的基础上，按照通信文书的封装、入递、传递以及交接的不同步骤，分析其文书通信的过程。从中央省院共管、地方三级管理以及使职差遣督责管理三个层面，分析该文书通信系统的管理体系。并概述宋代以前文书通信法律状况，详细梳理宋代的文书通信法律，特别是细致整理和标注了《庆元条法事类》中有关文书通信的法令条文，整理和标注了收录于《永乐大典》卷14575的《金玉新书·急递》条文，为研究西南区域乃至整个宋代的文书通信问题资料检索提供了便利。

第四部分主要讨论宋代西南区域文书通信系统的演变，涉及该系统的紊乱、整饬与崩溃等问题，并以广南西路为具体个案分析宋代西南区域文书通信系统的演变。指出：从北宋中后期开始，本区域的文书通信系统逐渐趋于紊乱，之后历朝均多次措置整饬，以图重整该系统的正常运作。但是，自宋孝宗以后，其已经在崩溃的边缘；到宋宁宗，仅是部分通信路径在勉强维持运作；宋理宗以后，作为一个满足全区域正常文书通信需求的规模性文书通信系统可以说已基本瓦解，勉强维持部分亦情况不明；当然，到蒙（元）势力大举进入本区域后，仅余的勉强维持部分也荡然无存。

第五部分讨论宋代西南区域文书通信系统的社会功用问题。重点论述其在信息的传递和传播、交通行旅环境的优化，以及推动区域经济文化发展等方面的作用。作者认为：揆诸宋代，文书通信系统"官办、官有、官用"的性质毫无损动，其传递的信息，几乎全为官方资讯；但是在无形之中，文书通信组织又渐而发展成为一个个小型的信息集散中心，各色各样的信息在人员流动中得到交流。而且本区域文书通信系统的建构直接带动诸多交通道路的修筑和开通，这在较大程度上起到了改善交通行旅环境，甚至是推动区域经济与文化发展的作用。

本书作者田青同志，2009年本科应届毕业即考入重庆师范大学历史与文博学院（现为历史与社会学院），攻读中国古代史硕士学位，在此期间，尤为勤奋努力。其从阅读研究综述和学术史回顾文献着手，逐渐把握学术研究动态，渐及古文献研习，并在此基础上选定"宋代西南区域文书通信系统研究"为其学位论文研究主题。通过三年的努力，顺利获得硕士学位后，继续修改和完善文章，最终形成了这本著作，可以说是对硕士阶段学术生活的总结。

然而，就宋代西南区域文书通信系统研究而言，尚存在一些可继续深化和发掘的空间。如该文书通信系统在西南区域发展史上的影响和作用，该文书通信系统在整个宋代文书通信系统中的地位，宋代西南区域文书通信系统在历代文书通信系统长河中的处位等，还需做进一步的研究。期望田青同志今后对相关问题的研究能更加深入，使其研究愈加细致，也祝愿其在今后的工作和生活中万事顺心，更上一层楼。

是为序。

喻学忠

2017 年端午草于重庆大学城师大苑

前　言

　　信息的传递和传播是人类社会沟通与交流的基础。随着现代科学技术的蓬勃发展，移动通信终端日益普及，我们在充分享受信息高速传播带来便捷的同时，人类社会的沟通与交流也愈加流畅。而这一切，如果从 1978 年贝尔试验室成功研制移动电话系统（AMPS），并建成蜂窝状移动通信网（1G 网络，即第一代移动通信网络）开始计算，才经历了不足 40 年的历程；如果从 20 世纪 20 年代即现代移动通信技术最早发展开始计算，也经历了不足 100 年的历程。那么在古代，在科学技术相对落后和原始的状态下，人们又是如何通信，如何实现信息的传递和传播呢？

　　从这个疑问出发，2008 年下半年，我一度计划以急递铺为主题撰写论文。后来因一些缘故，最终没有选择该主题。但是这个疑问一直在脑海盘旋，并在我以后的学习过程逐步走近宋代的文书通信问题，持续强化对宋代西南区域文书通信系统的关注，开始尝试进行一些有益的探索。有幸的是在 2010 年 11 月参加重庆师范大学历史与社会学院研究生学术活动月时，以"宋初西南区域水路文书通信系统建构"为主题，做了学术演讲。其后，在 2011 年 5 月参加中央民族大学历史学院主办的"第二届民族史研究生论坛"时，提交了《试析宋初西南民族区域文书通信系统的建构》一文。2011 年 8～9 月间，参加中山大学举办的"海与中国及周边社会"研究生暑期高级研讨班后，写了《宋代海南岛陆路及海陆文书通信体系述论——从"中心与周边观"出发》一文。在上述探索的基础上，完成了《宋初西南区域文书通信系统的建构述略》（发表在《天府新论》2012 年第 1 期），不仅是我研究宋代西南区域文书通信系统的一个里程碑，而且是上述问题持续发挥引导作用的一个体现。这再次彰显了问题意识尤其是对现实社会中存在的问题予以关照并提炼出研究主题的问题意识，在研究和写作中的重要性。正如巴尔扎克所言："打开一切科学的钥匙都毫无疑问的是问号，而生活的智慧就在于逢事就要问个为什么。"回顾学界近年来对宋代文书通信和信息流通渠道诸问题的研究，不难发现正是在强烈问题意识的指引下，学界集体讨论、整体协作、聚焦问题，不断深化相关研究。以邓小南教授和曹家齐教授为代表，相继就君主与朝臣间信息沟通渠道、朝廷与地方间信息的获取与传递、言官以及讲读官和经筵官的信息传达、中央与地方各级各类奏章通进和管理部门以及其他各类信息流通渠道的构筑等问题进行了系列的考察。

  基于上述疑问、上述问题，笔者从当下现实社会中的信息传递和传播出发，立足宋代西南区域基层社会控制的一个侧面即信息控制，以该区域的文书通信系统研究为切入点，在对陆路和水路文书通信系统建构做全面细致梳理的基础上，以川峡四路为重心来考察该文书通信系统的分布问题，渐次分析其运作、管理、演变及社会功用诸问题。简而言之，笔者希望通过对宋代西南区域借助文书通信实现信息传递和传播问题做深入的剖析，回应上述关于古代在科学技术相对落后和原始的状态下，人们是如何通信以及实现信息传递和传播的疑问。又因为文书通信系统在宋代政治生活和社会发展进程中发挥着重要的作用，并同其他的社会历史内容密切相连，所以也希望能透过对宋代西南区域文书通信系统的讨论，了解古代是如何籍借着各类官文书实现对地方区域、地方官僚体系以及地方各级社会的充分掌控的，这种掌控具体深入到何种程度，其动态演变过程又是何种之形式。

目　　录

第一章　绪　论 ··· 1

  第一节　选题缘由 ··· 1
  第二节　研究现状 ··· 3
  第三节　研究内容与创新之处 ··· 21
  第四节　研究难点及视角思索 ··· 24

第二章　宋代西南区域文书通信系统的建构 ·························· 26

  第一节　宋代以前西南区域的文书通信 ······························ 26
  第二节　宋初西南区域文书通信系统的建构 ······················ 29
  第三节　宋代西南区域文书通信系统的特征解析 ··············· 40
  第四节　宋代西南区域文书通信系统建构原因 ·················· 46

第三章　宋代西南区域文书通信系统的分布 ·························· 51

  第一节　宋代川峡四路文书的通信组织 ······························ 52
  第二节　宋代川峡四路文书通信组织的时间维度分布 ······· 93
  第三节　宋代川峡四路文书通信组织的空间维度分布 ······· 95

第四章　宋代西南区域文书通信系统的运行与管理 ············· 101

  第一节　文书通信组织的种类 ·· 101
  第二节　文书通信的过程 ··· 105
  第三节　文书通信的管理体系 ·· 115
  第四节　文书通信的法律体系 ·· 122

第五章 宋代西南区域文书通信系统的演变 …………………… 144

第一节 西南区域文书通信系统的紊乱 ……………………… 144
第二节 西南区域文书通信系统的整饬与崩溃 …………… 151
第三节 西南区域文书通信系统演变的个案分析 ………… 163

第六章 宋代西南区域文书通信系统的社会功用 ………………… 175

第一节 宋代西南区域文书通信系统与信息的传递和传播 …… 175
第二节 宋代西南区域文书通信系统与交通行旅环境的优化 …… 183
第三节 宋代西南区域文书通信系统与区域经济文化 ………… 193

参考文献 …………………………………………………………… 202

后 记 ……………………………………………………………… 213

第一章 绪 论

第一节 选题缘由

　　宋代的文书通信系统是指以递铺系统为主体建构的一整套文书邮递和传播系统。此系统在历代的支撑主体均有所不同，早在殷商时代，甲骨文中已出现"逐""遘""传"等字，这表明当时已出现较为成熟的系统性文书通信机构。西周之时，已经有了比较完整的文书通信系统。不同的文书传递方式有着不同的名称，"传"为轻车快递，"驲"也是车传，"邮"指边境地区的文书通信，"徒"则为急行步传。春秋战国时期，文书通信系统有所发展，在史籍中出现大量相关记载，如《左传》，成公五年："晋侯以传召伯宗"；《国语·吴语》中有"徒遽来告"之语；《孟子·公孙丑》中亦有"德之流行，速于置邮而传命"，可见那时系统性的文书通信组织已很普遍了。秦汉时期，形成了以国都为中心向四面八方辐射的"置""传""邮""驿"等组织，藉以宣达王命。"邮""置"之制代代相传，魏晋时期亦然，唯因用"传"费用较大，故多已省略，而"邮""驿"仍旧。延至李唐王朝，"驿"在全国范围内大规模设置，并吞"邮""置"，承担文书通信以及官员接待之职。宋则专置递铺以传递各类文书，递铺有步、马、急脚递铺及金字牌急脚递铺之别，南渡之后复又增置斥堠铺和摆铺。辽金概略如是。蒙元之时，在全国设置

"站"与"急递铺",统共完成文书的传递和王命的传达,由各地的站户负责站的日常运作。明代,在京城设置"会同馆"负责中央同地方的文书传递与通信,地方则分设"水马驿""递运所"和"急递铺",专职于各类文书的通传和驿递工作。清代,以京城的皇华驿为中心,通达全国,地方设有"驿""站""台"和"塘",习惯上仍统称为驿站。

纵观此制,自殷商创设,绵延变迁,殆至清末消亡,前后达数千年之久,其在中国古代的政治生活和社会发展进程中发挥着至为重要的作用,并同其他社会历史内容密切相连。故而考察宋代的文书通信问题,有助于在纷繁复杂的历史现象中抓住其关键点。近年来,此问题逐渐成为学界关注与讨论的热点问题。关于这一点,黄宽重先生曾指出:对于信息搜集、理解处理及其流动的过程,对于这一过程中的各个环节,对于可能参与传递、控制,甚至是扭曲信息的各种社会群体或力量的关注,不只是当代社会科学研究的重要议题,更是近年来历史学界探讨政治、制度、社会文化等范畴的新视角。[①] 尤其是自 2001 年以来,内地的宋史学界通过集体讨论的方式,首先提出走向"活的制度史"的呼吁,在此情形下,学术界相继出现了大批具有较高学术价值的研究成果,而且逐渐关注到文书传递与政令运作等层面的问题。笔者虽才疏智浅,然而对千余年前赵宋王朝的文书传递状况、信息流通与沟通情况等问题甚感兴趣,也希望能通过自己的些许努力以窥其一斑。

10—13 世纪,赵宋王朝的成都府路、利州路(南渡后辖区有所扩大,并分为东西二路)、梓州路(南渡后改为潼川府路)、夔

---

① 参见黄宽重:《"宋代军政信息的传递"项目论证》,转引自邓小南:《宋代信息渠道举隅:以宋廷对地方政绩的考察为例》,《历史研究》,2008 年第 3 期,第 140 页。

州路、荆湖北路西部、荆湖南路西南部和广南西路西部（今天的重庆市全境、四川省的大部分地区、贵州省全境、云南省东北部、广西壮族自治区的大部分地区、海南省全境、湖南省西部以及湖北省西南部）。此区域地处我国西南，不仅自然地理状况纷繁复杂，而且聚居着诸多少数民族，这些地区在中华民族的历史上占据显著之地位，宋代尤为如此。因此本区域内部的信息流通状况，便颇受后人关注。尽管相关史料稀少且多散乱于诸书之中，但学界前辈经过艰苦卓绝的努力，取得了一定的成果。但就整个西南区域的信息流通，尤其是对其文书通信系统进行考察者，尚不多见。故而笔者两者结合，以宋代西南区域文书通信系统为研究主题，希望能通过对宋代西南区域文书通信系统的建构、分布、运作、管理、演变及其社会功用等问题的讨论，略窥赵宋王朝的文书通信、信息沟通等状况。继而讨论帝国是如何凭借着各类官文书实现对地方区域、地方官僚体系，以及地方各级社会的充分掌控的，讨论这种掌控具体深入到何种程度，其动态演变过程又是何种之形式。

总之，笔者希望通过对宋代西南区域文书通信系统的分析，探讨统治者是如何在日常生活中对地方社会进行控制的。

第二节 研究现状

现存文献中有关宋代文书通信制度的记载，最为密集者当属《宋会要·方域》（清人徐松有辑录）、《金玉新书·急递》（明修《永乐大典》卷14575有收录）、《续资治通鉴长编》和《宋史》等。此外部分类书、笔记、文集以及地方志中也有零散的内容。从文献总量上看，有关其记载并不算少；不过，细理之下就会发现上述诸书的有关记载均存在较严重的残缺，而且记载中也多有概念不清，甚至是互相矛盾之处，这无疑增加了后来者研究的难度。笔者以2001年以来，内地发表的有关宋代文书通信的论文为例，整理了其中参引的史料出处，可略窥相关文献史料的分布。相关史料引用情况统计，见表1-1。

表1-1 相关史料引用情况统计

类别	书目	引用次数/次	书目	引用次数/次
官修史籍	《宋会要辑稿》	256	《永乐大典》	54
	《宋史》	20	《太平广记》	9
	《武经总要》	8	《宋刑统》	4
	《宋大诏令集》	2	《庆元条法事类》	1
私修史籍	《续资治通鉴长编》	102	《建炎以来系年要录》	17
	《玉海》	8	《金佗稡编》	8
	《三朝北盟汇编》	3	《隆平集》	2
	《历代名臣奏议》	2	《稽古录》	1
	《太平治迹统类》	1	《九朝编年备要》	1
文集	《陆游集》	8	《苏轼全集》	8
	《欧阳文忠公集》	7	《梁溪集》	5
	《山谷集》	5	《诗话总龟》	4
	《庚溪诗话》	3	《渔隐丛话》	3
	《临川文集》	2	《柯山集》	2
	《范文正文集》	2	《浮溪集》	2
	《知稼翁集》	2	《毗陵集》	2

续表

类别	书目	引用次数/次	书目	引用次数/次
文集	《包拯集》	1	《西塘集》	1
	《道乡集》	1	《青山集》	1
	《宛陵集》	1	《跨鳌集》	1
	《止堂集》	1	《止斋先生文集》	1
	《宋文公文集》	1	《太仓稊米集》	1
	《王十朋全集》	1	《忠正德文集》	1
	《紫薇集》	1	《相山集》	1
	《香山集》	1	《后村集》	1
	《可斋杂稿》	1	《石林诗话》	1
	《中山诗话》	1		
笔记	《梦溪笔谈》	22	《参天台五台山记》	6
	《燕翼诒谋录》	5	《建炎以来朝野杂记》	4
	《夷坚志》	4	《侯鲭录》	4
	《朝野类要》	3	《事物纪原》	2
	《北狩见闻录》	2	《醉翁谈录》	2
	《墨客挥犀》	2	《挥麈录》	1
	《容斋随笔》	1	《清箱杂记》	1
	《铁围山丛谈》	1	《独醒杂志》	1
	《曲洧旧闻》	1	《却扫编》	1
	《清波杂志》	1	《投辖录》	1
	《默记》	1	《武林旧事》	1
	《东京梦华录》	1	《梦粱录》	1
	《演繁露》	1	《书序指南》	1

续表

类别	书目	引用次数/次	书目	引用次数/次
方志	《淳熙三山志》	13	《嘉泰会稽志》	12
	《咸淳临安志》	12	《新安志》	9
	《宝庆四明志》	8	《景定建康志》	8
	《淳祐临安志》	4	《嘉泰吴兴志》	3
	《舆地纪胜》	2	《乾道临安志》	2
	《嘉定赤城志》	2	《嘉定镇江志》	2
	《咸淳毗陵志》	2	《吴郡志》	2
	《太平寰宇记》	1	《开庆四明续志》	1
	《云间志》	1	《读史方舆纪要》	1

说明：

① 本表仅据笔者所见 2001 年以来内地发表的相关文章统计而成；

② 表中部分相同作者的文集，如版本不同，合并统计，且取常用版本名；

③ 统计文章中每注释一次即计一次引用次数。

一、20 世纪 30—40 年代的发轫期

近代以来，学术界对宋代文书通信问题展开的研究和讨论并不算晚。在 20 世纪三四十年代，已被国内外学者涉及。1930 年，日本学者曾我部静雄发表的《宋代的驿传邮铺》① 一文，是笔者目前所见到的有关该问题国外最早的专文。该文已经认识到宋代存有馆驿与递铺两套不同的系统，并以后者为论述重点，介绍了宋代递铺的设置状况和职能等问题。后来，我国学者王夔强发表了题为《宋代交通制度考略》② 的一系列短文，其中涉及文书通信制度的内容有：宋

---

① 曾我部静雄：《宋代的驿传邮铺》，《桑原博士还历纪念东洋史论丛》，1930 年。

② 王夔强：《宋代交通制度考略》，《安雅月刊》，1935 年 5 月~1936 年 1 月共 5 期。

代中国外蕃互相交通之官职驿馆、太祖建隆三年诏诸道邮传以军卒递、神宗熙宁某年设金字牌急脚递。其关注到宋代文书通信领域的一些新现象,但文中均是以少数几条史料对所列之现象直接说明,未作深入研究。接着,日本学者青山定雄亦发表《宋代的邮铺》① 一文,其在继承曾我部静雄的部分成果基础上,直接以递铺为研究对象,在论及宋代急脚递铺的传递方式时,其更是进一步强化论证急脚递是铺兵脚走传递,并非乘马传递。之后,中国学者魏重庆发表了《两宋时代之交通事业》②,其已认识到递铺与馆驿是两个不同的系统,对递铺的内部组成及其职能作了简要叙述。可以说该文基本上理清了宋代文书通信的大致格局,不过在递铺的具体设置状况以及递铺与馆驿之间的区别和联系上并未完全理清。

在史料整理方面亦有部分成果。《宋代全省馆驿铺数》③ 是当时依据方志,对宋代福建路馆驿和递铺的简略统计。在今天看来,该表的统计与实际状况差别较大。同期,日本学者泷川政次郎有《宋元驿制记事——〈永乐大典〉所引〈金玉新书〉及〈经世大典〉逸文》④,对《永乐大典》中所收录的《金玉新书·急递》做了一些辑补的工作,显示了作者史学功底。不过限于该文流通不广,后辈学者很少关注该项成果。

此外,在这一时期,关于中国古代邮驿与邮制方面的论著,对宋代的文书通信问题亦有所涉及。如1935年,张樑任的《中国历代邮制

---

① 青山定雄:《宋代的邮铺》《东方学报》,1936年第6期;颐安曾将其译为中文,发表于《中和月刊》,1942年第9期。
② 魏重庆:《两宋时代之交通事业》,《正风半月刊》,1936年第11期。
③ 《宋代全省馆驿铺数》,《统计副镌》,1941年第32期;《闽政月刊》,1941年第4期转引。
④ 泷川政次郎:《宋元驿制记事——〈永乐大典〉所引〈金玉新书〉及〈经世大典〉逸文》,建国大学研究院编:《满洲事情案内所》,1942年B5。

概要》① 一文，简略提及宋代的驿递制度。其著的《中国邮政》② 一书，基本沿袭了上述成果。1940 年，楼祖诒的《中国邮驿发达史》③ 一书，为一长文性质的论作，其中介绍了宋代的急脚递铺、邮驿令等状况。

以上诸作代表了二十世纪三四十年代有关宋代文书通信研究的主要成果。整体上看，均属于宋代文书通信研究的起步阶段，仅对一些表面问题做了初步探讨，并未厘清宋代文书通信的根本问题。当然，不可否认，前辈们筚路蓝缕开创之功不可磨灭。

二、20 世纪 50—70 年代的深化期

在 20 世纪 50—70 年代，内地史学界与外界的正常学术交流被阻断，在这一阶段，学术界有关宋代文书通信的研究呈现出内地学术界萎缩不振与海外取得大幅进展的分化局面。目前所见，此阶段内地仅有一篇研究宋代文书通信的专文，即史式的《宋代的军邮》④ 一文。该文从递铺的中央管理机构、经费来源、邮驿人员改由军人担任、急递铺的设置和运作状况，以及邮驿牌符等方面论述了宋代的军事邮驿制度，具有启发意义。此外，还有少量通论中国古代邮驿与邮制方面的论著涉及这一问题，如董新和的《中国邮政简史》⑤ 一文，略及宋代以兵卒代替民夫为递、急脚递以及通信牌符等问题；题名滇生的《中国古代的邮政》⑥、张增元的《古代邮驿漫话》⑦ 及钱剑夫的《邮驿溯源》⑧ 等文，均对宋代文书通信的若干问题略有涉及，并无更深

---

① 张樑任：《中国历代邮制概要》，《东方杂志》，1935 年第 1 期。
② 张樑任：《中国邮政》，商务印书馆，1935 年。
③ 楼祖诒：《中国邮驿发达史》，中华书局，1940 年。
④ 史式：《宋代的军邮》，《集邮》，1963 年第 7 期。
⑤ 董新和：《中国邮政简史》，《中国一周》，总第 430 期，1958 年 7 月。
⑥ 滇生：《中国古代的邮政》，《安徽日报》，1962 年 3 月 24 日。
⑦ 张增元：《古代邮驿漫话》，《天津日报》，1962 年 9 月 9 日。
⑧ 钱剑夫：《邮驿溯源》，《新民晚报》，1963 年 3 月 13 日。

研究。在史料整理方面，楼祖诒的《中国邮驿史料》①在第二章第二节的"急递铺"中收录了部分宋代急递铺创设缘由、中央管理、组织变迁及寄递文书实况的史料；在第三章第二节的"驿律介绍"中涉及部分宋代的通信法规；在第四章的"邮驿牌符"中收录了部分宋代的通信牌符史料；在第五章第三节的"邮驿交通空前发展"中收录了有关宋代水路文书通信的史料。该书收录的宋代史料基本上是从《宋史》《宋会要》和《续资治通鉴长编》等书中辑录，没有收录文集、笔记和方志资料。由上述分析，可以看出，由于政治运动的影响及学界关注焦点之转移等因素的影响，在20世纪50—70年代，国内学术界有关宋代文书通信的研究成果相对较少。

反观海外学术界，不难发现这一阶段关于宋代文书通信的研究在深度和广度上都有了很大的进展。1952年，日本学者真上隆俊发表《关于南宋邮铺的考察》②一文，首次对南宋时期的斥堠铺、摆铺的设置情况作了探讨，在宋代急脚递传递方式问题上则继续坚持走传说，否认有骑马传递之现象。对于这一点，小岩井弘光在《论宋代急脚递铺兵》③一文中则有更为详细的论述，该文还讨论了宋代急脚递铺兵的招募、填补、待遇及处境等问题。1962年，青山定雄出版了《唐宋时代的交通与地志地图研究》④一书，其中第一篇的第五章"宋代递铺的发达"研究的是宋代文书通信，主要论及六个问题：递铺的种类与管理、组织；递铺的所在；递铺的任务；金字牌与北宋末递铺的弛废；驿与递铺的关系；斥堠铺与摆铺。总的来看，该部分在总结之前研究成果的基础上，通过大量征引文献资料，较为系统、全面地考察了有关宋代递铺的诸多问题，并且首次论及宋代

---

① 楼祖诒：《中国邮驿史料》，人民邮电出版社，1958年。
② 真上隆俊：《关于南宋邮铺的考察》，《东洋学报》，1952年第1、2、4期。
③ 小岩井弘光：《论宋代急脚递铺兵》，《集刊东洋学》，1959年第1期。
④ 青山定雄：《唐宋时代的交通与地志地图研究》，东京：吉川弘文馆，1962年。

的馆驿与递铺的关系，使人们对宋代文书通信制度有了较为完整和清晰的认识。不过，该书毕竟不是专门研究文书通信的著作，对递铺若干问题的研究也显粗略，其中许多问题仍未能辨别清楚，如文书通信过程，递铺的种类，金字牌急脚递铺创设时间，斥堠铺与摆铺的设置时间、发展演变及其与省铺的区别和联系等问题。1971年，学者刘伯骥出版了《宋代政教史》[①]一书，其中有涉及宋代的文书通信问题，但仅是对基本内容简略介绍，没有新的创获。1977年，澎瀛添发表《两宋的邮驿制度》[②]一文，其中对宋代文书通信问题定有所创建，但笔者一直未见原文，甚为可惜。

三、20世纪70年代末至今的繁荣期

进入到20世纪70年代末以来，学术界对宋代文书通信问题的相关研究呈现出普遍繁荣的状态。

在这一阶段，我国史学研究取得了辉煌的成就，出现了许多专史及断代史著作，论文方面则更是难以计数，其中有部分成果论及到了宋代的文书通信这一问题。据笔者初步统计，到目前为止已有论述宋代的文书通信及其相关问题的文章30余篇。

1. 考察宋代的邮传制度及其演变过程为论述对象的文章

以宋代的邮传制度及其演变过程为论述对象的文章，如曹家齐的《南宋对邮传之整饬与更张》[③]《唐宋驿传制度变迹探略》[④]《南宋

---

① 刘伯骥：《宋代政教史》，中华书局，1971年。
② 澎瀛添：《两宋的邮驿制度》，《史学汇刊》，1977年第8期。
③ 曹家齐：《南宋对邮传之整饬与更张》，《中山大学学报》，2003年第6期。
④ 曹家齐：《唐宋驿传制度变迹探略》，《燕京学报》新17期，北京大学出版社，2004年。

临安府周围之邮传系统——立足具体背景和设置状况的考察》①《宋代文书传递制度述论》②、魏天安、杨世利的《宋代的驿馆与邮传》③、戴庞海的《宋代的邮传制度》④，以及赵彦昌、吕真真《宋代公文邮驿制度研究》⑤等文。中山大学曹家齐教授的《唐宋驿传制度变迹探略》一文立足于"唐宋变革"之说，在详细总结前人学术界成果的基础之上，于"从驿传合一到驿递分离""宋代馆驿和递铺之区别与联系""驿券性质之变化"三方面系统地论述了唐宋两代在驿传制度上的变迁，可谓是对上述三个问题的总结性论说。《宋代的驿馆与邮传》一文对宋代邮驿制度的发展状况作了论述，文中指出：宋代的驿传网络由驿馆与递铺构成，采用接力传递方式；此外，该文还阐述了宋代的递卒充役、驿的功能和作用及驿馆的费用开支等问题；不过此文混淆了宋代馆驿与递铺的区别，在驿递分离问题上似为倒退。另外，《宋代公文邮驿制度研究》一文，以公文邮驿制度为研究对象，从组织管理、传递方式、传递人员、传递过程及公文邮驿律五方面对宋代的公文邮驿制度进行了全面的论述；同时指出：宋代的公文邮驿制度是在继承隋唐时期公文邮驿制度的基础上演变、创新而来，显示出了新特点。

2. 考察宋代文书通信组织递铺及其相关问题的文章

考察宋代文书通信组织递铺及其相关问题的文章有孙志平的《宋代的

---

① 曹家齐：《南宋临安府周围之邮传系统——立足具体背景和设置状况的考察》，《文史》，2008年第3辑；《人大复印资料——宋辽金元史》，2009年第1期全文转载。
② 曹家齐：《宋代文书传递制度述论》//邓小南主编：《政绩考察与信息渠道——以宋代为重心》，北京大学出版社，2008年。
③ 魏天安、杨世利：《宋代的驿馆与邮传》，《中州学刊》，2003年第4期。
④ 戴庞海：《宋代的邮传制度》，《中州今古》，2004年第6期。
⑤ 赵彦昌、吕真真：《宋代公文邮驿制度研究》，《浙江档案》，2009年第3期。

递铺》①、王云海、张德宗的《宋代的邮递铺兵》②、汪圣铎的《宋代的递铺》③、曹家齐的《金字牌递创置时间小考》④《宋代的馆驿和递铺》⑤《宋代递铺种类考辨》⑥ 和《关于南宋斥堠铺、摆铺的几个问题》⑦ 等文。值得注意的是《金字牌递创置时间小考》一文，通过对《续资治通鉴长编》《宋会要辑稿》《梦溪笔谈》《嘉泰会稽志》和《金玉新书》等书中有关金字牌创置时间记载的考证，指出：金字牌形成定制于宋神宗元丰六年（1083 年）。从而解决了金字牌形成于何时这个长期困扰学术界的问题。其次为《关于南宋斥堠铺、摆铺的几个问题》一文，作者首先通过对诸书的考证指出摆铺创置于高宗绍兴四年（1134 年），并就斥堠铺与摆铺的演变过程、具体设置状况及其与旧有递铺的关系等问题做了详细的论述。

3. 考察宋代急脚递铺及传递方式考察的文章

对宋代急脚递铺及其传递方式考察的文章，有吴士海的《宋元明清急递铺述略》⑧、曹家齐的《宋代急脚递考》⑨、焦杰的《北宋急脚递的传递方式考》⑩ 和《唐宋金元急递制度的沿革》⑪ 等。《宋代急脚递考》一文，在全面总结前辈们有关宋代急脚递铺传递方式的

---

① 孙志平：《宋代的递铺》，《中国邮政》，1985 年第 1 期。
② 王云海、张德宗：《宋代的邮递铺兵》//邓广铭、漆侠主编：《宋史研究论文集》，浙江人民出版社，1987 年。
③ 汪圣铎：《宋代的递铺》，《文史知识》，1988 年第 5 期。
④ 曹家齐：《金字牌递创设时间小考》，《江海学刊》，1998 年第 5 期。
⑤ 曹家齐：《宋代的馆驿和递铺》，《华夏文化》，1999 年第 3 期。
⑥ 曹家齐：《宋代递铺种类考辨》，《文史》第 51 辑，中华书局，2000 年。
⑦ 曹家齐：《关于南宋斥堠铺、摆铺的几个问题》，《浙江大学学报》，2002 年第 5 期。
⑧ 吴士海：《宋元明清急递铺述略》，《秘书之友》，1993 年第 1 期。
⑨ 曹家齐：《宋代急脚递考》，《中国史研究》，2001 年第 1 期。
⑩ 焦杰：《北宋急脚递的传递方式考》，《中国历史地理论丛》，2008 年第 3 期。
⑪ 焦杰：《唐宋金元急递制度的沿革》，《社会科学评论》，2008 年第 3 期。

不同论述基础上,详细论证了宋代急脚递中马递与步递并存的事实,指出:宋代各个等级(递铺)的传递速度,并不是以交通工具的行速限度而定,而是根据文书的性质和各类传递规则所定。《北宋急脚递的传递方式考》一文,则进一步对该问题加以研究,文中指出急脚递原则上应乘马而传,并分析了中后期出现走传的原因是马匹不足造成的。两文的研究成果代表了当前学术界对该问题深入的理解。

4. 多角度深入考察的文章

从文学研究角度切入此问题的文章,如刘洪生的《唐宋题壁诗词的思想价值》①、李德辉的《论宋人驿铺题诗》②和谭新红的《宋代的驿递制度与文学传播》③等。《唐宋题壁诗词的思想价值》一文,从文学研究角度入手,分析了唐宋时期题壁诗词的思想及文化价值,其中对宋代的馆驿及递铺诗词也多有涉及,对于更好地理解宋代驿铺诗词的思想文化价值有较大的启发意义。《论宋人驿铺题诗》一文,则详细论述了宋人驿铺题诗的题写方式、创作形态、主要特点及其社会文化效应等问题,从而为后人正确使用宋人文集中的诗词资料打下了基础。《宋代的驿递制度与文学传播》一文,回顾了宋代的馆驿与递铺制度的一般情况,重点论述了宋代的私人用邮问题,并在此基础上分析了宋代文学的驿递传播诸情况。文中指出宋代文学的驿递传播指作品随同作者的书信进行传播,这显示了作者的真知灼见。

此外,专论宋代私人用邮问题的文章,如桦子的《宋代的私人用邮》④。有以文书通信的管理体制为论述重点的文章,如游彪的《宋代邮政管理体制的一个侧面——以进奏院的职责与官方文书的分

---

① 刘洪生:《唐宋题壁诗词的思想价值》,《湛江海洋大学学报》,2005年第2期。
② 李德辉:《论宋人驿铺题诗》,《衡阳师范学院学报》,2009年第2期。
③ 谭新红:《宋代的驿递制度与文学传播》,《武汉大学学报》2010年第6期。
④ 桦子:《宋代的私人用邮》,《上海师范大学学报》,1987年第2期。

类为中心》①。更有进行个案研究的文章，如王文楚的《宋东京至辽南京驿路考》②，以《北道刊误》所列的北宋都城开封至辽驿路为参考依据，通过对宋辽驿路的个案研究，探究宋廷"外交文书"的传递和通信状况；游彪的《宋代朝廷与地方之间的"文字"传递》③，以"文字"这种特殊的官文书为研究对象，通过个案研究的方式探讨宋代文书通信的相关问题。

在 21 世纪初，学术界普遍的掀起了一股对过去研究成果的回顾和反思潮流，出现了大量的研究述评或研究综述类文章。在宋代文书通信研究领域亦有此类成果，如曹家齐的《宋代驿传制度史研究评述》④，该文是作者参加 2001 年在杭州召开的"近百年宋史研究的回顾与展望"学术研讨会时提交的论文，其中对 20 世纪国内外有关宋代驿传制度的研究成果作了系统的梳理，为后人快速查阅相关文献提供了方便。不过文章对 21 世纪初的成果则无涉及，而且文章论述时间范围内的部分重要论著也没有提及，这不能不说是一个遗憾。其他邮驿史以及交通史的回顾与综述文章，对宋代的文书通信问题的研究成果亦有评述，如苏全有、陈自豪的《中国邮驿史研究的回顾与反思》⑤、谢日升的《广西交通史研究综述》⑥ 及王子今的《中国交通史研究一百年》⑦ 等文。

除上述专论宋代文书通信及其相关问题的文章外，这一时期也

---

① 游彪：《宋代邮政管理体制的一个侧面——以进奏院的职责与官方文书的分类为中心》，《云南社会科学》，2003 年第 3 期。

② 王文楚：《宋东京至辽南京驿路考》，《古代交通地理丛考》，中华书局，1996 年。

③ 游彪：《宋代朝廷与地方之间的"文字"传递》，《河南大学学报》，2003 年第 3 期。

④ 曹家齐：《宋代驿传制度史研究评述》//包伟民主编：《宋代制度史研究百年（1900~2000）》，商务印书馆，2004 年。

⑤ 苏全有、陈自豪：《中国邮驿史研究的回顾与反思》，《北京邮电大学学报》，2010 年第 5 期。

⑥ 谢日升：《广西交通史研究综述》，《广西地方志》，2009 年第 6 期。

⑦ 王子今：《中国交通史研究一百年》，《历史研究》，2002 年第 2 期。

有大量通论中国古代邮驿与邮制相关问题的文章也有涉及宋代部分。通论中国古代邮驿与文书通信类的文章有王文楚的《中国古代驿传制度概述》①、陈京的《中国邮驿发展简史》②、陈燮阳、乔惠英的《中国古代邮驿沿革》③、程京生的《见证源远流长的中华通信文化》④、王晓静的《中国古代的邮驿系统》⑤，以及苏卫国的《中国古代文书接力传递问题试探》⑥等文。《中国古代的邮驿系统》一文回顾了中国古代自春秋战国到明清各历史时期邮驿系统的发展与演变历程，论述了邮驿系统的种类及各自特点等问题，其中宋代部分论及递铺组织的相关问题，如递铺组织的性质、急脚递铺的日常运作、金字牌急脚递的情形等；尤其值得注意的是该文图文并茂，在宋代部分配置了安徽凫县南樵楼宋代急递铺遗址图片以及浙江宁波西沙岭宋代驿亭遗址图。《中国古代文书接力传递问题试探》一文，从文书的传递角度入手，首先界定了文书接力传递的意旨，并通过对秦汉简牍资料中文书接力传递情况的整理，对比分析唐宋文书接力传递诸问题，文章的思路具有较大的启发意义。

从信息传递和传播角度着手分析的文章，如刘宝河、刘七妮的《我国古代的信息传递》⑦、吴建琪、王树生的《中国古代信息传播方式略论》⑧，以及邹莹的《中国古代邮驿制度与传播》⑨等文。《中

---

① 王文楚：《中国古代驿传制度概述》，《历史教学问题》，1983年第3期。
② 陈京：《中国邮驿发展简史》，《邮政研究》，1990年第3期。
③ 陈燮阳、乔惠英：《中国古代邮驿沿革》，《汽车研究与开发》，1999年第3期。
④ 程京生：《见证源远流长的中华通信文化》，《知识就是力量》，2003年第6期。
⑤ 王晓静：《中国古代的邮驿系统》，《中国文化遗产》，2009年第2期。
⑥ 苏卫国：《中国古代文书接力传递问题试探》，《鞍山师范学院学报》，2010年第1期。
⑦ 刘宝河、刘七妮：《我国古代的信息传递》，《决策与信息》，1999年第5期。
⑧ 吴建琪、王树生：《中国古代信息传播方式略论》，《哈尔滨工业大学学报》，2001年第3期。
⑨ 邹莹：《中国古代邮驿制度与传播》，《咸宁学院学报》，2003年第4期。

国古代信息传播方式略论》一文，分析了中国古代口头传播、印刷术传播和邮驿传播三种不同的传播方式，并论及了急递铺等邮驿传播对中国古代社会面貌、统治方式和平民生活可能产生的影响。《中国古代邮驿制度与传播》一文，则在回顾中国古代邮驿发展演变过程及历代政府对邮驿的管理问题后，重点论述了邮驿在政治信息、军事信息乃至经济信息传播领域的作用。

专论历代邮驿法规和管理类文章，如王殿芝的《我国古代的邮驿法规、法令》①、涂继文的《古代的邮驿法规法令》②、胡文悼的《古代邮驿的管理》③《中国古代的邮驿法规》④，以及陈孔坛的《古代邮驿及其法律》⑤ 等。上述诸文均详略不同地涉及宋代的文书通信法规，如《金玉新书》和《嘉祐驿令》等，基本厘清了其面貌，不过这些文章无一例外皆为介绍性文章，对宋代文书通信法规没有深入分析。

在这一时期，有大量文章是考证某一地域古代馆驿与递铺的设置状况，如《浙江集邮》在1998—1999年间相继发表的数十篇考证浙江各地古代馆驿与递铺设置状况的文章，其代表作有《上海古代邮驿简介》《杭州的古驿》《嘉兴的古驿》《湖州的古驿》《宁波的古驿》《绍兴的古驿》《金华的古驿》《衢州的古驿》《严州的古驿》《处州的古驿》《台州的古驿》和《温州的古驿》等文，通过对传统文献的梳理考证了古代浙江各地的馆驿与递铺设置状况。上述诸文

---

① 王殿芝：《我国古代的邮驿法规、法令》，《中国档案报》，2003-06-13（2）。
② 涂继文：《古代的邮驿法规法令》，《中国邮政报》，2004-11-12（6）。
③ 胡文悼：《古代邮驿的管理》，《中国邮政报》，2006-03-31（6）。
④ 胡文悼：《中国古代的邮驿法规》，《中国邮政报》，2006-03-31（6）。
⑤ 陈孔坛：《古代邮驿及其法律》，《检察风云》，2010年第20期。

大都被收进了施水浪的《邮驿春秋》① 一书中，该书还收录了《广西古驿考》《古代川陕栈道（驿道）概况》等考证其他地区古代馆驿与递铺设置状况的文章。此类论文还有蓝勇的《唐宋四川馆驿汇考》②、李良品的《长江三峡地区水驿发展浅探》③ 和黄祥辉的《松江府驿站和递铺考》④ 等，均从文献梳理以及实地考察两方面着手考证了某一地域古代馆驿与递铺的设置状况。纪小春的《青海古代邮驿考述》⑤ 一文，则分先秦两汉、唐宋元及明清三个时期论证了古代青海地区邮驿的发展与演变状况，文章指出：北宋在河湟地区设有邮驿机构负责文书的传递和通信。

当然，有部分论文从各种视角切入论述，如曹尔琴的《中国古都与邮驿》⑥ 一文，则以古代都城与邮驿的关系的视角立论；翁礼华的《古驿及其财政》⑦，从邮驿的经费角度展开论述；蔡东洲、于富业的《论中国古代驿站和邮传对旅游业的影响》⑧，从古代邮驿系统对当今旅游业的影响角度切入分析；李爽的《略谈古代驿站的功能》⑨，该文就古代邮驿的功能问题略作述论。无不体现了各领域对此问题的关注。

---

① 施水浪：《邮驿春秋》，陕西人民出版社，2002 年。
② 蓝勇：《唐宋四川馆驿汇考》，《成都大学学报》，1990 年第 4 期；后收入氏著：《古代交通生态研究与实地考察》，四川人民出版社，1999 年。（该文收入论文集时有所改动，故本文以论文集所录文章为引用来源。）（以下简称《汇考》）
③ 李良品：《长江三峡地区水驿发展浅探》，《长江志季刊》，2003 年 9 月。
④ 黄祥辉：《松江府驿站和递铺考》，《上海集邮》，2007 年第 6 期。
⑤ 纪小春：《青海古代邮驿考述》，《青海民族研究》，2009 年第 3 期。
⑥ 曹尔琴：《中国古都与邮驿》，《中国古都研究（第十一辑）——中国古都学会第十一届年会论文集》，陕西人民出版社，1993 年；后发表于《中国历史地理论丛》，1994 年第 2 期。
⑦ 翁礼华：《古驿及其财政》，《浙江财税与会计》，2000 年第 7 期。
⑧ 蔡东洲、于富业：《论中国古代驿站和邮传对旅游业的影响》，《重庆邮电大学学报》，2007 年第 3 期。
⑨ 李爽：《略谈古代驿站的功能》，《兰台世界》，2009 年第 11 期。

5. 考察宋代文书通信相关问题的著作

在著作方面，此阶段内地学术界相继出版了大量的专史及断代史专著，其中对宋代的文书通信问题有所论及的书作亦有不少。通论中国或某一地域的邮驿与邮政类著作，如高学良的《中国邮史通览》①，刘广生的《中国古代邮驿史》②，郑游的《中国的邮驿与邮政》③，藏荣的《中国古代驿站与邮传》④，马楚坚的《中国古代的邮驿》⑤，王化隆、王艳玉的《中国邮政简史》⑥，王子今的《邮传万里——驿站与邮递》⑦，以及来新夏主编的《天津的邮驿与邮政》⑧等书。上述诸书均列有专门的章节以论述宋代的文书通信问题。

交通史领域的专史以及断代史著作，亦有部分涉及此问题，如王展意的《中国古代道路交通史》⑨，曹家齐的《宋代交通管理制度研究》⑩《唐宋时期南方地区交通研究》⑪和张锦鹏的《南宋交通史》⑫等书。列入中华人民共和国地方志丛书系列的各地方志的书籍，由于行政力量的参与修撰成果较多，其中亦有部分涉及此问题，只不过修书之人多为非治史之家，其中的一些论述尚待讨论、深入。

此外，还有经济史、社会生活史、文学史及史料整理方面的书

---

① 高学良：《中国邮史通览》，沈阳市集邮协会，1985年。
② 刘广生：《中国古代邮驿史》，人民邮电出版社，1986年。
③ 郑游：《中国的邮驿与邮政》，人民出版社，1988年。
④ 藏荣：《中国古代驿站与邮传》//任继愈主编：《中国文化史知识丛书》系列之一，天津教育出版社，1991年；商务印书馆，1997年再版单行本。
⑤ 马楚坚：《中国古代的邮驿》，商务印书馆，1997年。
⑥ 王化隆、王艳玉：《中国邮政简史》，商务印书馆，1999年。
⑦ 王子今：《邮传万里——驿站与邮递》，长春出版社，2004年。
⑧ 来新夏：《天津的邮驿与邮政》，天津古籍出版社，2004年。
⑨ 王展意：《中国古代道路交通史》，人民交通出版社，1994年。
⑩ 曹家齐：《宋代交通管理制度研究》，河南大学出版社，2002年。
⑪ 曹家齐：《唐宋时期南方地区交通研究》，香港：华夏文艺出版社，2005年。
⑫ 张锦鹏：《南宋交通史》，上海古籍出版社，2008年。

作成果涉及宋代的文书通信问题。如漆侠的《宋代经济史·下册》①、傅筑夫的《中国封建经济史·第五卷》②、朱瑞熙、王曾瑜等编纂的《辽宋西夏金社会生活史》③、仇润喜、刘广生等编纂的《中国邮驿史料》④ 和李德辉的《唐宋馆驿制度及其与文学关系研究》⑤ 等书。其中部分重要内容前述论文部分已有评析,在此不再一一赘述。

在著作方面,出现了多部通论或者断代论述中国邮驿与邮政的作品,如曹潜主编的《中华邮政史》⑥、赵效宣的《宋代驿站制度》⑦,晏星的《中华邮政发展史》⑧ 和张翊的《中华邮政史》⑨ 等。赵效宣的《宋代驿站制度》一书,是至今唯一一部专门研究宋代邮驿制度之作,其开创之功,难能可贵。全书共分"递角之传递制度""人与物之传递制度"和"管理制度"三部分,不仅对递铺的设置状况、文书的封装传递过程、文书的种类以及传递方式等问题作了详细的论述,而且还用较大篇幅介绍了馆驿之状况、公差人员对馆驿和交通工具的利用以及驿路、桥梁修治等问题,几乎囊括了宋代邮驿制度的全部内容。该书不仅大量参考了前人的研究成果,而且还征引了极为广博的文献资料,亦足见作者在宋代邮驿制度研究领域功力之深厚。不过,佳作亦有不足,书中的文献征引对部分史料的理解也多有舛误。曹家齐先生曾评论说:"广征博引却较少发明……由于对基本问题之含糊,一系列概念问题自然难以究明,这导致全

---

① 漆侠:《宋代经济史·下册》,上海人民出版社,1988年。
② 傅筑夫:《中国封建经济史·第五卷》,人民出版社,1989年。
③ 朱瑞熙、王曾瑜:《辽宋西夏金社会生活史》,中国社会科学出版社,1998年。
④ 仇润喜、刘广生等:《中国邮驿史料》,北京航空航天大学出版社,1999年。
⑤ 李德辉:《唐宋馆驿制度及其与文学关系研究》,人民文学出版社,2008年。
⑥ 曹潜:《中华邮政史》,台北:"交通部"邮政总局,1981年。
⑦ 赵效宣:《宋代驿站制度》,台北:联经出版事业公司,1983年。
⑧ 晏星:《中华邮政发展史》,台北:商务印书馆,1994年。
⑨ 张翊:《中华邮政史》,台北:东大图书公司,1996年。

书内容之叙述芜杂而欠明晰。"张翊主编的《中华邮政史》一书，在书前有"早期的通信组织"一章，其中"宋代通信组织状况"部分论及了宋代文书通信领域出现的一些新情况，尤其是在急脚递性质方面则是全面总结了前人的各种观点，并详加讨论。书中其他章节也多有精彩论断。

在史料整理方面，同样也取得了一些可喜的成果，如1984年王士英出版了《中国邮政史料丛稿》① 一书。从他书的征引来看，此书应不失为一部上乘之作。

还有一些论及宋代文书通信的局部问题或者其与其他领域互动关系等问题。如1987年，蔡绍彬在香港的《邮票史话》杂志上相继发表题为《中国邮驿史话》② 的系列文章，其中对宋代的递铺等文书通信组织有所涉及。此外，黄宽重主编的《汉学研究》有"宋代的讯息传递与政令运行"专辑，其中有些文章涉及到文书通信的相关内容，如黄宽重的《晚宋军情搜集与传递——以〈可斋杂稿〉所见宋、蒙广西战役为例》③ 一文，该文利用李曾伯的《可斋杂稿》与《续稿》中的史料，从军政与信息传递的角度，探讨宋蒙广西战役中宋军多方获取对方军事情报以及与中央涉密的文书通信的情形；其意在通过对双方文书的往来传递与通信的考察，分析文书在战时体制下沟通中枢与前线、君主与臣下之间的复杂关系及其在军事部署与战略决策方面的作用。所论问题均有所创见，不失为一篇佳作。

---

① 王士英：《中国邮政史料丛稿》，《今日邮政》月刊社，1984年。
② 蔡绍彬：《中国邮驿史话》，香港：《邮票史话》，1987年第70~82期。
③ 黄宽重：《晚宋军情搜集与传递——以〈可斋杂稿〉所见宋、蒙广西战役为例》，《汉学研究》第27卷第2期"宋代的讯息传递与政令运行"专辑，2009年6月。

第三节 研究内容与创新之处

本书以"宋代西南区域的文书通信系统"为研究主题,所涉及的地域范围较为宽泛,为宋代的整个西南区域,时间跨度亦较大,从10世纪后半叶到13世纪,具体研究之时势必然难以一一顾及。只有精心地提炼问题,才能使研究落到实处。为此,笔者将宋代西南区域文书通信系统的研究分为五个部分:建构、分布、运行与管理、演变和其社会功用。

第一部分先讨论宋代西南区域文书通信系统的建构问题,分别从陆路和水路两方面,论述宋代西南区域文书通信系统的架构;其次,从纵向和横向两个层面解析该文书通信系统建构的特征;最后,从信息控制的角度分析影响该系统建构的诸因素。通过分析发现,宋代西南区域建构了一个由陆路文书通信子系统和水路文书通信子系统组成的文书通信网络,其中陆路子系统有四条干线,即邕－桂通京师线、宜－观通京师线、成都北通陕府线和绵州－梓州线;水路子系统有三条干线,即川峡大江线、嘉陵江水道线和湘江水道线。该文书通信系统既具备宋代文书通信系统的一般特征,同时亦具有自身的一些特点,整体上呈现出"哑铃形状"。而谋求对本区域基层社会信息流动的充分掌控则是该系统建构的重要诉求。

第二部分以川峡四路为例,分析宋代本区域文书通信系统的分布问题。首先通过对各类文献资料的整理,以考证宋代本区域馆驿递铺等文书通信组织,并分别从时间和空间上具体论述其分布状况。通过梳理文献,考订出宋代川峡四路共有文书通信组织119处,其中或补证,或勘误,或新考88处;在此基础上,从时间和空间两个维度方向分析了该系统的分布问题。从时间维度看，四路文书通信组织的时间集中指数较小，说明其在时间维度上的分布较为分散，即该系统与前、后代的通信系统之间均有较强的继承性和连续性。而四路内部，则表现为夔州路文书通信组织的时间集中指数远高于其他三路，表明该路的通信组织在时间维度上的分布较为集中，即宋时在该路新设置的文书通信组织远较其他三路高。从空间维度上看，水路文书通信组织占有较高的比重；从州际间分布看，四路文书通信组织的地理集中指数 $G = 20.46$，表明其州际空间分布较为分散，全部 119 处通信组织分布在 64 个州级行政区中的 36 个单位；从路级区域看，四路文书通信组织的路际分布指数 $Gini = 0.9114$，表明其在四路间的空间分布较为集中，主要集中在利州路和夔州路。

第三部分主要讨论宋代西南区域文书通信系统的运行与管理。在辨析宋代西南区域文书通信组织种类的基础上，按照通信文书的封装、入递、传递和交接的不同步骤，分析其文书通信的过程；从中央省院共管、地方三级管理及使职差遣督责管理三个层面，分析该文书通信系统的管理体系；概述宋代以前文书通信法律状况，详细梳理宋代的文书通信法律，重点整理了《庆元条法事类》中有关文书通信的法令条文，整理和研究了收录于《永乐大典》（卷14575）的《金玉新书·急递》条文，为研究西南区域乃至整个宋代的文书通信的资料检索提供便利。通过研究发现：宋代广泛的文书通信法律，涉及通信职官、通信管理、文书传递、从业人员待遇、通信工具使用及养护等，不仅有违法处罚，更有奖赏引导，还有立赏告奸，敕、令、格、式一应俱全，真正建构了"以法治邮"的宋代文书通信法律体系。

第四部分主要讨论宋代西南区域文书通信系统的演变，涉及该系统的紊乱、整饬与崩溃等问题,并以广南西路为具体个案分析宋代西南区域文书通信系统的演变。通过对通信效率低下、通信泄密严重及通信组织混乱等问题的论述,分析从北宋中期到南宋时期,西南区域文书通信系统紊乱的种种表现;从宋廷对文书通信系统的一般整饬措施着手,分析本区域整饬的一些特殊措施。最终通过对个案的分析,指出其崩溃的过程。笔者认为,从北宋中后期开始本区域的文书通信系统逐渐趋于紊乱,之后历朝均多方措置整饬,以图重整该系统的正常运作。但是,自孝宗朝以后,包括本区域在内整个赵宋王朝的文书通信系统均大不如前,已经走在了崩溃的边缘;到宋宁宗朝,本区域的文书通信系统就基本上不能称之为通信系统了,仅有部分通信路径勉强维持运作。理宗朝以后,作为一个满足全区域正常文书通信需求的规模性文书通信系统,可以说其已基本瓦解,勉强维持部分亦断续不明;当然,到蒙(元)势力大举进入本区域后,仅余的勉强维持部分也荡然无存。

第五部分讨论宋代西南区域文书通信系统的社会功用。重点论述其在信息的传递和传播、交通行旅环境的优化及推动区域经济文化发展等方面的作用。笔者认为:睽诸有宋一代,文书通信系统"官办、官有、官用"的性质毫无损动,其传递的信息,几乎都是官方资讯。但是,无形之中文书通信组织又渐而发展成为一个个小型的信息集散中心,各色各样的信息在人员流动中得到交流。因此,一个个的文书通信组织即链接成为一个遍及社会每一角落的信息网络,行政、军事及社会等信息即由此传播开来,从而促成了各类信息在全社会范围的流通。而且本区域文书通信系统的建构直接带动诸多交通道路的修筑和开通,这在较大程度上起到了改善交通行旅环境，甚至是推动区域经济与文化发展的作用。

第四节 研究难点及视角思索

笔者在研究和写作过程中遇到的困难及所采取的解决策略主有以下几方面。

一、史料搜集与整理问题

近年，学术界已经逐步认识到"由于存世文献的偶然性与零碎性，史料所反映的历史现象难免是局部的、片面的，甚或表面的"①。具体到宋代文书通信领域来说，这一问题更为突出。由前述可知，有关宋代文书通信问题的记载主要集中于《宋会要·方域》《金玉新书·急递》《续资治通鉴长编》和《宋史》等书。此外，在一些类书、笔记、文集及地方志之中也有零散的内容。从文献总量上看，有关记载并不算少。不过，上述诸书的有关记载均存在较严重的残缺，无一处为完整、系统的记载，而且诸记载之中也多有概念不清，甚至有互相矛盾处。而且，具体到宋代的西南区域，相关的史料更是不易收集、整理。对于这一点，笔者在资料搜集和整理方面则略微转换了一下重点，虽然仍以《宋会要》等书为主要资料来源，但是同时又将大量的精力集中于宋人的笔记、文集、地方志，甚至碑刻铭文等资料。同时，从史料的考证角度出发，解决史料真伪问题后方才列入本文的资料"长编"之中，作为可用资料。

---

① 包伟民：《视角、史料和方法：关于宋代研究中的"问题"》，《历史研究》，2009年第6期，第22页。

二、选题的新颖性与创新性

本书的写作主题是宋代西南区域的文书通信系统，毋庸讳言选题的新颖性并不高，甚至可以说是一个"旧题"，但是笔者更希望能通过对该论题的归纳性思考得出一些有意义的结论，正如包伟民教授所言："史学探究的对象永恒不变，不同时代的人们却能从中得到不断更新的智慧，读史的魅力正在于此。"[①] 而笔者正是从这一点出发，在总结学术界前仁研究成果的基础上，借鉴近年来历史学中不断崛起的社会控制理论，分析和讨论宋代西南区域文书通信系统的建构、分布、运作、演变及其社会功用等问题，以图有所收获。

三、理论模型的局限性问题

本书写作过程中在一定程度上借鉴了社会控制理论，希望能通过将该理论模式与宋代的历史事实加以比对，找出宋代西南区域文书通信系统在当时的社会控制体系中所起到的作用。但是，任何理论模式或者研究范式都不是万能的，都或多或少的存在着与历史事实相矛盾，甚至是相冲突的一面。社会控制模式也不例外，虽然学界在运用该理论模式解读诸多历史现象中取得了一些可喜的成就，但，并不能否认该理论模式也存在部分与历史事实不一致的局限。这些不一致，甚或是矛盾处，一方面是理论模式自身的因素所致；另一方面则是史料的特殊性所致，换句话说，就是文献所记载的些许历史现象乃为特殊现象，属个案性质。对此问题，笔者的解决思路是既尊重历史个案现象，又尽量在修正的理论模式的框架下予以系统性解读。

---

① 包伟民：《视角、史料和方法：关于宋代研究中的"问题"》，第20页。

第二章　宋代西南区域文书通信系统的建构

第一节　宋代以前西南区域的文书通信

关于我国古代系统性、有组织的通信活动起源于何时的问题，学术界曾有过相关的讨论。有学者认为起源于西周时期，如楼祖诒的《中国邮驿发达史》，赵效宣的《宋代驿站制度》，张翊的《中华邮政史》，及来新夏等人编著的《天津的邮驿与邮政》等书均持有西周说。有学者认为，我国古代有组织的通信活动起源于殷商时期，如19世纪50年代于省吾先生根据甲骨文"逄""逶"等字的解读，指出殷商时期即已出现了系统的驲传制度，以实现有组织的系统性通信[①]。刘广生主编的《中国古代邮驿史》继承了上述观点。总的来看，两种说法各有千秋，亦各有不足之处。西周说，基本上是延续宋明以来的陈说，主要依据《周礼·地官·遗人》中"凡国野之道，十里有庐，庐有饮食；三十里有宿，宿有路室，路室有委；五十里有市，市有候馆，候馆有积"的记载，认为后代的文书传递与通信组织即起源于"庐""宿"和"市"。虽然此说其依据的史料较为狭隘，仅为传统的文献史料，不过其立论较为持允。殷商说，则主要是依据甲骨文史料立论，其优点在于依据近世出土的地下资料，在史料方面即先着一鞭。不过，显而易见，该说

---

① 于省吾：《殷代的交通工具和驲传制度》，《人文科学学报》，1955年第2期。

法的支撑史料略显单薄，且存有个人主观见解成分大的嫌疑。笔者认为任何一种制度都有其酝酿、萌芽、定型、成熟、发展和演变的过程，中国古代有组织的通信体系亦是如此。《周礼》中有关"遗人"职掌的记载，确实可以反映出西周通信组织的系统性和组织性，而且由此一点不难看出，是时其已初步的定型并日益成熟，以后历代大都是在此基础上的沿袭与革新。相反，追溯其制度起源则应该将视野聚焦于酝酿与萌芽时期，亦即殷商之时为我国古代有组织的通信活动的起源时代。

之后，历代均不遗余力规整文书通信系统。《周礼·地官·遗人》的记载较好地反映了当时文书通信系统的发展状况。到春秋战国时期，文书通信系统已得到较好发展。《左传》《国语》等史籍中已有大量相关记载，如《国语·吴语》中有"徒遽来告"，反映了当时步传、车传的文书通信系统情况。而且，系统性的驲置制度已经相当普及，其主要目的是传递政治或者军事类通信信息，所以，《孟子·公孙丑上》中有"德之流行，速于置邮而传命"之语。① 但是，本区域在此时期应该还没有形成系统性的文书通信，只是在战国后期，本区域有大规模开通道路，便利文书通信的举措和相关记录。主要包括：一是蜀地五丁所开金牛道②，并渐次成为后世蜀地北向文书通信的主干线；二是庄蹻入滇所开道路③，吴晓秋推测："这条通道是楚王掌握庄蹻率军西进信息的唯一通道，因而必定有通信兵在

---

① 王文楚：《中国古代驿传制度概述》，第58页。
② "五丁开道"最早见于西汉末年杨雄的《蜀王本纪》，其后阚骃《十三州志》、常璩《华阳国志》、郦道元《水经注》等书均有记载。此后该通道的修缮、设置文书通信组织机构等情况，可参阅《四川古代交通路线史》"第二章川陕交通线路"部分。（蓝勇：《四川古代交通路线史》，第7—34页。）
③ 司马迁在《史记·西南夷列传》中记载了庄蹻入滇及所开道路情况。《贵州通史》则指出：这条通道"大致是从今宜都，转沿鄂西清江西行，经恩施、宣恩、咸丰，过川东南酉阳、秀山、黔江、彭水一带，入贵州境，然后顺乌江南岸西行，至且兰（今安顺一带），以当地牵绳而渡的方式横渡豚水（今北盘江），进入滇东"。（贵州通史编委会：《贵州通史》，当代中国出版社，2003年。）

通道上传递军情"①。此外，本区域位于长江水系和珠江水系的中上游，水利资源异常丰富。从出土资料来看，战国时此地先民即已由水路传递信息，藉以实现区域内部及与外部区域的通信。②

秦统一后，在全国修驰道，设邮传，颁布通信律法，文书通信走上制度化、规范化。"邮"是当时文书通信系统的总称，通信人员使用传车传递通信文书。简而言之，邮应该只负责距离较远的长途通信文书的传递任务，睡虎地秦墓出土的《田律》竹简中记载有"近县令轻足行其书，远县令邮行之"。可见，邮已基本不承担步传的任务，而是主要以传车兼或乘马。在本区域，前期所开金牛道得到了较好的修缮，同时新开通的五尺道并设置邮、亭机构，将本区域的文书通信向更深层次推进。

汉承秦制，且其更加注重文书通信的建设，开辟了贯通全国的邮驿网路，并设有邮、置等通信组织机构，即所谓"五里一邮，三十里一置"。到两汉间，以乘马传递通信文书的驿作为一种新型通信组织机构发展起来，与原有的邮、置并存，完成文书通信工作；文书通信制度更加完善，通信效率大大提高。汉武帝时，由唐蒙开南夷道，到元光六年（前129年）道通，"南夷始置邮亭"，文书通信与中原地区一样，"置邮亭，比内郡焉"，"自僰道、南广有八亭道通平夷"③。南夷道的开通及邮、亭等通信组织机构的设置，标志着本区域文书通信正式走向系统化。

魏晋南北朝时期，虽然社会动荡，各政权割据更迭，但是文书通信仍然得到充分发展。如各政权因地制宜建立了文书通信系统，

---

① 吴晓秋：《邮驿、王权和道路交通的相互关系——兼论夜郎地区道路交通的开辟和邮亭的始置》，《贵州社会科学》，2007年第11期，第164页。

② 1957年安徽省寿县邱家花园出土的"鄂君启金节"有舟节2件，节文记录了楚怀王时鄂君启的水行路线，范围涉及今之汉江、长江、湘江、资水、沅水、澧水等。（参见张中一：《"鄂君启金节"路线新探》，《求索》1989年第3期，第126～128页。）舟节所录路线亦应为当时之水路信息传递与传播的重要路径。

③ 常璩撰，刘琳校注：《华阳国志校注》，巴蜀书社，1984年，第417页。

特别是包括本区域在内的整个南方地区的文书通信得到了较快的发展；出现我国第一部文书通信专门法令，即《邮驿令》；文书通信用品出现重大变革，尤其是纸的普及，极大地方便了书写，更方便了通信文书的传递；传、驿逐渐统一，为隋唐时期的馆驿合一奠定基础。这是中国文书通信史上承前启后的时期。[1] 本区域自蜀汉时期就开始大力措置文书通信线路，修缮传舍、邮亭，而且水路文书通信线路迅速推进，提高了文书通信效率，信息传播更加便利。

隋唐时期，文书通信系统空前发展，盛极一时。其重要标志就是驿多，驿替代了以往所有的"邮""亭""传"，实行馆驿合一制度，驿既负责传递通信文书，又负责迎送官吏使者及官物运输等。唐朝的馆驿遍布全国，每30里置驿，全国有驿1 643个，其中陆驿1 297个、水驿260个、水陆驿86个[2]；文书通信的管理体系愈加完善；文书通信等级明确，通信过程更加规范，通信法规愈发细化，通信效率不断提升，文书通信系统空前发展。本区域的文书通信同样空前发展，川陕、川黔文书通信线路一再措置，通往南诏的文书通信线路畅达，水路为文书通信发挥了重要作用。

第二节　宋初西南区域文书通信系统的建构

延至宋初，除旧布新，亦建立了一套较为健全的文书通信组织。早有学者指出："就其广度而言，宋代所完成的，事实上并不是真正意义上的统一；然而其统治所达到的纵深层面，却是前朝难以比拟的"，这一点是同宋廷对于域内信息流通渠道的极度重视和

---

[1] 刘广生：《中国古代邮驿史》，第176-182页。
[2] 王文楚：《中国古代驿传制度概述》，第58页。

积极经营息息相关的。① 进一步思索宋廷缘何如此重视域内信息流通渠道的经营。② 传播学家早已指出：对边远地区原材料的开发利用及帝国权力的扩张，都与有效的传播系统分不开。由此可知，宋廷的

---

① 邓小南：《政绩考察与信息渠道：以宋代为重心·前言》，北京大学出版社，2008年，第7页。

② 学界近年来对宋廷如何着力构筑域内各类信息流通渠道以及取得的成果给予了相应的关注。大陆方面，以邓小南教授为代表，相继就君主与朝臣间信息沟通渠道、朝廷与地方间信息的获取与传递、言官以及讲读官和经筵官的信息传达、中央与地方各级各类奏章通进和管理部门，以及其他各类信息流通渠道的构筑等问题进行了些列的考察，取得了一些可喜的成果。如邓小南《略谈宋代对于地方官员政绩考察机制的形成》(见《邓广铭教授九十华诞祝寿论文集》，河北教育出版社，1997年)、《关于宋代政绩考察中的"实迹"：要求与现实》(《李埏九十华诞纪念论文集》，云南大学出版社，2003年)、《多途考察：宋廷核验地方政绩的努力》(《宋代社会的空间与网络》，东京汲古书院，2006年)，以及《宋代信息渠道举隅：以宋廷对地方政绩的考察为例》(《历史研究》，2008年第3期)等文，从朝廷对地方官员政绩的考察途径着手，研究宋代政治信息的流动问题；王化雨《宋朝君主的信息渠道研究》(北京大学博士学位论文，2008年)一文，以君主为中心，考察君主的在信息沟通、信息掌控方面的积极作为；陈晔《北宋政情、政风下的转对制》(《史学月刊》，2010年第11期)，则是基于北宋具体的政治生活环境转而对制度进行梳理，讨论该制度在君主获取信息方面的具体作用；游彪《宋代邮政管理体制的一个侧面：以进奏院的职责和官方的文书分类为中心》(《云南社会科学》，2003年第3期)、黄纯艳《宋代登闻鼓制度》(《中州学刊》，2004年第6期)、赵冬梅《论宋代的阁门官员》(《中国史研究》，2004年第4期)、《通进视角下的唐宋阁门司》(见《政绩考察与信息渠道：以宋代为重心》)，以及李全德《文书运行中的宋代通进银台司》(见《政绩考察与信息渠道：以宋代为重心》)等文，各自论述了宋代奏章及文书的通进与管理的相关机构；曹家齐《宋代急脚递考》、《南宋对邮传之整饬与更张》、《唐宋驿传制度变迹探略》，以及《宋代文书传递制度述论》等文，则具体而微的分析了宋代的文书传递制度的相关问题。台湾方面，以黄宽重研究员为代表，着力从军政信息的获取与传递方面讨论此问题，部分成果可见《汉学研究》第27卷第2期"宋代的讯息传递与政令运行"专辑。其中黄先生的《晚宋军情搜集与传递——以可斋杂稿宋蒙广西战役为例》一文，通过对《可斋杂稿》和《续稿》的解读，对南宋晚期宋蒙广西战役中宋方军事情报的获取、前线与朝廷间信息的沟通与传递等问题展开了讨论，所论问题均有所创见。日本方面，从"政治过程"、"政治空间"等研究范式出发，讨论了信息交流在宋代政治运行过程中的具体作用和地位，如寺地遵《宋代政治史研究方法试论》(《宋元时代的基本问题》，东京汲古书院，1996年)及平田茂树《宋代政治构造试论：以"对"和"议"为线索》(《东洋史研究》，1994年第4期)、《日记史料所见之宋代政治构造》(见《宋代社会的空间与网络》)、《宋代的政治空间：皇帝与臣僚交流方式的变化》(《历史研究》，2008年第3期)等文。

第二章 宋代西南区域文书通信系统的建构

上述行为乃与其努力维持对地方之政治、经济、社会之掌控权力是密不可分的。如此一来，不妨略微转换视角，聚焦于西南区域，讨论宋初该区域建构的文书通信系统这一信息流通渠道和信息掌控方式的具体情形，应不失为一可取之策略。

出身行伍，乃登大宝的宋太祖深知信息流通渠道通畅以及充分掌控域内各类信息的重要性，于登基之初即摸索变更文书通信制度。最终，找到一条较合时宜的道路，即将文书通信的传递职能从传统的馆驿系统中剥离出来，另立递铺这一新型的文书通信传递组织。在境内大规模的设置递铺组织，如广南西路的邕州至桂州即设有递铺组织[①]。历朝嗣君也不时增置递铺，宋真宗景德四年（1007年）增置京师至宜州的马递铺[②]；宋真宗大中祥符九年（1016年）设置梓州与绵州的递铺[③]；宋仁宗皇祐四年（1052年）增加京师至广州的马递铺[④]；宋神宗元丰四年（1081年）陕西沿边麟府等路"仍相度铺分地里遥远去处，添置腰铺"[⑤]。西南区域也在这一阶段开始大规模的建构新型的文书通信组织。

[①] 徐松辑：《宋会要辑稿·方域》10 之 13，中华书局，1957 年，第 7480 页上栏（以下简称《宋会要》）。

[②] 李焘：《续资治通鉴长编》卷 66，景德四年秋七月壬申条，中华书局，1979—1995 年（以下简称《长编》）；徐松：《宋会要·方域》，第 7483 页。

[③] 李焘：《长编》卷 86，大中祥符九年三月丙寅条；徐松：《宋会要·方域》10 之 19，第 7483 页上栏。

[④] 李焘：《长编》卷 73，皇祐四年秋七月壬子条；徐松：《宋会要·方域》10 之 22，第 7484 页下栏。

[⑤] 李焘：《长编》卷 315，元丰四年八月丙寅条。

一、陆路文书通信系统的建构

史料显示,宋太祖开宝四年(971年)广南西路邕州到严州[①]已"起置铺",严州至桂州亦接连设置了递铺。[②] 从邕州至严州,再至桂州,这是广南西路内部一条重要的文书通信路径;再北经全州,通荆湖路,可迅速将文书传至京师。此路径沿线的递铺在设置之初,即已成为京师与广南西路间文书上传和下达的要道。之后,邕州、桂州一线的递铺组织屡经添置,如陈尧叟为广南西路转运使时曾增置了部分递铺[③];宋神宗熙宁八年(1075年),又设置了急脚递铺[④]。到神宗朝用兵交趾之时,每日需要递送大量安南行营、转运司、提点刑狱司和经略邕州安抚都监司与朝廷之间往来联系的行军、用兵、奏捷等军事文书,通信效率较高,成为当时全国几条最为繁忙、业务量最大的文书通信路径之一。广南西路一有边事,"动至五六处交奏",加之朝廷给各司的批示,各类文书上传和下达均需邕、桂间递铺传递,以至于皇帝都认为"过涉张皇",递铺传递文书过多,不得不下诏明令"经略司已奏者,不须重复",以减轻沿路递铺的通信量和工作量。[⑤]

---

① 依《宋会要》的原文邕州"至严州约三百五十里"看,此处严州并非两浙路之严州,按里程推知其应在广南西路境内。但《宋史·地理志六》所记"广南西路……州二十五",下并无严州。查《元丰九域志》:广南路的化外州有一严州,知其可能为广南西路一羁縻州。另,《宋史·地理志六》记:象州来宾县"旧隶严州,州废来属",由此看宋初又似曾经设有严州这一正州,寻又废止。再查《舆地广记》,"象州条"下有"皇朝开宝七年废严州入焉"之语,即可肯定开宝四年取广南后设有严州,直到开宝七年方才废止。

② 徐松:《宋会要·方域》10之13,第7480页上栏。

③ 脱脱:《宋史》卷284《陈尧佐附兄尧叟传》,中华书局,1985年,第9584页。

④ 李焘:《长编》卷271,熙宁八年十二月丁未条;徐松:《宋会要·方域》10之23~24,第7485页。

⑤ 李焘:《长编》卷289,元丰元年五月辛丑条。

广南西路另一文书通信要道是从京师到宜州的线路。此路沿线的递铺组织于宋真宗景德四年（1007年）设置。《长编》记载："增置自京至宜州马递铺"。① 此一文书通信路径，前部分应沿京师—荆湖—桂州之线路，过石灰铺②后至广南西路境，走柳州到宜州。此线之所以设置递铺等文书通信组织，主要原因是因为这一年宜州发生澄海军兵乱。③ 朝廷派遣曹利用等人率兵弹压，为方便行军前线与枢密的联系遂设置京师至宜州的递铺。之后一段时期内，其运作状况良好，通信效率较高，观州、宜州、融州等广南西路西北部诸州即由此路径往来传递文书等信息。

川峡四路北向通陕府，再至京师的文书通信组织设置的较早。宋太祖乾德二年（964年），王全斌领大兵入蜀，次年孟昶降，蜀平。在此期间，京师至益州的文书通信组织被保留，并作更改、扩充。后，孟蜀降将文州刺史全师雄反叛，致使"邮传不通者月余"④。宋太宗之时，此地北向的文书通信系统仍持续运作。宋太宗淳化五年（994年），王继恩入川平定王小波、李顺起义时，曾在绵州招到为避战乱逃亡的"自首递铺军人"，重新刺字，"依旧

---

① 李焘：《长编》卷66，景德四年秋七月壬申条。
② 石灰铺屡见于宋人文献，陶弼《邕州小集》有《出岭题石灰铺》一诗，描述了石灰铺周边的地势和环境；邹浩《道乡集》卷13《留别兴安唐叟元老推官》中有"天绘亭边三载梦，石灰铺里一时情"之句；庄绰《鸡肋编》卷中记载：黄庭坚流放宜州时经过石灰铺，看到陶弼的诗，欣赏不已。可知，石灰铺是宋代荆湖南路转广南西路文书通信的重要递铺，似应在今广西壮族自治区兴安县的兴安口与石田附近。
③ 有关真宗景德四年宜州澄海军兵变的记载可参见《宋史》以及《宋会要》（脱脱：《宋史》卷7《真宗本纪二》，第134页；徐松：《宋会要·兵》10之12~14，第6925页上栏~第6926页上栏。）；有关此次兵变的相关述论主要有：卢俊勇的《宋代厢军兵源述论》（《宜宾学院学报》，2008年第10期）、《广西大事记（宋）》（《广西地方志》，1999年第3期）、龚维玲的《宋代广西兵制探微》（《社会科学家》，1990年第4期）、罗炳良的《宋代兵变性质之我见》（《北方工业大学学报》，1989年2期）等。
④ 脱脱：《宋史》卷255《王全斌传》，第8922页。

祗应"。① 嗣后，这一通信路径往来传递文书较多，成为西南区域又一条重要的文书通信路线。宋真宗景德元年（1004年），由于川峡四路往来传递官文书太多，以至引起了民众惊恐之情，故而下诏"川峡路州、军、监、县、镇等吏卒乘马递报公事者，自今禁止之"②。可见当时此路通信繁忙之状况。

川峡四路内部信息联络的道路沿线，也设置了递铺等文书通信组织。宋真宗大中祥符九年（1016年），设置了绵州-梓州沿线的递铺。③ 此文书通信线路，接续成都府通兴州、凤州的北向通信主干线，成为川峡四路内部文书往来的重要路线。西南方向，延至恭州（今重庆），东向与通荆湖北路的通信线路连接，为梓、夔路提供了又一信息交流渠道；南向经南平军，越播州，经今贵州西南可至广南西路，为整个西南区域内部的文书通信提供了又一组织保障。

以递铺为主要通信组织的宋代文书通信系统，其通信组织的设置是以县域为单位的。④ 宋初，在本区域县与县、县与州之间的广大非通信主干路径上，同样设置了诸多的文书通信组织。如利州路的利州嘉川县与州府间即置有递铺，陆游诗中多次提及嘉川铺⑤。

---

① 徐松：《宋会要·兵》14之11，第6998页上栏。
② 徐松：《宋会要·方域》10之19，第7483页上栏。
③ 此事李焘在《长编》中记载不甚清晰，仅说"置梓州递铺"；《宋会要》则稍微详细，"置梓州至锦[绵]州地[递]铺。先是命民丁传送，今革之也。"后者既说明了梓州设置递铺的方向、范围，而且也指出了蜀宋之际巴蜀地区文书通信的一般情况，并反映了宋初本区域大规模开展"以兵代民"从事文书通信工作的情形。
④ 曹家齐先生在《唐宋时期南方地区交通研究》中指出：递铺"设置以县为中心，向四面八方辐射"；认为"县与县之间，铺铺相连，形成了遍布全国的邮递网络"。（参见曹家齐：《唐宋时期南方地区交通研究》，香港：华夏文艺出版社，2005年，第188页。）
⑤ 陆游有《嘉川铺遇小雨景物尤奇》《嘉川铺得檄遂行中夜次小柏》等诗。（陆游：《陆游集》卷3《剑南诗稿》，中华书局，1976年，第1册第72、79页。）

阆州苍溪县内也设有递铺，如青山铺①等；洋州西乡县与真符县之间也设置了递铺，如饶风铺等②。夔州路施州的清江县有驴瘦岭铺③。荆湖南路沅州的卢阳县有怀化铺④。广南西路邕州的武缘县与宣化县间有归仁铺⑤。由上述州县间递铺的分布状况，可推知本区域多数县与县之间当置有不少的文书通信组织。但是限于史料的阙如，笔者对此考察尚未成体系。

二、水路文书通信系统的建构

本区域位于长江水系和珠江水系的中上游，水利资源异常丰富。"鄂君启金节"等考古资料的出土，表明战国之时此地先民即已由水路传递信息，藉以实现区域内部之间和内部与外部区域的通信。虽然水路通信的绝对速度慢于陆路，但在地形崎岖、道路曲折的西南区域，水路通信组织在文书通信领域依然发挥了不可替代的作用。故而，宋政府在此置有急递船⑥以传递文书。

据记载，宋太祖削平孟蜀政权后，立即下令于川峡沿江一线设

---

① 铺址应在今四川省苍溪县青山镇。陆游有《太息（宿青山铺作）》诗二首。（陆游：《陆游集》卷3《剑南诗稿》，第1册第77页。）

② 据《夷坚志》记载，洋州西乡县与真符县之间的递铺大都相隔十里，设于饶风岭的饶风铺即是其一。（洪迈著，何卓点校：《夷坚支丁》卷5《饶风铺兵》，中华书局，1981年，第1006页。）

③ 黄庭坚有《题驴瘦岭马铺》一诗：老马饥嘶驴瘦岭，病人生入鬼门关。病人甘作五溪卧，老马犹思十二闲。（黄庭坚著，任渊、史容、史季温注，黄宝华点校：《山谷诗集注》卷12，上海古籍出版社，2003年，第293页。）铺在今湖北省恩施西。

④ 宋置铺，元明清三代设驿。（湖南省地方志编纂委员会编：《湖南省志·邮电志》，湖南出版社，1995年，第24页。）

⑤ 《宋史·蛮夷列传》载：宋仁宗皇祐初，广源蛮侬智高同交趾相恶后，数次"赍金函书"与知邕州陈珙；五年（1053），狄青进剿侬智高时，曾发书至归仁铺。（脱脱：《宋史》卷495《蛮夷列传三》，第14215～14217页。）

⑥ 徐松：《宋会要·方域》11之3，第7501页下栏。

置水路文书通信组织,"诏自嘉、眉、忠、万,至荆南,沿江分置驿船"①。此次擘画涉及的地理范围较大,自成都府路的眉州、嘉州,沿蜀江到梓州路的戎州,顺大江而下,依次过泸州、恭州,夔州路的涪州、忠州、万州、夔州,越荆湖北路的峡州和归州,达江陵府。据李良品先生的考证,今重庆以下峡江沿线可考的重要馆驿有:朝天门水驿、涪州水驿、万州羊渠驿、云安万户驿、夔州瞿塘驿、巫山神女馆、巴东万年驿、归州周平驿、峡州覆盆驿、夷陵水馆等。② 而重庆上游川江沿线的递铺与馆驿几乎无从可考,仅见成都合江亭③、嘉州驿④、眉州江乡馆(又名江都馆)⑤ 以及泸州绵水驿⑥等处水路馆驿。此文书通信路径沿线大都为少数民族地区,主要聚居着西南溪峒诸少数民族。⑦ 经宋太祖、宋太宗及宋真宗诸朝反复规整,其渐为川峡四路东向文书通信之重要路径。宋太宗淳化三年(992年),时任荆湖北路转运使的张咏"请罢峡州至归州界

---

① 李焘:《长编》卷6,乾德三年二月庚申条;彭百川:《太平治迹统类》卷1《太祖平蜀》,江苏广陵古籍刻印社,1981年,第1册第50页。

② 李良品先生的考证不甚清晰,仅笼统的说是依据《太平寰宇记》《读史方舆纪要》《入蜀记》等资料得出的此结论,其中确有不够详审之处。(参见李良品:《长江三峡地区水驿发展浅探》,第69页。)笔者于此暂引其论以备行文。

③ 蓝勇:《唐宋四川馆驿汇考》,第1页。

④ 陆游《驿舍见故屏风画海棠有感》,诗中提及嘉州驿:"夜阑风雨嘉州驿,愁向屏风见折枝"。(陆游:《陆游集·剑南诗稿》卷3,第1册第95页。)

⑤ 魏了翁有《眉州江乡馆壁记》和《眉州江乡馆记》叙述了江乡馆的设置及修缮等事宜。

⑥ 徽宗建中靖国元年(1101年),黄庭坚由戎州乘船东返时曾作《元师自荣州来追送余于泸之江安绵水驿因复用旧所赋此君轩诗韵赠之并简元师法弟周彦公》。(黄庭坚:《山谷诗集注·别集》卷1,第1117页。)

⑦ 脱脱:《宋史》卷493《蛮夷列传一》,第14171页;王文光,龙晓燕,陈斌:《中国西南民族关系史》,中国社会科学出版社,2005年,第310页。

水递",并得到朝廷的允许。① 后经几年,沿江再置水递铺,且其从业人员转而走向专业化。上述可知,迟至真宗朝长江中上游成都府路通荆湖北路的川峡水路文书通信组织,其从业人员即已开始由兼职的民夫转而为专职的厢兵了。

嘉陵江水道是本区域又一水路文书通信路径,其与成都—陕府一线同为川峡四路北向文书通信要道。虽是如此,但宋初史料中并无嘉陵江水道文书通信组织建构的直接资料。可以推知太祖朝平孟蜀之时亦保留了嘉陵江水道文书通信组织,并且加以更改、扩充,使之发展成为以水递铺为主要通信组织,并辅之以各类馆驿和亭舍的文书通信路径。蓝勇先生依据唐代嘉陵故道驿程和元代水路行程,推测出此通信路径自恭州(渝州)经合州、果州到兴州的各段水路行程。② 笔者可以确知宋代嘉陵江水道馆驿有:利州嘉陵驿③、三泉驿④、阆州苍溪驿⑤、果州水驿⑥及合州什邡驿⑦。沿线其他馆驿以及大量水递铺则无法确切考证。不过,这也不可抹煞嘉陵江水道在宋代西南区域文书通信中所起到的重要作用。

前述,宋太祖开宝四年(971年)广南西路即已开始大规模设置

---

① 脱脱:《宋史》卷293《张咏传》,第9802页;徐松:《宋会要·方域》10之18,第7482页下栏。
② 蓝勇:《四川古代交通路线史》,西南师范大学出版社,1989年,第42页。
③ 蓝勇:《唐宋四川馆驿汇考》,第5页。
④ 陆游诗中多次提及三泉驿,如《三泉驿舍》《上已小饮追忆乾道中尝以是日病酒留三泉江月亭凄然有感》等。
⑤ 陆游有《自春来数梦至阆中苍溪驿五月十四日又梦作两绝句记之》诗。
⑥ 亦名嘉陵驿,属果州南充县。《蜀中广记》卷27《顺庆府》载有嘉陵驿。唐宋之时,名嘉陵驿的馆驿较多,如利州的广元县有嘉陵驿,阆州的阆中县也有称嘉陵驿者,笔者以为:宋代果州南充县治东的嘉陵驿应为宋代果州的水驿。
⑦ 什邡驿:为水陆驿,属合州石照县。宋人袁说友有《渡嘉陵江宿什邡驿》诗;《舆地纪胜》卷159《合州》载有是驿,并记何麟的《题什邡驿》诗(王象之:《舆地纪胜》,江苏广陵古籍刻印社,1991年,第1139页下栏),可知宋合州应有一什邡驿。

文书通信组织。同时，水路通信组织在往来文书传递方面仍具有重要地位。据记载，通广南西路的水递铺起自江陵府，逆湘江上溯，过灵渠，走漓江直达桂州。① 湘江多险石暗礁，且弯曲盘旋，但水递铺的通信效率仍较高。凡遇文书发到，即刻立定程限，依时传递，虽是经由水路传递各类通信文书，却依旧能保证传递速度，其"程限与陆铺等"②。宋太宗太平兴国二年（977年），衡州通判张齐贤上书请求规整荆渚至桂州的数千户水递铺夫。后，太宗下诏优待铺夫，并重新划定了湘江水道各段的通信程限。③ 当下，笔者可以确知洞庭驿④、湘口馆⑤是宋代湘江水道的馆驿。湘江水道诸水递铺以及馆驿，共同担负了此路径繁重的文书通信工作。

睽诸宋初西南区域水路文书通信系统之建构和演进脉络，累经规整，其已初步形成一个粗略的水路通信主干网络，其后呈现出不断扩展之态势。如到哲宗朝，雷州、儋耳亦有水路递铺传递各类通信文书。⑥《舆地纪胜》也记载："至吉阳则……递角皆由海道。"⑦另，除一般的水递铺外，本区域的水路文书通信系统亦应设有类似

---

① 脱脱：《宋史》卷265《张齐贤传》，第9150页。
② 李焘：《长编》卷18，太平兴国二年春正月丙寅条。
③ 脱脱：《宋史》卷265《张齐贤传》，第9150页。
④ 唐代置驿，宋时称洞庭馆又称洞庭南馆。（见湖南省地方志编纂委员会编：《湖南省志·邮电志》，第24页；祝穆著，施和金点校：《方舆胜览》卷29《岳州》，中华书局，2003年，第515页。）
⑤ 在今湖南省零陵县北10里（1里=500米），潇湘合流之处。宋人沈辽流居永州时，曾有《泛舟上湘口馆》一诗，记述当时之情景。
⑥ 苏轼在《和子瞻次韵陶渊明停云诗》的诗序里有"丁丑十月海道风雨，儋、雷邮传不通"之语。（苏轼著，曾枣庄、马德富点校：《栾城后集》卷5《和子瞻次韵陶渊明停云诗》，上海古籍出版社，1987年版，第1193页。）
⑦ 王象之：《舆地纪胜》卷127《吉阳军》，第953页下栏。

于马递铺①和急递铺②的通信组织,只是限于史料匮乏,对其他各类水路通信组织的考察目前只能付之阙如。但是水路文书通信系统的存在,客观上丰富了本区域的通信形式、通信方式,从器物和工具层面扩展了区域内的信息流通与信息交流渠道,为本区域同其他区域乃至中央之间快速实现信息的交流与沟通提供了保障。

总而观之,宋初本区域的陆路及水路均存在若干文书通信路径,且设置了相应的通信组织,从而建构了一个区域内文书通信网络。此通信网络、通信体系不仅能满足政府间文书传递、信息流通的要求,特定情形下亦能为少数民族以及民族间的信息沟通与来往提供部分通信服务。如宋神宗熙宁七年(1074年),荣州团练使赵思忠等人曾"乞蕃僧金字牌",朝廷从之。③ 金字牌是宋代,尤其是北宋时紧急通信的一种凭证。赐给荣州团练使金字牌,表明在朝廷与一些少数民族之间存在着某种固定形式的通信。再如黎州,宋太祖乾德三年(965年)夏及开宝元年(968年)二月,两次收到大理国递来的文书。④ 又有,黎州部分少数民族与宋廷经常有文书往来。⑤ 另,《庆元条法事类》规定:"诸安化军归明人有书信、财物寄本家者,申纳所在州县,发书勘验,录书讫,以元书通封……入递,逐铺节级检传,至广西经略安抚司。"⑥ 已经归附朝廷、成为政府下辖的少数民族,其寄往家中的书信和财物也是经由地方的各

---

① 赵彦卫:《云麓漫抄》中有"递马船十只"的记载。(赵彦卫著,傅根清点校:《云麓漫抄》卷6,中华书局,1996年,第98页。)
② 《宋会要·方域》11之3,有"水路置急递舟传送文字"的记载。
③ 李焘:《长编》卷258,熙宁七年十二月丁卯条。
④ 李焘:《长编》卷10,开宝二年六月转引《续锦里耆旧传》。
⑤ 脱脱:《宋史》卷496《蛮夷列传四》,第14231~14232页。
⑥ 谢深甫:《庆元条法事类》卷78《蛮夷门·归明附籍约束》,燕京大学图书馆藏1948年版,第11册第119~120页。

级递铺组织逐一投递。由此可知，宋初在西南区域建构的文书通信系统不仅能够起到及时获知区域内人群的社会、政治及军事等相关信息，并迅速传往京师以供参详，而且其在获取少数民族群体的社会乃至政治及军事等信息方面亦发挥了至关重要的作用。

第三节 宋代西南区域文书通信系统的特征解析

整体分析本区域文书通信系统建构的特征，不难发现其既具备宋代文书通信系统的一般特征，同时亦具有自身的些许殊别。

一、纵向特征分析

第一，整体与唐代及元代较之，宋代西南区域的文书通信系统呈现出明显的区域不平衡性。具体而言，宋代本区域的文书通信系统在建构之初即存在西北部分和东南部分相对密集、系统，而广阔的中间地带则较为稀疏且不成系统。例如，本区域西北部分既有成都通陕府的陆上文书通信主干道，又有嘉陵江水道等。同样，东南部分有邕州、桂州经荆湖路到江陵府的陆路通信干道，也有湘江水道。但是，本区域广阔的中间地域仅有川峡沿江文书通信路径等少数通信组织，数量少且系统不完善。如此两侧密集系统，中间稀疏零散的区域不平衡状态形状恰似一哑铃。

第二，在线路选择上，宋代本区域的文书通信系统较重视水路，不仅川峡大江设置了通信组织，而且弯曲盘旋的嘉陵江水道和湘江水道也同样置有递铺、馆驿。为往来传递文书，保证通信安全性，赵宋王朝之各地、各级政府还多次疏导上述水道。如徽宗政和年间（1111－1117

年),归州开凿了江中的人鲊瓮险滩,大大改善了峡江的通航能力。① 再如,孝宗淳熙年间(1174-1189年)利州路提刑张曩容组织开凿了九井滩的三巨石,使得嘉陵江水道愈加通畅。② 重视水路的通信功用,在水道设置递铺,尽量使得"水陆皆通"③,以提高文书通信系统的通信效率,是宋初本区域文书通信系统建构在路线选择上的一大特征。

第三,较之唐代,宋代西南区域的通信组织和通信从业人员更加专业化。由前述可知,宋代不仅水陆皆设通信组织,而且设置了独立的通信机构——各类递铺,如陆上有步递、马递、急脚递、摆递铺④,水道有水递铺、水马递、急递船等。另外,通信从业人员愈加专业化,从普通民众转而由兵卒替代,即所谓"以兵代民"从事文书通信工作。这是宋代文书通信领域一个重要的特征,也是宋代革新文书通信系统的一大创举。《宋史·太祖本纪》中的说法较为笼统,仅在建隆二年五月记"诏诸道邮传以军卒递"。李焘在《长编》中如此记载:"令诸州勿复调民给传置,悉代以军卒",同样不甚明了。《隆平集》和《演繁露》的说法稍微清晰,《隆平集》卷二"革弊":"五代以来,天下邮传皆役平民,建隆二年,始命以军人代之";《演繁露》续集卷一"以兵代民役":建隆二年,以前代传置悉用民夫,至是诏募军卒代之。《宋会要》和《燕翼诒谋录》的记录

---

① 徐松:《宋会要·方域》10之7,第7477页上栏。
② 曹学佺在《蜀中名胜记》卷24《保宁府一》中引《碑目》云:"九井滩,旧时有蛤蟆、青牛、青堆三巨石伏水,为舟楫害。淳熙间,利路提刑张曩容,募降人冉得者,治械如桔槔状,冶铁为杵,重千五百斤,抛掷半空而下,三石俱碎,化险为夷。有碑刻剥落。"(曹学佺著,刘知渐等点校:《蜀中名胜记》,重庆出版社,1983年,第366~367页。)
③ 脱脱:《宋史》卷334《林广传》,第10738页。
④ 《建炎以来朝野杂记》乙集卷9《金字牌》记载"丘宗卿为蜀帅,始创摆铺"。曹家齐先生考证后认为:此则史料显示蜀地的摆递铺创置于丘宗卿镇蜀时。(参见曹家齐:《唐宋时期南方地区交通研究》,第196页。)

最为详细,《宋会要·方域》:"太祖建隆二年五月十七日,诏诸道州府以军卒代百姓为递夫。先是,天下邮传率役平民。至是,帝知其弊,始尽易之";《燕翼诒谋录》:"前代邮置,皆役民为之,自兵农既分,军制大异于古,而邮亭役兵如故。太祖即位之始,即革此弊。建隆二年五月,诏诸道州府以军卒代百姓为递夫。其后特置递卒,优其廪给,遂为定制。"由上述史料可知,自太祖建隆二年(961年)开始,赵宋政权辖境内的文书通信系统其从业人员就已经逐步由民夫兼职转为兵卒专职了,换句话说,其从业人员的专业化程度有了极大的改进。这一点对于整个宋朝的信息流通及信息控制都具有不可磨灭的意义。①

当然,宋时西南区域"以兵代民",通信从业人员由民夫转为铺兵是有一个过程的。例如,直到真宗咸平二年(999年),李防任峡路转运副使才将归、峡二州沿江水递八十九铺的从业人员"悉用本城卒代之"②,才真正完成这一变革。广大铺兵成为宋代本区域从事文书通信工作的一线人员,"诸路往来递角,全藉铺兵依限传送"③。其来源则主要为厢军,在某些特殊时期的特定地点也曾出现和雇民夫、差选

---

① 学界前辈对宋代"以兵代民"从事文书通信工作多所述论。王夔强先生在1935—1936年发表的《宋代交通制度考略》系列短文中,就曾涉及宋太祖诏令邮传以军卒递。日本学者青山定雄1936年在《东方学报》第6期发表的《宋代的邮铺》文中也论述到了这个问题;后,在其1962年出版的专著《唐宋时代的交通与地志地图研究》的书中又进一步的对这个问题加以深化。1983年,香港学者赵效宣在《宋代驿站制度》中专列"递卒"一节讨论宋代文书通信系统从业人员专业化问题。王云海、张德宗在《宋代的邮递铺兵》一文的第一部分即讨论了此问题。曹家齐先生在《宋代交通管理制度研究》一书中对此问题也有所创建。然而也有部分学者根据宋代"以兵代民"从事文书通信工作之事,指出宋代的文书通信系统是一种军事性通信系统。例如,史式在《宋代的军邮》中即据此认为:宋代实行了"邮政军事化";另有一些学者也有类似的主张。

② 李焘:《长编》卷54,咸平二年八月庚申条;脱脱:《宋史》卷303《李防传》,第10039页。

③ 徐松:《宋会要·方域》11之35,第7517页下栏。

弓手、轮差保甲和追集乡夫的现象。但总体而言，宋时铺兵一般从当地招填，由厢军军士差充，是一个专业化的组织。① 其每一铺铺兵数也有定制，一般为12人。② 并具体规定了铺兵招填和贴补的一些原则，即铺兵招填需先本地人后他处人，"先本处人；无，即招邻乡村人；又无，本县镇；若邻县人，年十六以上、无疾病人充"③；招填时间方面，除平时每季度补充一次④外，经常有临时性的填补行为⑤；个别地方如果招填不到足够的铺兵，还可以"于本处厢军内拨填"⑥，即以厢军贴补铺兵。在铺兵管理方面采用的是军事化的编制管理，表现在：一是建立铺兵编制化体系，即在铺兵中设置曹司、节级、十将、都头等编制进行管理。"诸急脚、马递铺各差小分一名充曹司；无，即招填。其大分愿减充者，听。"⑦曹司即一铺之长，负责该递铺的日常文书通信工作。曹司之上设节级，"诸急脚、马递铺每二十人补节级一名，人数虽不及，亦补一名；不及十人，邻近两铺共补一名（相去二十里以上者各补）。"⑧ 此外，到徽宗政和三年（1113年），又"令逐路转司除旧人数差置节级外，诸州每及百人置十将一名，每二百人仍置都头一名，五百人更置将校一名部辖。"⑨

---

① 王蕤：《宋代递铺制度研究》，山东大学硕士学位论文，2014年，第13页。
② 关于宋代递铺中的从业铺兵数，曹家齐考证后认为："宋代每一递铺铺兵数，常制为十二人。但宋代递铺人数并不全依此制，也有的因时期、地区或者种类的不同而有所差别。"（曹家齐：《宋代交通管理制度研究》，第98~99页。）
③ 《永乐大典》卷14575《金玉新书·急递》，第4条。
④ 李焘：《长编》卷92，天禧二年七月己卯条。
⑤ 史籍中有关临时性填补铺兵的记载较多，如神宗元丰二年（1079年）陕西诸路提点刑狱填补铺兵（徐松：《宋会要·方域》10之24，第7485页下栏）、五年再令秦州至熙州的递铺"招刺士兵"（徐松：《宋会要·方域》10之25，第7486页上栏）；南渡后亦时常有之，如高宗建炎元年（1127年）诏令"应急脚、马递铺兵，因金人所致逃散，可专委本路提刑司疾速招置"（徐松：《宋会要·方域》10之41，第7494页上栏）。
⑥ 徐松：《宋会要·方域》，第7494页上栏。
⑦ 《永乐大典》卷14575《金玉新书·急递》，第2条。
⑧ 《永乐大典》卷14575《金玉新书·急递》，第1条。
⑨ 徐松：《宋会要·方域》10之31，第7489页上栏。

二是结保编制。起初铺兵是五人结为一保,不满五人者附保①;到高宗绍兴十二年(1142年),又"诏令逐路提举官下所属州军,将所管铺兵三人结为一保"②;三是刺字管理。早在神宗熙宁七年(1074年),在本区域夔州路转运司的奏请下,"诏诸马递铺兵阙额,如系重难铺分,招人不足,许本城不系配军投换改刺"③,可见在此之前铺兵即已实施刺字管理。而且招填铺兵又称之为"招刺"或者"刺填"④。

第四,驿递分离。驿递分离是宋代驿传制度革新的一项重要成果,其具体意指是从传统的馆驿系统中将文书传递的通信功能剥离开来,另立递铺这一新型的组织机构独立的承担文书传递与通信的任务。即《宋史》所谓"凡奉使之官赴阙,视其职治给马如格。官文书则量其迟速以附步、马、急递"。⑤但是纵观整个宋代,尤其是北宋前期这种革新并不是完全彻底的;甚至可以说在整个赵宋王朝的管辖下,馆驿组织与递铺组织从未完全剥离,驿与递的分离只是一种理想状态。具体到两者之间的关系,则似乎是以一种类似于分工合作之形式,一起完成往来文书通信与过往官吏接待任务的。曹家齐先生在《唐宋时期南方地区交通研究》书中论述二者关系时,根据《淳熙三山志》中关于驿递间置及驿递并置的相关记载,指出:宋代虽然驿递分离,但是一般馆驿之旁必置有递铺。另外,李德辉的《唐宋馆驿制度及其与文学关系研究》一书,也辟有专节讨论宋代文人投宿、歇息于递铺的情形。综上可知,宋代尤其

---

① 《永乐大典》卷14575《金玉新书·急递》,第3条;李焘:《长编》卷92,元符元年二月丁亥条。

② 徐松:《宋会要·方域》11之8,第7504页上栏。

③ 李焘:《长编》卷252,熙宁七年夏四月乙亥条。

④ 《永乐大典》卷14575《金玉新书·急递》,第103条;徐松:《宋会要·方域》10之25,第7486页上栏;李焘:《长编》卷326,元丰五年五月丙午条。

⑤ 脱脱:《宋史》卷163《职官志三》,第3856页。

是北宋前期驿与递并未完全分离；而且馆驿之旁均应置有递铺，以保证文书通信的迅速实现。宋代西南区域亦不例外。

第五，私书附递。所谓"私书"即非官方的军政文书，主要为大小官员与其亲属、朋友间往来的书信。私书附递，即允许大小官员的私人书信通过官方的文书通信系统传递。这是宋代文书通信领域又一重大变革。太宗雍熙二年（985年），"诏自今的亲实封家书许令附递，自余亲识只令通封附去。"① 可见，允许私书附递的是各类大小官员。后因弊病较多，曾一度废止。到仁宗景祐三年（1036年），朝廷允许官员的家书可以"附递"，"自今内外臣僚，听以家书附递"②，私书附递正式得到国家法律认可。③

以上论述，显示出宋代西南区域文书通信系统较前代的发展。

二、横向特征分析

首先，本区域文书通信系统框架明显，但却存在系统性不足、通信网络结构欠发达的缺陷。一个完善的通信系统不仅仅是由若干通信主干道架构起来的框架体系，而应该是一个既存在框架且又在主干框架之外亦有辐射四方的通信路径的体系。以东南沿海区域的福建路为例，其文书通信系统不仅框架鲜明，而且州府主干道之下的县则按"所开四路，各铺前后皆相呼应"④ 的标准设置通信组织，

---

① 徐松：《宋会要·职官》2之44，第2394页上栏。
② 李焘：《长编》卷118，景祐三年五月辛卯条。
③ 有关宋代"私书附递"的史料多有所出，包括此处引用的《宋会要·职官》2之44和《长编》卷118景祐三年五月辛卯条，以及《金玉新书·急递》《燕翼诒谋录》卷5等；近人有关其论述参见赵效宣《宋代驿站制度》中的"私人文字"部分、刘广生《中国古代邮驿史》的"私书附递"部分、曹家齐《宋代交通管理制度研究》的"文书传递之弊剖析"部分以及王子今《邮传万里——驿站与邮递》的"宋代邮驿弊事"部分。笔者不再赘述。
④ 胡榘、方万里、罗濬：《宝庆四明志》卷3《驿铺》，中华书局，1990年宋元方志丛刊本。

真正体现了宋代以县域为单位建构文书通信系统的原则。两者相比，即可发现本区域的文书通信系统存在网络结构欠发达的不足。

其次，从通信线路架构角度看，西南区域的文书通信线路多曲折、盘旋，沿途地势起伏较大、地形变化较多、路面情况复杂。铺兵传递通信文书途中，时而盘旋于山岭之上，时而行走于悬崖峭壁之侧，阁道、栈道、桥梁处处有之。以兴州至凤州的大道为例，由凤州白涧驿到兴州金牛驿共385里，大约有桥阁两万余间。① 再如，仁宗至和二年（1055年）利州路新开的白水路，全长51里的道路上就修造了阁道2390间。② 其路面状况之复杂，可见一斑。

最后，本区域的递铺、馆驿等文书通信组织其间距参差不齐。宋代递铺间的距离，按常制应该是25里。③ 但是，西南区域的递铺设置多不遵从此制。据苏辙言：元丰初，成都通陕府的递铺再次添置后，间距平均为15里。④ 广南西路的递铺，经陈尧叟添置后，间距才达到三二十里。⑤ 由上知，本区域的文书通信组织其间距长短不一，距离参差不齐，排列分布不甚规范。

第四节　宋代西南区域文书通信系统建构原因

文书通信系统在组织机构上必定依靠大量的递铺等通信组织，在文书传递方面也需要特定的交通道路，故而在其建构之初定然存有一系列或自然、或人为的因素影响着此系统的架构。笔者从信息

---

① 徐松：《宋会要·方域》10之3，第7475页上栏。
② 雷简夫：《大宋兴州新开白水路记》，曾枣庄、刘琳主编：《全宋文》，上海辞书出版社·安徽教育出版社，2006年，第31册第111页。
③ 据《玉海》记载：宋代"诸路邮传，每二十五里置一递"（王应麟：《玉海》卷172《邸驿》，江苏古籍出版社·上海书店，1987年，第3166页下栏。）；《建炎以来系年要录》以及《宋会要辑稿》均有类似记载。
④ 李焘：《长编》卷366，元祐元年二月癸未条。
⑤ 脱脱：《宋史》卷284《陈尧佐附兄尧叟传》，第9584页。

控制的角度，结合自然地理环境、继承唐五代遗留、政治统治和军事行动等因素，分析影响宋初西南区域文书通信系统建构的原因。

社会学家认为：任何社会（包括团体）为维持一定的社会秩序，达到社会和谐与稳定，就必定要对个人或集团的行为进行约束，此即社会控制。① 宋代的西南区域同样存在着某些特定的社会控制。② 如此，在交通、通信等不太发达的宋代社会，处于京师的朝廷若想实现对广阔的西南区域进行有效（或者基本有效）的控制，那么对于地方信息的充分掌控、对于中央与地方信息流通渠道的充分掌控则是必不可少的。所以作为信息传递媒介的文书通信系统就成为宋朝政府实现这种掌控所必须依赖的社会实体；而对信息传递媒介的控制，以及对信息传递过程的控制应该就是信息控制的一个重要方面。这也成为了宋廷对整个西南区域进行社会控制的中间环节。只有牢牢掌控此一环节方能顺利的实现地方信息的迅速而充分的传达至朝廷，以保证其各项决策是建立在全面了解地方信息基础上的政治行为；同样只有牢牢掌控此一环节，才能保证朝廷的各项指令、决策能够迅速下达地方，及时执行，并适时反馈决策实施后的相关信息。由此角度来看，宋初本区域的文书通信系统就是围绕这一目

---

① ［美］E·A·罗斯著，秦志勇、毛永政译：《社会控制》，华夏出版社，1989年，第46~47页。

② 近年来已有不少学者将社会学的社会控制理论引入到宋史研究中，并取得了一些可喜的成果，如林文勋、古更有：《唐宋乡村社会力量与基层控制》（云南大学出版社，2005年）；尹娜：《两宋时期的瘟疫与社会控制》（硕士学位论文，上海师范大学，2005年）、吴静：《宋明理学的社会控制思想述论》（《成都纺织高等专科学校学报》，2009年第4期）以及刘云：《税役文书与社会控制：宋代户帖制度新探》（《保定学院学报》，2010年第2期）等。尤其是《唐宋乡村社会力量与基层控制》一书，从唐宋"富民"阶层的崛起入手，讨论唐宋之时国家对基层社会控制权的演变过程，指出：控制地方的行政权，最主要的就是掌控本地的民户与田赋；并认为，经北宋前期的努力，到元丰时以县府为代表的国家完全掌控了乡村的控制权。书中许多精到的论述对笔者具有较大的启发意义。笔者试图从社会控制的一个方面——信息控制的角度，解析宋初西南区域文书通信系统建构的原因，以期有所收获。

的建构的。

  宋代的君臣都深知"置邮传命"①的重要性,强调及时充分的掌控地方信息、了解基层状况。故而指导本区域文书通信系统建构的先决因素就是中央对区域内信息流通渠道的充分掌控。例如,前述京师到宜州的文书通信路径之所以要设置马递铺,就是因为宜州有大规模的军事行动,朝廷需要充分了解军事前线的状况,才能制定适宜的策略,才得以迅速地平定了澄海军的叛乱。再如,邕州、桂州一线之所以在神宗朝增置急脚递铺,也是因为邕州前线有大规模的军事行动,朝廷意欲掌握更多有关前线战事的信息。②除去对军事信息掌控的需求外,政治统治领域信息控制的需求同样推动着该系统的架构及完善。如真宗景德元年(1004年),因川峡四路往来传递文书太多,竟引起了民众惊恐之情,在此种情形下,为保证地方之稳定,真宗于是下诏书暂时禁止了"川峡路州、军、监、县、镇等吏卒乘马递报公事"③。这类事件,在西南区域乃至整个宋代都屡见不鲜。另外,本区域的文书通信系统整体上呈"哑铃形状"的原因也在于此。因当时赵宋王朝在北方及西北方向长期面临着契丹、党项等族的巨大压力,致使其不愿在西南区域投入过多的精力、国力,

---

  ① "置邮而传命"一语出自《孟子·公孙丑上》,是引述孔子的话语:"德之流行,速于置邮而传命。"(参见赵歧注,孙奭疏,廖名春、刘佑平整理:《孟子注疏》,北京大学出版社,2000年,第84页。)此语本意为:道德的流行、传播速度,比通过系统性的邮驿组织传递王命的速度还要快。后逐渐突出"置邮传命"的含义,意为:设置邮驿递铺组织以传递官方文书,实现王命的迅捷下达。(参见沈红雁:《置邮传命》,《中国邮政》,1982年第2期。)宋朝君臣经常围绕"置邮传命"进行讨论,如苏轼元祐五年时曾同宋徽宗讨论过。(参见苏轼:《应诏论四事状》,曾枣庄、刘琳主编:《全宋文》,第87册第25页。)

  ② 对于宋代西南区域文书通信系统往来传递军事信息的相关考察,以黄宽重先生的《晚宋军情搜集与传递——以〈可斋杂稿〉所见宋、蒙广西战役为例》一文为代表。该文以《可斋杂稿》为材料依据,以君主所在的行在所临安府与广南制置使司所在的靖江府间的军政讯息传递为主要析论焦点,探讨了宋蒙广西战役期间两地军政文书传递的渠道、效率等问题。文中的部分述论甚为精到,可资借鉴。

  ③ 徐松:《宋会要·方域》10之19,第7483页上栏。

使得宋廷在控制川峡四路和广南西路大部后，在本区域则采取了较为谨慎的态度。① 于是控制或者某种程度的堵塞各少数民族聚居地区信息的自由流通，这成为了当时社会控制及信息控制所必需的。所以，宋廷在黎州、戎州、泸州、思州、播州等地区也就没有大规模建构文书通信路径的必要了，从而就形成了这种"哑铃形状"的文书通信系统。

当然，笔者并不否认唐及五代时本区域的文书通信成就对宋初建构其新型文书通信系统的影响。而且宋初建构的文书通信系统在很大程度上继承了唐五代的部分成就。例如，上述川峡四路可考的宋代馆驿递铺共112个，其中唐代已经设置的馆驿（后被宋代继承者）就达38个，占宋代馆驿递铺总数的33.9%，这是一个较高的比例，在一定程度上阐释了两者之间存在某种固有的关系。再如，成都通陕府的陆上文书通信主干道基本上就是保留孟蜀时期的通信路径，并做进一步更改、扩充的。嘉陵江水道文书通信路径亦应如是。

任何一个文书通信系统在组织机构上必定依靠大量通信组织，在文书传递方面也需要特定的交通道路，所以宋初西南区域建构文书通信系统时必定会受到自然地理环境因素的影响。因为不论是通信路径的走向选择，还是递铺等通信组织的创建都处于一定的自然地理环境之中。具体言之，自然地理环境因素对西南区域建构的影响主要表现在以下几方面。首先，西南区域地势起伏较大，大江大河与高山峻岭相间排布、盆地及平原与山地高原错落有致，如此一来，必定会影响原有的通信路径取向，或是峻岭阻断既定的道路走

---

① 王文光，龙晓燕，陈斌：《中国西南民族关系史》，第321页。

向，或是河流谷地为文书通信路径的建构提供了又一选择，或是致使通信路径横山越岭、弯曲盘旋。① 例如，川峡四路与荆湖路之间之所以未曾建构陆上文书通信主干路径，主要就是因为两者被大巴山等较大山脉阻断，陆上交通极为不便。其次，特殊的自然地理环境。西南区域位于长江水系和珠江水系的中上游，水利资源异常丰富，所以在本区域的文书通信系统中水道通信路径的地位就比较突出，不仅在川峡大江水道、嘉陵江水道和湘江—珠江水道均设置了通信组织，而且在一些地区水路通信的速度和效率并不低于陆路。② 最后，小范围内起伏不定的地势也影响了很多通信组织设置的地点，进一步加剧了文书通信组织间距长短不一、参差不齐的状况，致使其排布更加的不甚规范。

上文仅从信息流通与信息控制的角度，宏观地考察了宋初西南区域陆路及水路文书通信系统建构的一般状况，并于纵向和横向两个维度解读了此文书通信系统的建构特征，进一步由信息控制的视域分析了影响其建构的诸多因素，涉及的仅是宋代西南区域文书通信系统建构的一隅。

---

① 对于地形地势因素对文书通信路径取向的相关影响可参阅《四川古代交通路线史》"第九章四川古代交通路线中的经验和今天的借鉴"部分。（蓝勇：《四川古代交通路线史》，第271页。）

② 李焘：《长编》卷18，太平兴国二年春正月丙寅条。

第三章　宋代西南区域文书通信系统的分布

任何文书通信系统的日常运作在组织机构上必定依靠于大量的通信组织，宋代的西南区域亦不例外。故而，讨论宋代西南区域文书通信系统的分布问题，可以从讨论其文书通信组织的分布入手。宋代文书通信组织的种类较为复杂，大致可以分为馆驿和递铺两大类。所谓馆驿，即《嘉泰会稽志》所说的"顿止之次为驿也"①，主要为接待过往官员用，兼及文书的传递功用，具体则分为亭、馆和驿三种②。递铺则是专职于文书传递任务的各类通信组织的统称，即《宋史》所说的"官文书则量其迟速，以赴步马、急递"③，具体有步递、马递、急脚递、斥堠递，以及摆铺几类。前已有述，宋代的馆驿与递铺的分离并不彻底，"驿递分离"只是一种理想状态，更多时候是两者分工合作，共同完成往来通信文书的传递与过往官吏的接待任务。简而言之，宋代的馆驿和递铺都有隶属于文书通信系统的一面，都具有文书通信组织的性质。所以，本章以川峡四路为具体考察对象，通过梳理该地区的文书通信组织以考察此系统的分布。

---

① 施宿等：《嘉泰会稽志》卷4《邮置》，中华书局，1990年宋元方志丛刊本。
② 刘广生：《中国古代邮驿史》，第103页。
③ 脱脱：《宋史》卷163《职官志三·兵部》，第3857页。

第一节　宋代川峡四路文书的通信组织

近年来，已有学者关注到宋代川峡四路馆驿等文书通信组织的设置状况，并取得了一些可喜的成果，如黄盛璋的《川陕交通的历史发展》[①]，肖明远和罗少先的《剑阁古驿道考略》[②]，严耕望的《唐代交通图考》，蓝勇的《四川古代交通路线史》《唐宋四川馆驿汇考》和李良品的《长江三峡地区水驿发展浅探》等。其中，《唐代交通图考》虽然以考证唐代的交通和馆驿为主题，文中亦有涉及宋的内容，尤其是第3卷的《秦岭仇池区》、第4卷的《山剑滇黔区》对宋代川峡四路的馆驿等文书通信组织有所考论，虽然是偶有语及者，但由于文中考证繁复，所以参考价值较大；《唐宋四川馆驿汇考》以当今"大四川地区"（该文发表于重庆市直辖之前，故而文中亦将该区域纳入了讨论范围）为讨论的区域范围，在详细梳理文献资料的基础上，辅之以实地考察，共考证了唐宋时期该区域的98处馆驿，其中或明确标识为宋驿、唐宋驿，或完全使用宋时史料考证的宋代馆驿共38处，参考价值较大。以上研究成果为后学提供了很大的帮助。不过由于讨论主题的侧重点不同，或者是研究的区域范围不一致等问题，上述成果均未能对宋代川峡四路各类文书通信组织，尤其是递铺组织的设置状况做系统性、全面性的梳理。这不能不说是一个遗憾。笔者参考前辈学者的研究成果，考索诸书，梳理宋代西南区域的文书通信组织，以便在此基础上讨论该区域文书通信系统的分布问题。

[①] 黄盛璋：《川陕交通的历史发展》，《地理学报》，1953年第4期。
[②] 肖明远，罗少先：《剑阁古驿道考略》，《剑阁文史资料选辑》第三辑，1983年。

一、宋代成都府路文书通信组织考证

（1）成都驿：为陆驿，属成都府成都县。《汇考》依据陆游的《寓驿舍》诗序"予三至成都，皆馆于是"，指出：宋有成都陆驿，驿名暂难考，姑且以成都驿称之。① 实际上，陆氏有记此驿名称的。《渭南文集》的第 26 卷所收《跋周茂叔通书》题为"乾道壬辰十二月十五日，成都驿南窗书"。② 乾道壬辰年也就是乾道八年（1172）。据欧小牧考证，是年十一月陆游改除成都府安抚使司参议官，其由兴元府之成都就任，暂住馆驿。③ 由上可知，宋时成都的陆驿确为成都驿，应位于今成都市内。元时设有成都陆站。④ 明代成都设有锦官驿⑤，杨正泰在《明代驿站考》中指出：锦官驿属成都府，在今四川成都市东隅。⑥ 清代亦置有是驿，《嘉庆重修一统志》及嘉庆《四川通志》均记"锦官驿，在成都县治左"。综上可知，宋成都驿应在今四川省成都市偏东处。

（2）合江亭：为水驿，属成都府成都县。唐已置驿，宋亦置，《汇考》有考，在今成都市东南的南河口。该亭是唐代剑南西川节度使韦皋所建，为宴饯之地，后渐废，宋时吕大防等再加修葺，"以为

---

① 蓝勇：《唐宋四川馆驿汇考》，第 1 页。
② 陆游：《陆游集》，第 2229 页。
③ 欧小牧：《陆游年谱》，人民文学出版社，1981 年，第 126 页。
④ 熊梦祥著，北京图书馆善本组辑：《析津志辑佚·天下站名》，北京古籍出版社，1983 年，第 129 页（以下简称《析津志》）。
⑤ 嘉靖《四川总志》卷 3《成都府·公署》，书目文献出版社北京图书馆古籍珍本丛刊本，第 64 页下栏；顾祖禹著，贺次君、施和金点校：《读史方舆纪要》卷 67《四川二》，中华书局，2003 年，第 3143 页。
⑥ 杨正泰：《明代驿站考》，上海古籍出版社，2006 年，第 47 页上栏。

船官治事之所"。① 元时成都亦设有水站,② 明代则置有递运所。③ 另,明人曹学佺在《蜀中名胜记》中指出:宋合江亭"即今之锦官驿矣"。④ 不知确否。不过顾祖禹在《读史方舆纪要》中引旧《志》云:"(成都)府城东有锦官驿,城北有旱馆驿。"⑤ 此处其意指似为将锦官驿与旱馆驿对指,不知其用意是否在此。但是,清时锦官驿仍为"马驿",即陆驿。⑥

(3)天回驿:为陆驿,属成都府成都县。唐已置驿,《汇考》有考,在今成都北30里天回镇。⑦ 是驿宋亦置,陆游《偶思蜀道有赋》诗中即有"天回驿畔江如染"之句。⑧ 据《蜀中名胜记》记载:此地因"杜宇自天而降,号曰'天隳'。及元(玄)宗幸蜀返跸之后,土人呼曰'天回',今谓之天回镇也。"⑨ 清代在此置有天回铺以备邮传。⑩ 综上,天回驿应在今四川省成都市金牛区天回镇(即天回街道)一带。

(4)新都驿:为陆驿,属成都府新都县。早在唐代,新都县即置有驿亭,称南亭,张说有《新都南亭送郭元振卢崇道》诗。⑪ 宋代则置新都驿,刘望之有《新都驿远平轩》,诗中记驿的远平轩,陆游亦有《暑行憩新都驿》和《早发新都驿》⑫,是驿应在今四川省成都

---

① 曹学佺:《蜀中名胜记》卷2《成都府二》,第28页。
② 熊梦祥:《析津志·天下站名》,第132页。
③ 嘉靖《四川总志》卷3《成都府·公署》,第64页下栏。顾祖禹:《读史方舆纪要》卷67《四川二》,第3143页。
④ 曹学佺:《蜀中名胜记》卷2《成都府二》,第28页。
⑤ 顾祖禹:《读史方舆纪要》卷67《四川二》,第3143页。
⑥ 《嘉庆重修一统志》卷384《成都府一》,四部丛刊续编本,第23册第224页上栏。
⑦ 蓝勇:《唐宋四川馆驿汇考》,第3页。
⑧ 陆游:《陆游集·剑南诗稿》卷82,第1901页。
⑨ 曹学佺:《蜀中名胜记》卷3《成都府三》,第40页。
⑩ 嘉庆《四川通志》卷88《武备·驿传》,巴蜀书社,1984年,第2842页。
⑪ 曹学佺:《蜀中名胜记》卷5《成都府五》,第59页。
⑫ 陆游:《陆游集·剑南诗稿》卷6,第170页。

市新都区新都镇。明朝时，新都县内设有新都驿，又称新都军站。①清代则置有广汉驿。②

（5）弥牟铺：为递铺，属成都府新都县。唐初置有两女驿，《唐代交通图考》有考，"在雒县、新都间"；③《汇考》进一步指出即今之弥牟镇。④陆游有《弥牟镇驿舍小酌》，知宋代弥牟镇有一驿递组织；诗中有"邮亭草草置盘盂"⑤之句，则可知此驿舍应为一"邮亭"，即递铺。然，铺名暂难确考，且以弥牟铺名之。至于弥牟镇的具体位置，据陆游的《九月十日如汉州小猎于新都弥牟之间投宿民家》⑥诗，可知宋之弥牟镇应在新都和汉州间。又《读史方舆纪要》记：弥牟镇在新都县北三十里，接汉州界，亦名八阵乡。⑦综上，宋弥牟铺应在今四川省成都市青白江区弥牟镇。⑧

（6）二江驿：又名双流驿，为陆驿，属成都府双流县。二江驿唐已置，《图考》以及《四川古代交通路线史》有考。⑨是驿宋亦置，《汇考》有考，在今双流县。⑩陆游有《感旧》诗，其二中有

---

① 杨正泰：《明代驿站考》，第99页上栏。
② 《嘉庆重修一统志》卷384《成都府一》，第23册第224页；嘉庆《四川通志》卷88《武备·驿传》，第2824页上栏。
③ 严耕望：《唐代交通图考》第4卷《山剑滇黔区·金牛成都驿道》，第901页（以下简称《图考》）。
④ 蓝勇：《唐宋四川馆驿汇考》，第3页。
⑤ 陆游：《陆游集·剑南诗稿》卷6，第171页。
⑥ 陆游：《陆游集·剑南诗稿》卷8，第235页。
⑦ 顾祖禹：《读史方舆纪要》卷67《四川二》，第3148页。
⑧ 王涯军先生《宋代川峡四路市镇地理考》文中，其通过嘉庆《四川通志》及民国《新都县志》相关史料的考证，亦得出宋弥牟镇即今青白江区弥牟镇的结论。
⑨ 严耕望：《唐代交通图考》第4卷《山剑滇黔区·川滇西道：成都清溪通南诏驿道》，第1180页；蓝勇：《四川古代交通路线史》，第82页。
⑩ 蓝勇：《唐宋四川馆驿汇考》，第3页。

"雕鞍送客双流驿"①之句，可知宋时二江驿又名双流驿。是驿宋后不见置，唯有清时双流县治内置有递铺以备邮传。②综上，宋二江驿应在今四川省成都市双流县治。

（7）临邛驿：为陆驿，属邛州临邛县。唐已置驿，《汇考》有考，在今邛崃县治。③然，以其仅为唐驿，似不妥。是驿宋亦置。陆游在《书寓舍壁》中提到了临邛驿。④据欧小牧考证，陆游于孝宗淳熙四年（1177年）八月游邛州。⑤由上可知，到淳熙年间仍置有临邛驿。明代在邛州治东一里处置有白鹤驿⑥，该驿原为白鹤馆，后改为驿，清代裁废。⑦综上，宋临邛驿应在今四川省成都市邛崃临邛镇。

（8）鸭翎铺：为递铺，属邛州临邛县。陆游有《寄邛州宋道人》一诗，其诗序为："宋与余在临邛鸭翎铺同遇异人，宋遂弃官学道。"⑧可知宋临邛县应有一鸭翎铺，确地待考。

（9）凤池驿：为陆驿，属简州阳安县。《舆地纪胜》的第145卷《简州》记："凤池，在阳安县西南，本名平泉，有驿，名凤池驿。"⑨可知宋阳安县有凤池驿。据《汇释》的考证，宋阳安县治在今简阳市西绛溪河北岸。⑩宋凤池驿应在附近。明代在治西一里处置

---

① 陆游：《陆游集·剑南诗稿》卷69，第1642页。
② 嘉庆《四川通志》卷89《武备·铺递》，第2842页下栏。
③ 蓝勇：《唐宋四川馆驿汇考》，第3页。
④ 陆游：《陆游集·剑南诗稿》卷8，第231页。
⑤ 欧小牧：《陆游年谱》，第148页。
⑥ 嘉靖《四川总志》卷13《邛州·公署》，第262页下栏。
⑦ 嘉庆《四川通志》卷88《武备·驿传》，第2836页下栏。
⑧ 陆游：《陆游集·剑南诗稿》卷19，第561页。
⑨ 王象之：《舆地纪胜》，第1029页下栏。
⑩ 郭黎安：《宋史地理志汇释》，安徽教育出版社，2003年版，第196页（以下简称《汇释》）。

有阳安马驿。① 清代承袭。② 综上，宋凤池驿应在今四川省资阳市简阳西绛溪河北岸。

（10）柳池驿：为陆驿，属简州阳安县。《汇考》有考，在简阳县北养马区治③，即今四川省资阳市简阳北养马镇。是驿宋后不见置。

（11）罗江驿：又名万安驿，为陆驿，属绵州罗江县。唐已置驿，《图考》及《汇考》有考。④ 陆游有《罗江驿翠望亭读宋景文公诗》⑤，知是驿宋代亦置。是驿又名万安驿，张演有《万安驿》诗⑥，程公许的《罗仙宫道士留午饭后遍览山中佳景三十六峰罗列几席夜雨达旦客枕甚清》⑦ 诗中亦提及是驿。据《方舆胜览》记载：万安驿，在罗江县西，旧《经》云："唐明皇幸蜀至此，闻驿名叹曰'一安尚不可，况万安乎？'"⑧ 则可知是驿应在宋罗江县西。明代不见置驿，据嘉庆《罗江县志》载：是驿明时为罗江王的王府。⑨ 清代仍置罗江驿。⑩ 综上，宋罗江驿应在今四川省德阳市罗江县万安镇。

（12）魏城驿：为陆驿，属绵州魏城县。《汇考》有考，在今绵阳市魏城区治，临魏城河。⑪ 陆游有《绵州魏城驿有罗江东诗云

---

① 顾祖禹：《读史方舆纪要》卷 67《四川二》，第 3166 页。
② 《嘉庆重修一统志》卷 384《成都府一》，第 23 册第 224 页；嘉庆《四川通志》卷 88《武备·驿传》，第 2830 页上栏。
③ 蓝勇：《唐宋四川馆驿汇考》，第 2 页。
④ 严耕望：《唐代交通图考》第 4 卷《山剑滇黔区·金牛成都驿道》，第 896~897 页；蓝勇：《唐宋四川馆驿汇考》，第 4 页。
⑤ 陆游：《陆游集·剑南诗稿》卷 3，第 88 页。
⑥ 杨慎编，刘琳、王晓波点校：《全蜀艺文志》卷 19，线装书局，2003 年，第 510 页。
⑦ 程公许：《沧洲尘缶编》卷 3，文渊阁四库全书本。
⑧ 祝穆：《方舆胜览》卷 54《绵州》，第 973 页。
⑨ 嘉庆《罗江县志》，巴蜀书社，1992 年。
⑩ 嘉庆《四川通志》卷 88《武备·驿传》，第 2824 页上栏。
⑪ 蓝勇：《唐宋四川馆驿汇考》，第 5 页。

芳草有情皆碍马好云无处不遮楼戏用》①，李流谦也有《宿魏城驿用罗江东韵怀李仲明》和《再用魏城驿韵贻白绵州》。② 可见宋时魏城驿官员过往频密，文人酬和亦为一番景致。明代魏城县治置有金山驿。③ 清代再置魏城驿，在绵州东北六十里。④ 综上，宋魏城驿应在今四川省绵阳市游仙区魏城镇魏城河畔。

（13）奉济驿：为陆驿，属绵州盐泉县。唐已置驿。《图考》有考，认为"在（绵）州东三十里"；⑤《汇考》进一步指出，应在今绵阳市东沉香铺附近。⑥ 然，《汇考》以其仅为唐驿，似有不妥。是驿宋亦置，曹彦约有《奉济驿次杜老送严公韵》一诗，以酬和杜工部。⑦ 是驿宋后不见置。综上，宋时奉济驿应在今四川省绵阳市游仙区沉抗镇沉香村沉香铺附近。⑧

（14）眉州驿：又名眉州馆，为水陆驿，属眉州眉山县。《汇考》有考，在今眉山县治。然，以其仅为陆驿似有不妥。⑨ 孝宗淳熙四年（1177年），范成大离蜀返京，由合江亭而下，一路乘船而行，其所过之眉州馆⑩应为一水驿。又，据《长编》第6卷记载，早在太祖乾德三年（965年）之时已有诏令："自嘉、眉、忠、万至荆南沿江分

---

① 陆游：《陆游集·剑南诗稿》卷3，第86页。
② 李流谦：《澹斋集》卷6、卷7，线装书局，2004年宋集珍本丛刊，第343页上栏、第357页上栏。
③ 嘉靖《四川总志》卷3《成都府·公署》，第65页下栏。
④ 嘉庆《四川通志》卷88《武备·驿传》，第2825页上栏；《嘉庆重修一统志》卷400《绵州》，第24册第669页。
⑤ 严耕望：《唐代交通图考》第4卷《山剑滇黔区·金牛成都驿道》，第896页。
⑥ 蓝勇：《唐宋四川馆驿汇考》，第5页。
⑦ 曹彦约：《昌谷集》卷1，文渊阁四库全书本。
⑧ 王涯军依据《元丰九域志》以及民国《绵阳县志》的相关史料，指出宋奉济镇即后来的沉香铺。（王涯军：《宋代川峡四路市镇地理考》，第140页。）
⑨ 蓝勇：《宋四川馆驿汇考》，第13页。
⑩ 范成大著，孔凡礼点校：《吴船录》卷上 \\《范成大笔记六种》，中华书局，2002年，第194页。

置驿船，以济行李。"① 可知眉州自宋初就已经设置了水路馆驿。元代在眉州置有陆站以及水站②，似乎亦能推知宋时眉州驿应为水陆驿，或至少应有水驿的功能。明代在此仅置水驿③，清代裁废④。综上，宋眉州驿应在今四川省眉山市东坡区岷江西岸。

（15）江乡馆，原名共饮亭，又名江都馆，为馆驿，属眉州眉山县。嘉定年间，魏了翁知眉州曰，曾"复蟇颐堰，筑江乡馆"⑤。据《读史方舆纪要》的考证，江乡馆原名共饮亭，在州城东玻瓈江濒，旧为胡文靖所建，以为迎劳宾使之所；嘉定年间，魏了翁为知州，重加修整、扩建，并改名为江乡馆，且为文以记。⑥ 魏了翁所作记文共有两篇，一为《眉州江乡馆壁记》，另一为《眉州江乡馆记》，均收在《鹤山先生大全文集》中。⑦ 综上，宋江乡馆应在今四川省眉山市东坡区岷江内侧东坡湖附近。

（16）通津驿：为陆驿，属眉州彭山县。《汇考》有考，驿在彭山县青龙场南⑧，即今四川省眉山市彭山县青龙镇南。是驿宋后不见置。

（17）嘉州驿：为水陆驿，属嘉定府龙游县。唐代已置驿，宋亦置。陆游的《驿舍见故屏风画海棠有感》中有"夜阑风雨嘉州驿，愁向屏风见折枝"⑨ 之句。嘉州于宁宗庆元元年（1195年）升为嘉定府，治今乐山市，驿应在其地。元代置有嘉定陆站及嘉定水

---

① 李焘：《长编》卷6，乾德三年二月庚申条。
② 熊梦祥：《析津志·天下站名》，第129页。
③ 嘉靖《四川总志》卷12《眉州·公署》，第228页上栏。
④ 嘉庆《四川通志》卷88《武备·驿传》，第2836页下栏。
⑤ 脱脱：《宋史》卷437《魏了翁传》，第12967页。
⑥ 顾祖禹：《读史方舆纪要》卷71《四川四·眉州》，第3351页。
⑦ 魏了翁：《鹤山先生大全文集》卷40《眉州江乡馆壁记》，卷44《眉州江乡馆记》，四部丛刊本。
⑧ 蓝勇：《唐宋四川馆驿汇考》，第13页。
⑨ 陆游：《陆游集·剑南诗稿》卷3，第95页。

站。① 明代则置有凌云水驿、平羌水驿等数驿。② 清代各驿均裁废。③ 综上，宋嘉州驿应在今四川省乐山市。

（18）三峨馆：为馆驿，属嘉定府龙游县。《舆地纪胜》的第146卷《嘉定府·景物》下记有三峨馆，馆内有歌凤堂，绘有《楚狂接舆像》。④ 可知，宋嘉定府有三峨馆。据《汇释》考证，宋龙游县治在今乐山市。⑤ 综上，宋时的三峨馆应在今四川省乐山市内。

（19）犍为驿：为水陆驿，属嘉定府犍为县。犍为县唐代即已置驿，名青溪驿，《图考》及《汇考》有考。⑥ 宋时犍为县亦应置驿。范成大有《犍为江楼》，诗中有"无人驿路榛榛草，有客江楼浩浩风。种落尘消少公事，剩裁新语寄诗筒"之句。⑦ 可知，宋时犍为县亦置有驿递组织，确名暂难考，且以犍为驿记之。元代置有犍为陆站和犍为水站。⑧ 明时有沉犀水驿、下坝水驿和二圣水驿。⑨ 清初，犍为县所辖各驿均裁撤，仅置递铺以备邮传。⑩ 综上，宋犍为县驿应在今四川省乐山市犍为县。

以上为宋代成都府路可考的19处馆驿递铺。

---

① 熊梦祥：《析津志·天下站名》，第129、130页。
② 嘉靖《四川总志》卷13《嘉定州·公署》，第245页下栏。
③ 嘉庆《四川通志》卷88《武备·驿传》，第2836页上栏。
④ 王象之：《舆地纪胜》，第1038页上栏。
⑤ 郭黎安：《宋史地理志汇释》，第195页。
⑥ 严耕望：《唐代交通图考》第4卷《山剑滇黔区·成都江陵间蜀江水陆道》，第1088~1089页；蓝勇：《唐宋四川馆驿汇考》，第13页。
⑦ 范成大：《范石湖集》卷19《犍为江楼》，上海古籍出版社，1981年，第265页。
⑧ 熊梦祥：《析津志·天下站名》，第129、130页。
⑨ 嘉靖《四川总志》卷13《嘉定州·公署》，第246页上栏。
⑩ 嘉庆《四川通志》卷88《武备·驿传》，第2836页下栏；卷89《武备·铺递》，第2863页下栏。

二、宋代利州路文书通信组织考

（1）褒城驿：为陆驿，属兴元府褒城县。褒城地当褒斜道之端，东经兴元府可通金州，历来是交通通信之要。褒城驿唐代即有置，《图考》有考。① 《方舆胜览》的第 66 卷《兴元府》下记有是驿②，知宋亦置驿。据《汇释》考证，宋时的褒城县治今汉中市西北大钟寺。③ 大钟寺今属汉台区褒城镇。综上，宋褒城驿应在今陕西省汉中市汉台区褒城镇。元代置有褒城陆站。④ 后，是驿不见置，明清时褒城县城内置开山驿。⑤

（2）曲滩驿：为陆驿，属兴元府褒城县。神宗熙宁七年（1074年）利州路提刑范百禄改移褒斜路为入川正道，设置馆驿递铺组织，始置是驿。⑥ 驿位于褒城驿北，确地待考。

（3）西县驿：为陆驿，属兴元府西县。据《图考》考证：唐时西县置有白马驿。⑦ 又，据陆游《秋冬之交杂赋》诗，第六首中有"常思南郑日，县驿跨骠归"之句，诗后自注云："汉中西县村落，下临让水，景物颇似吾乡。"⑧ 可知，宋时西县亦应置驿，确名难考，暂以西县驿名之。宋西县治今陕西省汉中市勉县西老城，驿应在其地。明代在此置顺政驿。⑨

（4）沔阳驿：为陆驿，属兴元府西县。陆游诗中多次提及沔阳

---

① 严耕望：《唐代交通图考》第 3 卷《秦岭仇池区·汉唐褒斜驿道》，第 739 页。
② 祝穆：《方舆胜览》，第 1150 页。
③ 郭黎安：《宋史地理志汇释》，第 213 页。
④ 熊梦祥：《析津志·天下站名》，第 128 页。
⑤ 杨正泰：《明代驿站考》，第 97 页下栏；嘉庆《汉中续修府志》卷 7《褒城县·驿传》，台北：台湾学生书局，1968 年，第 349 页。
⑥ 徐松：《宋会要·方域》10 之 3～4，第 7457 页上栏～下栏。
⑦ 严耕望：《唐代交通图考》第 3 卷《秦岭仇池区·汉唐褒斜驿道》，第 785 页。
⑧ 陆游：《陆游集·剑南诗稿》卷 73，第 1717 页。
⑨ 杨正泰：《明代驿站考》，第 41 页下栏。

驿，如《沔阳夜行》诗中有"夜发沔阳驿，坡陁冈阜重"之句。①可知，宋有一沔阳驿。该诗后一首为《道中累日不肉食至西县市中得羊因小酌》，表明是驿应在西县西。又，宋西县南临沔水，金牛驿东北经西县到褒城、兴元府的交通和通信要径的西县段即是沿沔水北岸而行，故可推知宋沔阳驿应在西县西的沔水北岸某处。宋西县治今陕西省汉中市勉县西老城，沔阳驿应在老城之西。元代置有沔阳陆站。②

（5）长木铺：为递铺，属兴元府西县。陆游有《十月二十六日夜梦行南郑道中既觉恍然揽笔作此诗时且五鼓矣》一诗，其中有"我时在幕府，来往无晨暮。夜宿沔阳驿，朝饭长木铺"之句。③沔阳驿上已有考，长木铺应在其附近一二十里处，确地待考。

（6）鹄鸣驿：为陆驿，属兴元府西县。唐已置驿，宋时亦置。《图考》认为：兴元府西四十里有鹄鸣驿，"当为兴元府西南入巴岭道之第一驿"，在鹄鸣山北。④《四川古代交通路线史》则认为："鹄鸣驿在今汉中西四十里汉江边，与其西南鹄鸣山完全无关。"⑤综上，宋时的鹄鸣驿应在兴元府西县境内，确切位置待考。

（7）嘉陵驿：为水驿，属利州绵谷县。唐已置驿，《汇考》有考，在今广元市城西嘉陵江边。⑥然，以其仅为唐驿，似有不妥。是驿宋亦置，《方舆胜览》以及《舆地纪胜》均有记载。据《读史方舆纪要》的第68卷《四川三》"又（广元）县西二里有高桥水驿，亦曰嘉陵驿，今曰问津水马驿，在县西门外"，可知：是驿明时又称

---

① 陆游：《陆游集·剑南诗稿》卷3，第80页。
② 熊梦祥：《析津志·天下站名》，第128页。
③ 陆游：《陆游集·剑南诗稿》卷14，第392页。
④ 严耕望：《唐代交通图考》，第1011页。
⑤ 蓝勇：《四川古代交通路线史》，第63页。
⑥ 蓝勇：《宋四川馆驿汇考》，第5页。

高桥水驿或问津水马驿。① 实际上,是驿元代即已改称问津,为当时广元、汉江水路的起点。② 此后,明代设有水马驿;清代则撤水驿仅置陆驿。《嘉庆重修一统志》的第 391 卷《保宁府二·关隘》记:"问津驿,在广元县城内。"③ 而嘉庆《四川通志》的第 88 卷《武备·驿传》在"附裁汰各路废驿·广元县"下记有:"嘉陵古驿,在县西二里。"④ 综上,宋绵谷县嘉陵驿应在今四川省广元市利州区嘉陵江边。

(8) 筹笔驿:为陆驿,属利州绵谷县,相传因诸葛武侯出师尝驻于此得名,又名朝天驿。北宋文同的《筹笔诸峰》⑤ 诗中有"筹笔驿",陆游亦有《筹笔驿》一诗⑥,可知两宋之时均置有筹笔驿。另,文同在《利州绵谷县羊摸仙洞记》中又称此驿为朝天驿。是驿唐已置,《图考》有考证,但未能确考其位置;⑦《汇考》认为在今广元县朝天区治,此说似有不妥。⑧ 今广元朝天区治为朝天镇,虽然据《读史方舆纪要》的第 68 卷《四川三》"筹笔驿,在(广元)县北八十里,诸葛武侯出师运筹于此,唐宋皆因旧名,即今朝天马驿也",可知:明末清初之时,广元县北八十里朝天镇的朝天驿就是宋时的筹笔驿。但是,宋人记载却略有不同。《方舆胜览》及《舆地纪胜》均记载:"筹笔驿,在绵谷县,去(利)州北九十九里。"⑨ 细忖之,则可发现前后两驿并不设于同一地点。对此,《明代驿站考》

---

① 顾祖禹:《读史方舆纪要》,第 3213 页。
② 熊梦祥:《析津志·天下站名》,第 129 页。
③ 《嘉庆重修一统志》,第 23 册第 582 页。
④ 嘉庆《四川通志》,第 2835 页下栏。
⑤ 文同:《丹渊集》卷 17,台北:世界书局,1986 年。
⑥ 陆游:《陆游集·剑南诗稿》卷 3,第 72 页。
⑦ 严耕望:《唐代交通图考》第 4 卷《山剑滇黔区·金牛成都驿道》,第 874~875 页。
⑧ 蓝勇:《唐宋四川馆驿汇考》,第 4 页。
⑨ 祝穆:《方舆胜览》卷 66,第 1158 页;王象之:《舆地纪胜》卷 184,第 1250 页下栏。

考证后认为："朝天驿，属保宁府广元县，旧置今四川广元县北筹笔，嘉靖中改置于今广元县北朝天镇。"① 综上，宋筹笔驿应在今四川广元市朝天区筹笔乡。另，此驿清不见置，仅在《嘉庆重修一统志》的第391卷《保宁府二·关隘》下有"筹笔古驿"条。

（9）望喜驿：为陆驿，属利州绵谷县。《汇考》有考，认为在今广元县沙河乡治。② 然，以其仅为唐驿，似有不妥。宋代的宋祁有《次望喜驿始见嘉陵江得予友天章张文裕西使日咏嘉陵江诗刻于馆壁有感别之叹予因戏答二章他日见文裕以为一笑》诗③，《方舆胜览》和《舆地纪胜》均有记载是驿。可见是驿宋时亦置。明代此地设沙河驿，亦名沙河马驿，或沙河军站。④ 清初，改设望云铺。⑤ 另，《嘉庆重修一统志》的第391卷《保宁府二·古迹》以为望喜驿在昭化县南的望喜镇，实误。综上，宋望喜驿应在今四川广元市朝天区沙河镇。

（10）葭萌驿：为陆驿，属利州葭萌县。唐已置驿，《汇考》有考，在今苍溪县五龙乡。⑥ 然，仅以其为唐驿，似有不妥。陆游有《鹧鸪天》和《清商怨》二词，自注云：葭萌驿作。⑦ 可知，是驿宋时亦置。又，据《蜀中名胜记》载："（昭化）县北百八十里，施店驿，即古葭萌驿，驿即故县址也。"⑧ 可知是驿明时为施店驿。杨正泰在《明代驿站考》中认为：明施店驿，又称施店军站，在今四川

---

① 杨正泰：《明代驿站考》，第99页下栏。
② 蓝勇：《唐宋四川馆驿汇考》，第5页。
③ 宋祁：《景文集》卷24，文渊阁四库全书本。
④ 顾祖禹：《读史方舆纪要》卷68《四川三》，第3213页；杨正泰：《明代驿站考》，第99页下栏。
⑤ 嘉庆《四川通志》卷88《武备·驿传》，第2827页上栏。
⑥ 蓝勇：《唐宋四川馆驿汇考》，第7页。
⑦ 陆游：《陆游集·渭南文集》卷49，第2466、2470页。
⑧ 曹学佺：《蜀中名胜记》卷24《保宁府一》，第367页。

广元县南白鹤。① 清初施店驿裁废。② 综上，宋葭萌驿应在今四川省广元市苍溪县五龙镇与白鹤乡一带。

（11）昭化驿：为陆驿，属利州昭化县。《汇考》有考，在今广元市昭化镇③，即今四川省广元市元坝区昭化镇。唐代置益昌驿。④ 昭化驿宋初置，曾一度裁废，仁宗庆历六年（1046年）经文彦博奏请再置。⑤ 此后过往、投宿人员较多，也留下一些诗文，如韩琦的《题利州昭化驿》⑥ 等。明代在此置龙滩驿。⑦ 清代复置昭化驿。⑧

（12）泥溪驿：为陆驿，属利州昭化县。唐已置驿，《汇考》有考，在今广元市吴家店。⑨ 明代亦置是驿⑩，清代裁废⑪。

（13）白卫铺：为递铺，属利州昭化县。《方舆胜览》载："白卫岭，在昭化县西南五十里，与剑门相接，有白卫铺。"⑫ 可知，昭化县西南与剑门县交界处的白卫岭上应有一白卫铺。白卫岭应在今四川省广元市剑阁县东北剑门关北，元坝区西南的牛头山以南。《四川古代交通路线史》认为唐金牛道上的白卫岭在今昭化西南四十里朝阳堡⑬，即今四川省广元市元坝区大朝乡附近。

（14）嘉川驿：为陆驿，属利州。唐已置驿，《图考》有考，认

---

① 杨正泰：《明代驿站考》，第100页上栏。
② 嘉庆《四川通志》卷88《武备·驿传》，第2835页上栏。
③ 蓝勇：《唐宋四川馆驿汇考》，第6页。
④ 严耕望：《唐代交通图考》第4卷《山剑滇黔区·金牛成都驿道》，第885页。
⑤ 文彦博：《文潞公文集》卷14《乞复昭化县驿程》，线装书局，2004年宋集珍本丛刊本，第345页。
⑥ 韩琦：《安阳集》卷4，线装书局，2004年宋集珍本丛刊本，第427页下栏。
⑦ 杨正泰：《明代驿站考》，第100页上栏。
⑧ 嘉庆《四川通志》卷88《武备·驿传》，第2826页下栏；《嘉庆重修一统志》卷391《保宁府二·关隘》，第23册第583页。
⑨ 蓝勇：《唐宋四川馆驿汇考》，第6页。
⑩ 杨正泰：《明代驿站考》，第51页上栏。
⑪ 嘉庆《四川通志》卷88《武备·驿传》，第2825页下栏。
⑫ 祝穆：《方舆胜览》卷66《利州》，第1156页。
⑬ 蓝勇：《四川古代交通路线史》，第15页。

为唐嘉川驿在筹笔驿北、五盘驿南;① 《汇考》亦有考,认为在今旺苍县嘉川区治嘉川坝。② 是驿宋后不见置,《蜀中名胜记》将其与嘉陵驿混为一谈③,恐误。另,嘉庆《四川通志》的第88卷《武备·驿传》在唐人姚鹄的《嘉川驿楼晚望》诗后的按语中指出:嘉川驿,即嘉川废县,本汉葭萌县地,在广元县朝天镇。④ 不知确否。或是宋时嘉川驿也是二驿同名;或是仅为一驿,只不过地望考证还有欠缺。

(15) 嘉川铺:为递铺,应置于嘉川驿旁。陆游有《嘉川铺遇小雨景物尤奇》和《嘉川铺得檄遂行中夜次小柏》二诗⑤,可见宋时嘉川驿旁亦置有嘉川铺。宋后不见诸史籍。

(16) 小柏驿:为陆驿,属利州。由陆游的《嘉川铺得檄遂行中夜次小柏》诗,可知是时陆游乃是中夜到小柏宿下;又,诗中有"酒消顿觉衣裘薄,驿近先看炬火迎"之句,表明小柏应为一陆驿。驿应在嘉川驿附近。

(17) 飞石铺:为递铺,属利州。陆游的《秋夜感旧十二韵》诗中有"猿啼鬼迷店,马噤飞石铺"之句,并于该句下自注云:"鬼迷店在大散关下,飞石铺在小益道中,常有崩石。"⑥ 可知,宋利州应有一飞石铺,确地待考。

(18) 木瓜铺:为递铺,属利州。陆游的《木瓜铺短歌》诗中有"鼓楼坡前木瓜铺,岁晚悲辛利州路"之句。⑦ 可知宋时利州有一木瓜铺。该诗前一首为《自三泉泛嘉陵至利州》,后一首是《抵葭萌惠照寺寓榻小阁》,表明该铺应在利州绵谷县与葭萌县之间,确地待

---

① 严耕望:《唐代交通图考》第4卷《山剑滇黔区·金牛成都驿道》,第877页。
② 蓝勇:《唐宋四川馆驿汇考》,第5页。
③ 曹学佺:《蜀中名胜记》卷24《保宁府一·广元县》,第364页;卷27《顺庆府一·南充县附郭》,第400~401页。
④ 嘉庆《四川通志》,第2839页下栏。
⑤ 陆游:《陆游集·剑南诗稿》卷3,第72、79页。
⑥ 陆游:《陆游集·剑南诗稿》卷27,第742页。
⑦ 陆游:《陆游集·剑南诗稿》卷3,第76页。

考。又，明略阳县东四十里有一木瓜铺，不知与此处木瓜铺有关否。①

（19）鼓楼铺：为递铺，在利州和阆州之间。陆游有《鼓楼铺醉歌》② 诗，可知宋有鼓楼铺。诗中有"北首趋褒斜"和"壮哉利阆间"之句，可知此递铺应利州、阆州之间北通褒斜故道的路上。至于该铺的具体位置，尚待确考。

（20）仙鱼驿：为陆驿，属阆州阆中县。《舆地纪胜》第285卷《阆州》记有李处讷的《仙鱼驿》诗③，可知宋阆中县有一仙鱼驿。诗中有"回首玉台山下路，黄粱初熟梦成非"之句。据《蜀中名胜记》记载："玉台山，在（阆中）城北七里。"④ 宋阆中县治今四川省南充市阆中市，驿应在阆中城北沙溪。元代置有宝峰陆站，又称锦屏站。⑤ 明代置有锦屏水驿、隆山马驿等数驿。⑥ 清代各驿均裁废。⑦

（21）仙鱼铺：为递铺，属阆州阆中县。陆游的《仙鱼铺得仲高兄书》诗中有"阆州城北仙鱼铺，忽得山阴万里书"之句。⑧ 可知，该铺在阆州城北，亦即仙鱼驿旁。宋后亦不见置。

（22）苍溪驿：为水陆驿，属阆州苍溪县。唐已置驿，名苍溪馆，《汇考》有考，在今苍溪县。⑨ 然，以其仅为唐驿，似有不妥。是驿宋亦置，陆游有《自春来数梦至阆中苍溪驿五月十四日又梦作

---

① 嘉靖《略阳县志》卷2《铺舍》，上海古籍书店（1963年影印天一阁本）。
② 陆游：《陆游集·剑南诗稿》卷3，第71页。
③ 王象之：《舆地纪胜》，第1262页下栏。
④ 曹学佺：《蜀中名胜记》卷24《保宁府一·阆中县》，第355页。
⑤ 熊梦祥：《析津志·天下站名》，第129页；蓝勇：《四川古代交通路线史》，第265页。
⑥ 嘉靖《四川总志》卷6《保宁府·公署》，第125页下栏。
⑦ 嘉庆《四川通志》卷88《武备·驿传》，第2835页上栏。
⑧ 陆游：《陆游集·剑南诗稿》卷3，第78页。
⑨ 蓝勇：《唐宋四川馆驿汇考》，第7页。

两绝句记之》①诗。《读史方舆纪要》的第68卷《四川三》记："苍溪驿，在（苍溪）县西，水道所经也。"②知是驿在苍溪县西嘉陵江边，为一水驿。又，陆游诗中有"骑驴夜至苍溪驿"之句，由此可见是驿应为一水陆兼驿。明代仍置驿，《明代驿站考》认为明苍溪驿在今四川苍溪县西马桑。③清初裁废。④综上，宋苍溪驿应在今四川省广元市苍溪县陵江镇嘉陵江边。

（23）青山铺：为递铺，属阆州苍溪县。陆游有《太息》诗二首，自注云："宿青山铺作。"⑤可知宋有一青山铺。前一首为《抵葭萌惠照寺寓榻小阁》，后一首是《阆中作》，表明青山铺应在葭萌县与阆中县之间。查《中国历史地图集·第六册》知宋苍溪县西有一青山镇⑥，该铺应在此地。据王涯军考证宋时的青山镇在今四川省广元市苍溪县东青镇青山观村，铺应在此。⑦

（24）剑州驿：为陆驿，属剑州普安县。《汇考》有考，在今剑阁县城⑧，即四川省广元市剑阁县普安镇。元代在此置有隆庆陆站。⑨清代亦置剑州驿。⑩

（25）上亭驿：又名琅珰驿，为陆驿，属剑州梓潼县。唐已置

---

① 陆游：《陆游集·剑南诗稿》卷67，第1592页。
② 顾祖禹：《读史方舆纪要》，第3207页。
③ 杨正泰：《明代驿站考》，第100页上栏。
④ 嘉庆《四川通志》卷88《武备·驿传》，第2835页上栏；《嘉庆重修一统志》卷391《保宁府二》，第23册第582页。
⑤ 陆游：《陆游集·剑南诗稿》卷3，第77页。
⑥ 中国历史地图集编辑组：《中国历史地图集》第六册，中华地图学社，1975年，第22~23页。
⑦ 王涯军：《宋代川峡四路市镇地理考》，第175页。
⑧ 蓝勇：《唐宋四川馆驿汇考》，第6页。
⑨ 熊梦祥：《析津志·天下站名》，第129页。
⑩ 嘉庆《四川通志》卷88《武备·驿传》，第2826页上栏。

驿,《汇考》有考。① 魏了翁有《题上亭驿》②诗,程公许的《自七曲祠下乘马至上亭》③诗中亦有"淋铃一曲上亭驿,好并千秋金镜看"之句,可知是驿宋代亦置。据《方舆胜览》以及《舆地纪胜》记载:宋代的上亭驿,在梓潼、武连二县之界,唐明皇幸蜀闻铃声之地,又名琅珰驿。④ 是驿宋后不见置,唯清代在梓潼县北置有上亭铺,以备邮传。⑤ 清上亭铺即今之四川省绵阳市梓潼县北演武乡上亭铺,宋驿应在此。

(26) 武连驿:为陆驿,属剑州武连县。陆游有《宿武连县驿》⑥诗,表明宋时剑州武连县有一驿,然具体驿名未能确考,暂以武连驿名之。宋时的武连县治今四川省广元市剑阁县西南武连镇,驿应其地。是驿宋后不见置,唯清代置有武连铺,以备邮传。⑦

(27) 剑门驿:为陆驿,属剑州剑门县。唐已置驿,名方期驿,《汇考》有考。⑧ 宋置剑门驿。《全蜀艺文志》载有宋人卢氏的《凤栖梧》词,并记其自注是词乃题于剑门驿。⑨ 剑门县,《宋史·地理志》失载,据《汇释》考证治今剑阁县东北剑门⑩,即今四川省广元市剑阁县东南剑门关镇,驿应在其地。元代在此置有剑门陆站。⑪

---

① 蓝勇:《唐宋四川馆驿汇考》,第 3 页。
② 魏了翁:《鹤山先生大全文集》卷 7。
③ 程公许:《沧洲尘缶编》卷 10。
④ 祝穆:《方舆胜览》卷 67《隆庆府》,第 1168 页;王象之:《舆地纪胜》卷 287《隆庆府》,第 1270 页下栏。
⑤ 嘉庆《四川通志》卷 88《武备·驿传》,第 2825 页下栏。
⑥ 陆游:《陆游集·剑南诗稿》卷 3,第 85 页。
⑦ 嘉庆《四川通志》卷 89《武备·铺递》,第 2851 页下栏。
⑧ 蓝勇:《唐宋四川馆驿汇考》,第 4 页。
⑨ 杨慎:《全蜀艺文志》卷 25,第 575 页。
⑩ 郭黎安:《宋史地理之汇释》,第 216 页。
⑪ 熊梦祥:《析津志·天下站名》,第 129 页。

明代则废剑门县，再置剑门驿。① 清代置有剑门驿和剑门铺。② 综上，宋时的剑门驿应在今四川省广元市剑阁县剑门关附近。

（28）梁山铺：为递铺，属剑州剑门县。两宋间的宇文虚中有《己丑重阳在剑门梁山铺》一诗，抒发羁旅之情，有"却怜风雨梁山路，不似莼鲈楚泽秋"③之句。己丑年，即徽宗大观三年（1109年）。可知北宋末时剑州剑门县应有一梁山铺。梁山即大剑山，在剑门县与普安县间。④ 该铺宋后亦有置，清代在剑州西二十里置有梁山铺。⑤ 综上，宋剑州梁山铺应在今四川省广元市剑阁县剑门关东北梁山村附近。

（29）柳池驿：为陆驿，属剑州普成县。《宋史》的第466卷《王继恩传》载：太宗淳化五年（994年）"四月，（王）继恩由小剑门路入研石砦破贼，斩首五百级，逐北过青强岭，平剑州，进破贼五千于柳池驿，斩千六百级，贼众望风奔走。"⑥ 石介有《柳池驿中作》一诗，叙述路程之艰险、山道之崎岖，并述是驿西南去犹有七程方能至罗江、方能出山道。⑦ 由上可知，宋剑州境内有一柳池驿。据《读史方舆纪要》考证，是驿在跨鹤山。⑧ 又，《蜀中名胜记》记载："剑之西南，有黄安县，晋置。宋改为普成县。县在跨鹤山，一名驾空山。"⑨ 由此可知，是驿应属普成县。宋时的普成县治在今四川省广元市剑阁县南国光乡周围，是驿应在此地。

---

① 曹学佺：《蜀中名胜记》卷26《保宁府三·剑州》，第389页。
② 嘉庆《四川通志》卷89《武备·铺递》，第2851页下栏；《嘉庆重修一统志》卷391《保宁府二》，第23册第583页。
③ 元好问：《中州集》，中华书局，1959年，第6页。
④ 祝穆：《方舆胜览》卷67《隆庆府》第1165页；卷67《剑门关》，第1170页。
⑤ 嘉庆《四川通志》卷89《武备·铺递》，第2851页上栏。
⑥ 脱脱：《宋史》，第13604页。
⑦ 石介著，陈植锷点校：《徂徕石先生文集》，中华书局，1984年，第58页。
⑧ 顾祖禹：《读史方舆纪要》卷68《四川三》，第3222页。
⑨ 曹学佺：《蜀中名胜记》卷26《保宁府三·剑州》，第393页。

第三章　宋代西南区域文书通信系统的分布

（30）剑阳铺：为递铺，属剑州。据《长编》记载：元丰、元祐年间，成都北通陕府的交通和通信路径沿线十五里添置一递铺，共需添置二百余铺，剑州的剑阳铺就是其一。① 可知宋时剑州有一剑阳铺，确地待考。

（31）冰清驿：为陆驿，属巴州化城县。唐已置驿，宋亦置，《汇考》有考，在今巴中县南城守乡治②，即今四川省巴中市巴州区城守乡。然，以其为水清驿似不妥。《方舆胜览》的第68卷《巴州》和《舆地纪胜》的第287卷《巴州》均记为"冰清驿"。③ 是驿宋后不见置。

（32）恩阳驿：为陆驿，属巴州恩阳县。唐已置驿，宋亦置，《图考》有考④，《四川古代交通路线史》进一步指出"在恩阳河之恩阳县地"⑤。宋恩阳县治今四川省巴中市巴州区恩阳镇，驿应在其地。是驿宋后不见置。

（33）皂荚驿：为陆驿，属西和州。陆游有《庚申十二月二十一日西和州健步持子布书报已取安康襄阳路将至九江矣悲喜交怀作长句》诗二首⑥，可知宋代在西和州亦置有驿递组织。又，据《舆地纪胜》记载：西和州有一皂荚驿，驿内有王钦若、韩琦、王拱臣等人的留题。⑦ 由上可知，宋时的西和州应有一皂荚驿，应在今甘肃省陇南市西和县，是驿宋后不见置。

（34）玉女驿：为陆驿，属文州曲水县。唐玄宗天宝四年（745

---

① 李焘：《长编》卷366，元祐元年二月癸未条。
② 蓝勇：《唐宋四川馆驿汇考》，第12页。
③ 祝穆：《方舆胜览》，第1188页；王象之：《舆地纪胜》，第1278页下栏。
④ 严耕望：《唐代交通图考》第4卷《山剑滇黔区·山南境内巴山诸谷道》，第1014页。
⑤ 蓝勇：《四川古代交通路线史》，第61页。
⑥ 陆游：《陆游集·剑南诗稿》卷45，第1129页。
⑦ 王象之：《舆地纪胜》卷196《西和州》，第1370页下栏。

年）同昌郡置驿，名毡毺驿。① 宋代则置有玉女驿。② 宋曲水县治今甘肃省陇南市文县，是驿应在其地。

（35）三泉驿：又名江月馆，为水陆驿，属大安军三泉县。《图考》认为：县当大道，当置驿；但无考。③ 陆游诗中多次提及三泉驿，如《三泉驿舍》④ 等。驿内有江月亭，陆游的《上巳小饮追忆乾道中尝以是日病酒留三泉江月亭凄然有感》诗中有"隔墙笑语秋千散，惆怅三泉驿里时"之句⑤，可知所忆之江月亭应在三泉驿。又，是驿又名江月馆，陆游的《大安病酒留半日王守复来招不往送酒解酲因小饮江月馆》诗中有"江驿春酲半日留，更烦送酒为扶头"之句。⑥ 可见，三泉驿应为一水陆驿，在三泉县嘉陵江边。据《汇释》考证，宋大安军治今宁强县西北阳平关。⑦ 综上，宋三泉驿应在今陕西省汉中市宁强县西北的阳平关镇嘉陵江边。是驿宋后不见置。

（36）从厚铺：为递铺，原名从太薄铺，属大安军三泉县。《舆地纪胜》记载：大安军有一递铺名从太薄，后县令宋中行经过该铺认为铺名不雅，遂改为从厚铺。⑧ 宋三泉县治今宁强县西北阳平关。综上，宋从厚铺应在今陕西省汉中市宁强县西北阳平关镇附近。

（37）金牛驿：为陆驿，属大安军三泉县。唐已置驿，《图考》有考。⑨ 宋亦置驿，陆游的《独夜》诗中有"恍然唤起西征梦，身卧金牛古驿亭"之句。⑩《夜行》的诗序中也提及到了金牛驿。⑪ 驿

---

① 王象之：《舆地纪胜》卷198《文州》，第1371页上栏~下栏。
② 祝穆：《方舆胜览》卷70《文州》，第1227页。
③ 严耕望：《唐代交通图考》第4卷《山剑滇黔区·金牛成都驿道》，第870页。
④ 陆游：《陆游集·剑南诗稿》卷3，第79页。
⑤ 陆游：《陆游集·剑南诗稿》卷29，第785页。
⑥ 陆游：《陆游集·剑南诗稿》卷3，第73页。
⑦ 郭黎安：《宋史地理志汇释》，第219页。
⑧ 王象之：《舆地纪胜》卷291《大安军》，第1305页上栏。
⑨ 严耕望：《唐代交通图考》第4卷《山剑滇黔区·金牛成都驿道》，第866页。
⑩ 陆游：《陆游集·剑南诗稿》卷23，第659页。
⑪ 陆游：《陆游集·剑南诗稿》卷15，第449页。

应在今陕西省汉中市宁强县北金牛镇。元代置有金牛陆站。① 明初置金牛驿,后改名大安驿。② 清代承袭。③

(38) 黄花驿:为陆驿,属凤州梁泉县。据《方舆胜览》记载,是驿唐已置,薛逢等人有题诗。④《图考》有考,然未能详其位置。⑤ 宋人赵抃有《次韵六弟抗黄花驿楼作》⑥ 诗。陆游的《新菊》中有"不似黄花驿里时"之句,并自注云:黄花驿在岐、凤间,予尝过之。⑦ 由上可知,宋时亦置是驿,且驿应在凤翔与凤州之间。又,《读史方舆纪要》的第 56 卷《陕西五》载:黄花城,在(凤)县北六十里……以黄花川为名……有黄花谷。⑧ 黄花驿应置于此。综上,宋时的黄花驿应在今陕西省宝鸡市凤县凤州镇北,是驿明清亦置。

(39) 三叉驿:又名三岔驿,为陆驿,属凤州梁泉县。陆游的《梦游散关渭水之间》诗中有"不愁归路有三叉,驿窗灯暗传秋柝"之句。⑨ 可知宋凤州有三叉驿,驿在今陕西省宝鸡市凤县的三岔镇。明初在此置有三岔驿。⑩ 清代亦置有是驿。

(40) 白涧驿:为陆驿,属凤州梁泉县。范百禄新筹划的褒斜路,其北端起点即为白涧驿。⑪《图考》认为:宋时的白涧驿应在凤州治梁泉县东南;并称在唐代"当亦为置驿之所"⑫,不知所据。明

---

① 熊梦祥:《析津志·天下站名》,第 129 页。
② 杨正泰:《明代驿站考》,第 41 页下栏。
③ 嘉庆《汉中续修府志》卷 7《宁羌州·驿传》,第 365 页。
④ 祝穆:《方舆胜览》卷 69《凤州》,第 1214 页。
⑤ 严耕望:《唐代交通图考》第 3 卷《秦岭仇池区·汉唐褒斜驿道》,第 768 页。
⑥ 赵抃:《清献集》卷 5,书目文献出版社,1998 年。
⑦ 陆游:《陆游集·剑南诗稿》卷 35,第 907 页。
⑧ 顾祖禹:《读史方舆纪要》,第 2687 页。
⑨ 陆游:《陆游集·剑南诗稿》卷 24,第 685 页。
⑩ 杨正泰:《明代驿站考》,第 42 页上栏。
⑪ 徐松:《宋会要·方域》10 之 3~4,第 7457 页上栏~下栏。
⑫ 严耕望:《唐代交通图考》第 3 卷《秦岭仇池区:汉唐褒斜驿道》,第 743~744 页。

代在此置有松林驿。① 清代承袭。② 今松林驿旁尚有道光二十二年（1842年）的摩崖石刻，刻文为："雾霭赤松，紫柏神峰"。综上，宋白涧驿应在今陕西省宝鸡市凤县南星镇高桥铺村松林驿附近。

（41）武休驿：为陆驿，属凤州梁泉县。范百禄新筹划的褒斜路之一驿，置于凤州与兴元府交界处的武休关，即今陕西省汉中市留坝县武关驿镇。③《图考》称"其驿盖承唐置"④，不知所据。清代在此置有武关驿。

（42）两当驿：又名广乡驿，为陆驿，属凤州两当县。据《方舆胜览》记载：该县因东抵京都西抵益州皆三十六程，故得名两当。⑤赵抃有《熙宁壬子至节夕宿两当驿》诗⑥，陆游亦曾入宿两当驿⑦。由上可知，宋两当县有两当驿。因英宗治平元年（1064年）两当县移治广乡镇⑧，故，是驿又名广乡驿。宋两当县治今甘肃省天水市两当县，驿应在其地。是驿宋后不见置。

（43）河池驿：为陆驿，属利州路凤州河池县。仁宗至和二年（1055年），利州路转运使李虞卿以青泥岭路太过高峻且崎岖盘旋、遇雨即泥泞不堪，请开白水路，嘉祐二年（1157年）路成。新开白水路的北端即为河池驿。⑨ 宋河池县治今甘肃省陇南市徽县，驿应在

---

① 杨正泰：《明代驿站考》，第41页上栏。
② 嘉庆《汉中续修府志》卷7《留坝厅·驿传》，第340页。
③ 据《宋会要》的记载，褒斜新路自凤州白涧驿到金牛驿共385里，置驿8。经笔者考证，金牛至西县有三驿，分别为金牛、沔阳和西县驿；褒城至武休共三驿，分别为褒城、曲滩和武休驿；加之新路北端起点白涧驿，共7驿，尚有一驿暂难确考。另，新路亦置有部分递铺，由于史料阙如，笔者暂未确考其一。
④ 严耕望：《唐代交通图考》第3卷《秦岭仇池区：汉唐褒斜驿道》，第741页。
⑤ 祝穆：《方舆胜览》卷69《凤州》，第1214页。
⑥ 赵抃：《清献集》卷5。
⑦ 陆游：《陆游集·剑南诗稿》卷36《雪夜感旧》，第936页。
⑧ 脱脱：《宋史》卷87《地理志三》，第2156页。
⑨ 雷简夫：《大宋兴州新开白水路记》，曾枣庄、刘琳主编：《全宋文》，第31册第111页。

县内。是驿宋后不见置。

（44）二里驿：为陆驿，属凤州。驿当青泥岭路，熙宁元丰年间曾一度废止，后再度置驿。① 是驿应在河池、两当驿前后，属利州路凤州，确地待考。

（45）汉阴驿：为陆驿，属金州汉阴县。《舆地纪胜》的第289卷《金州》下记有汉阴驿，驿曾产连理茶。② 据《宋史·地理志》的记载：汉阴县在高宗绍兴二年（1132年）时曾迁治新店，以旧县为镇；宁宗嘉定三年（1210年），又升漷口镇为县。③《汇释》考证了其旧县治汉阴镇在今石泉县东南汉江西南岸石泉咀附近。④ 而嘉定三年（1210年）迁县后，治应在今县。又，查《中国历史地图集·第六册》可知：无论是北宋时还是南宋时，洋州经由石泉县、汉阴县到金州的交通通信之要径并不曾取道汉江畔；而是越绕风岭后，经由凤凰山北麓过漷口镇、衡中镇到金州。综上，宋汉阴驿应置于漷口镇，即今陕西省安康市汉阴县城，是驿宋后不见置。

（46）女娲驿：为陆驿，属金州平利县。《舆地纪胜》的第289卷《金州》下记有女娲驿，孙提刑有诗。又记：女娲山，《皇朝郡县志》"在平利县东首，祠曰女娲圣后。"⑤ 由此可知，宋平利县东界的女娲山附近应有一女娲驿，驿当金州东通房州、均州的交通和通信之要径。据《汇释》考证：宋平利县治今县西北老县街。⑥ 今平利县老县镇东有女娲山乡。综上，宋女娲驿应在今陕西省安康市平利县西北女娲山乡，是驿宋后不见置。

（47）饶风铺：为递铺，属金州石泉县。据《夷坚志》记载：金

---

① 徐松：《宋会要·方域》10之5，第7476页上栏。
② 王象之：《舆地纪胜》，第1290页上栏。
③ 脱脱：《宋史》卷89《地理志五》，第2224~2225页。
④ 郭黎安：《宋史地理志汇释》，第219页。
⑤ 王象之：《舆地纪胜》，第1290页上栏。
⑥ 郭黎安：《宋史地理志汇释》，第219页。

州通洋州的交通及通信路径沿线，驿递组织"每十里一置"，饶风铺即是其中之一。① 查《方舆胜览》："饶风岭，乃洋州来路，极险要。"② 综上，宋时的饶风铺应置于饶风岭，即今陕西省安康市石泉县西饶峰镇。

（48）青阳驿：为陆驿，属沔州顺政县。《方舆胜览》的第69卷《沔州》记有青阳驿，在顺政县东五十里，并记多人的题诗。③ 黄庭坚有《次韵七兄青阳驿西阻水见寄》④ 诗，由上可知宋时的青阳驿应在县东五十里处，离阻水较近。《图考》有考：今青羊驿，疑即古青阳地。⑤ 综上，宋青阳驿应在今陕西省汉中市勉县西青羊驿镇。

（49）长举驿：为陆驿，属沔州长举县。文同有《长举驿楼》⑥诗，可知宋时的长举县应有一长举驿。是驿当凤州南通沔州的青泥岭路南端。新开白水路的南端亦为是驿。驿在秦岭、大巴山交汇处，即今陕西省汉中市略阳县西北长峰一带。是驿宋后不见置。嘉靖《略阳县志》载是驿已废。⑦

（50）青泥驿：为陆驿，属沔州长举县。唐已置驿，《图考》有考，在青泥岭。⑧ 是驿宋亦置，张方平在《鱼关诗》序中写道：其在青泥驿西二十里。⑨ 杨粹中为郡守日曾过是驿，并题诗于驿内。⑩ 驿置于长举县西北五十里的青泥岭，即今甘肃省陇南市徽县西南大河

---

① 洪迈：《夷坚支丁》卷5《饶风铺兵》，第1006页。
② 祝穆：《方舆胜览》卷68《金州》，第1190页。
③ 祝穆：《方舆胜览》，第1207页。
④ 黄庭坚：《山谷诗集注·外集》卷2，第1195页。
⑤ 严耕望：《唐代交通图考》第4卷《山剑滇黔区·金牛成都驿道》，第868页。
⑥ 文同：《丹渊集》卷17。
⑦ 嘉靖《略阳县志》卷2《邮驿》。
⑧ 严耕望：《唐代交通图考》第3卷《秦岭仇池区：汉唐褒斜驿道》，第775页。
⑨ 张方平：《乐全集》卷3，文渊阁四库全书本。
⑩ 祝穆：《方舆胜览》卷69《沔州》，第1208页。

店乡青泥村附近。仁宗至和、嘉祐年间,因新开白水路,青泥岭路曾一度废止,是驿亦被裁撤,后曾复置。是驿宋后不见置。嘉靖《略阳县志》载是驿已废。① 清代置有青泥铺,以备邮传。②

(51) 白水驿:为水陆驿,属沔州长举县。宋人韦骧有《至白水驿辍趋文还益昌》诗,其中有"莫讶回船在不期"之句。③ 可知宋有一白水驿。又,嘉靖《略阳县志》载:明白水驿,在(略阳)县西一百二十里白水江。④ 综上,宋白水驿应在今陕西省汉中市略阳县白水江镇。清代置有白水铺,以备邮传。⑤

(52) 望云驿:为陆驿,属洋州兴道县。据《方舆胜览》记载是驿唐已置,元稹有《望云驿》诗。⑥ 唐时又称青山驿,嘉庆《汉中续修府志》称:驿在"(洋)县东北八十里"。⑦ 宋望云驿应在洋州兴道县东北骆谷道南出口附近,即今陕西省汉中市洋县长溪乡一带。又,《四川古代交通路线史》认为是驿在唐金牛道上,又称望喜驿,似误。⑧

(53) 渭水驿:为陆驿,属洋州真符县。嘉庆《汉中续修府志》的第7卷《洋县·驿传》下记:渭水驿,县东一百二十里,宋置。⑨ 清洋县东一百二十里在宋时应在真符县内。由上可知,宋真符县应有一渭水驿。驿应在洋州东通金州的交通通信要道上。据《汇释》考证

---

① 嘉靖《略阳县志》卷1《古迹》。
② 嘉庆《汉中续修府志》卷7《略阳·铺舍》,第370页。
③ 韦骧:《钱塘集》卷6,文渊阁四库全书本。
④ 嘉靖《略阳县志》卷2《邮驿》。
⑤ 嘉庆《汉中续修府志》卷7《略阳·铺舍》,第370页。
⑥ 祝穆:《方舆胜览》卷68《洋州》,第1196页。
⑦ 嘉庆《汉中续修府志》卷6《古迹》,第321页。
⑧ 蓝勇:《四川古代交通路线史》,第15页。
⑨ 嘉庆《汉中续修府志》,第358页。

宋真符县，治今洋县东真符村①，即今陕西省汉中市洋县黄家营镇真符村。是驿应在其附近。

（54）龙华驿：为嘉陵江边驿。嘉庆《四川通志》载有石介的《龙华驿》一诗："山驿萧条酒倦倾，嘉陵相背去无情。临流不忍轻相别，吟听潺湲坐到明。"② 可知宋时嘉陵江边应有一龙华驿，然确地暂难考。

以上为宋代利州路可考的54处馆驿递铺。

三、宋代潼川府路文书通信组织考

（1）通泉驿：为陆驿，属潼川府通泉县。唐已置驿，《汇考》有考，在今四川省射洪县洋溪乡浒溪场。③《方舆胜览》载有"通泉驿"，可知是驿宋亦置。然，是驿宋后不见置，仅在嘉庆《四川通志》的第88卷《武备·驿传》"附裁汰各路废驿"下记有："通泉驿，久废。"综上，宋通泉驿应在今四川省遂宁市射洪县洋溪镇与柳树镇间的通泉坝附近。

（2）庆瑞驿：为陆驿，属潼川府郪县。唐已置驿，《唐五代时剑南道的交通路线考》有考。④ 宋亦置，《汇考》作瑞庆驿，似误。⑤《舆地纪胜》的第154卷《潼川府》即载有"庆瑞驿"。⑥ 宋郪县治今四川省绵阳市三台县，驿应在其地。是驿宋后不见置。

（3）江滨驿：为水陆驿，属遂宁府长江县。《汇考》有考，据

---

① 郭黎安：《宋史地理志汇释》，第214页。
② 嘉庆《四川通志》卷88《武备·驿传》，第2840页下栏。
③ 蓝勇：《唐宋四川馆驿汇考》，第7页。
④ 冯汉镛：《唐五代时剑南道的交通路线考》，《文史》第14辑，中华书局，1982年。
⑤ 蓝勇：《唐宋四川馆驿汇考》，第7页。
⑥ 王象之：《舆地纪胜》，第1099页上栏。

《舆地纪胜》的第 155 卷《遂宁府》所记载孙谔的《题江滨驿》诗"渡江始至长江县"之句,认为"驿当在宋长江县江对岸"。① 宋长江县治在今四川省遂宁市大英县回马镇长江坝,其江对岸或为蓬溪县群力乡王家中坝一带,或为船山区唐家乡唐家沟一带。以宋潼川府路交通及通信架构观之,似应为后者。故,宋江滨驿应在今四川省遂宁市船山区唐家乡唐家沟沿江一带。是驿宋后不见置。

(4) 珠玉驿:为陆驿,属遂宁府青石县。《舆地纪胜》的第 155 卷《遂宁府》下记有珠玉驿,在青石县珠玉溪畔的珠玉村。② 《图考》以地望推测,宋时的珠玉驿应在今遂宁东南涪水东侧的玉溪,似有不妥。③ 宋青石县治今重庆市潼南县北,驿应在今县西北双江镇附近。

(5) 什邡驿:为水陆驿,属合州石照县。《汇考》有考,认为是宋时的合州驿。④ 袁说友有《渡嘉陵江宿什邡驿》⑤ 诗;《舆地纪胜》的第 159 卷《合州》载有是驿,并记何麟的《题什邡驿》诗⑥,可知宋时的合州应有一什邡驿。宋时合州治在今重庆市合川区,驿应在区治。是驿宋后不见置,唯嘉庆《四川通志》中记有:"什邡驿,在(合)州南,……久裁。"⑦ 元代置有合州陆站。⑧ 明代置有合阳驿,为水驿。⑨ 清代不见置驿。

(6) 牛尾驿:为陆驿,属昌州永川县。唐已置驿,《汇考》有

---

① 蓝勇:《唐宋四川馆驿汇考》,第 7 页。
② 王象之:《舆地纪胜》,第 1110 页上栏。
③ 严耕望:《唐代交通图考》第 4 卷《山剑滇黔区·嘉陵江中江水流域纵横交通线》,第 1177 页。
④ 蓝勇:《唐宋四川馆驿汇考》,第 8 页。
⑤ 袁说友:《东塘集》卷 2,线装书局,2004 年宋集珍本丛刊本,第 239 页上栏。
⑥ 王象之:《舆地纪胜》,第 1139 页下栏。
⑦ 嘉庆《四川通志》卷 88《武备·驿传》,第 2835 页上栏。
⑧ 熊梦祥:《析津志·天下站名》,第 129 页。
⑨ 顾祖禹:《读史方舆纪要》卷 69《四川四》,第 3288 页。

考，在今大足县邮亭铺附近。① 《方舆胜览》的第 64 卷《昌州》和《舆地纪胜》的第 161 卷《昌州》均载有牛尾驿，知宋亦置驿。然，是驿宋后不见置，唯清代在此地置有邮亭铺以备驿传。② 综上，宋时的牛尾驿应在今重庆市大足区邮亭镇与永川区双石镇之间某处。③

（7）铁山铺：为递铺，属昌州永川县。赵抃有《过铁山铺寄交代吴龙图》④ 诗，知宋有铁山铺。又，《读史方舆纪要》的第 69 卷《四川四》记："铁山，（永川）县东二十里，旧有铁山铺，今为铁山镇，以山石如铁色而名。"⑤ 可知，宋铁山铺应在昌州永川县境，其地即今重庆市永川区茶店镇铁山村铁山坪。该铺明后期曾一度废止。清代置有铁山坪铺。⑥

（8）铁山驿：为陆驿，属昌州永川县。《汇考》有考。宋人冯时行有《过铁山驿》⑦ 诗，知宋时置有铁山驿。据《读史方舆纪要》载，明穆宗隆庆六年（1572 年）移土沱驿于此。⑧ 清代不见此驿。宋铁山驿应在铁山铺旁。

（9）果州驿：又名南充驿，为陆驿，属顺庆府南充县。《汇考》有考。陆游《果州驿》诗中有"驿前官路堠累累，叹息何时送我归"

---

① 蓝勇：《唐宋四川馆驿汇考》，第 8 页。
② 嘉庆《四川通志》卷 89《武备·铺递》，第 2848 页上栏。
③ 王涯军经过考证后认为今重庆市永川区双石镇太平乡（现为太平场）即为清太平镇，即为宋时的牛尾镇。（王涯军：《宋代川峡四路市镇地理考》，第 204 页。）
④ 赵抃：《清献集》卷 4。
⑤ 顾祖禹：《读史方舆纪要》，第 3277 页。
⑥ 嘉庆《四川通志》卷 89《武备·铺递》，第 2846 页上栏。
⑦ 冯时行：《缙云文集》卷 3，文渊阁四库全书本。
⑧ 顾祖禹：《读史方舆纪要》卷 69《四川四》，第 3277 页。

①之句，可知是驿应为一陆驿。另，《夷坚志》中又称此驿为南充驿。② 宋南充县治今四川省南充市北，驿应在此地。元代置有顺庆陆站。③ 明清之时不见置陆驿。

（10）嘉陵驿：为水驿，属顺庆府南充县。《汇考》有考，在今南充县治东。④ 然，以其仅为宋驿，似有不妥。是驿唐已置，又称嘉陵馆，张蠙、雍陶、陆龟蒙等人均有诗。《舆地纪胜》的第156卷《顺庆府》载有嘉陵驿⑤，可知是驿宋亦置。明代仍置是驿。⑥ 清时，是驿废止。⑦

（11）孝义驿：为陆驿，属广安军渠江县。《汇考》有考，在今广安县治。⑧ 北宋人李新有《题旧新明县孝义驿》⑨诗。据《舆地纪胜》可知，宋孝义驿在广安军南孝义台附近。⑩ 元代在广安置有广安陆站。⑪ 明代亦置驿，明世宗嘉靖三十六年（1557年）又将保宁府南部县的盘龙驿移于此。⑫ 清代裁废。⑬ 综上，宋孝义驿应在今四川省广安市广安区治。

---

① 陆游：《陆游集·剑南诗稿》卷3，第70页。
② 据《夷坚志》记载：高宗绍兴二十七年（1157），兴州后军统领赵丰以帅檄按兵诸州，次果州，馆于南充驿。（洪迈：《夷坚甲志》卷17《解三娘》，第148页。）可知，宋时果州驿又可名之为南充驿。
③ 熊梦祥：《析津志·天下站名》，第129页。
④ 蓝勇：《唐宋四川馆驿汇考》，第9页。
⑤ 王象之：《舆地纪胜》，第1117页上栏。
⑥ 嘉靖《四川总志》卷7《顺庆府·公署》，第139页下栏；顾祖禹：《读史方舆纪要》卷68《四川三》，第3238页；曹学佺：《蜀中名胜记》卷27《顺庆府一》，第396页。
⑦ 嘉庆《四川通志》卷88《武备·驿传》，第2835页上栏。
⑧ 蓝勇：《唐宋四川馆驿汇考》，第9页。
⑨ 李新：《跨鳌集》卷6，文渊阁四库全书本。
⑩ 王象之：《舆地纪胜》卷165《广安军》，第1174页下栏。
⑪ 熊梦祥：《析津志·天下站名》，第129页。
⑫ 顾祖禹：《读史方舆纪要》卷68《四川三》，第3240页。
⑬ 嘉庆《四川通志》卷88《武备·驿传》，第2835页下栏。

（12）邻山驿：为陆驿，属渠州邻山县。陆游《邻山县道上作》诗中有"微雨晴时出驿门"之句。① 可知宋邻山县应有驿递组织，确名难考，暂以邻山驿名之。宋邻山县治邻州城，即今四川省达州市大竹县四合乡，是驿应在此地。

（13）没水铺：为递铺，属渠州邻山县。范成大有《没水铺晚晴月出，晓复大雨，上漏下湿，不堪其忧》② 诗，据此知宋有一没水铺。其前一诗为《邻山县》，则此递铺应在邻山县境内。又，其后一诗为《金山岭》。查《方舆胜览》和《舆地纪胜》等书，宋邻山县境内均无金山岭，县北五十里则有一金盘山，似为石湖诗中所指金山岭。③ 宋时的金盘山应为今四川省达州市大竹县东朝阳乡五峰山，没水铺应在其附近。

（14）金川驿：为陆驿，属富顺监。《汇考》有考，在今富顺县治④，即今四川省自贡市富顺县城。是驿宋后不见置，唯嘉庆《四川通志》的第88卷《武备·驿传》"富顺县"下记载有废驿金川驿。

（15）柳沟公馆：为馆驿，属富顺监。顾祖禹在《读史方舆纪要》第70卷中的《四川五·叙州府》记载"富顺县"下引旧志云："（富顺）县东九十里有柳沟公馆，宋置。"⑤ 知宋代富顺监有一柳沟公馆，为宋人李文渊创建，应在今四川省自贡市富顺县中石镇境内。该馆宋后不见置。

（16）绵水驿：为水驿，属泸州江安县。徽宗建中靖国元年（1101年），黄庭坚由戎州乘船东返时曾作《元师自荣州来追送余于泸之江安绵水驿因复用旧所赋此君轩诗韵赠之并简元师法弟周彦

---

① 陆游：《陆游集·剑南诗稿》卷3，第69页。
② 范成大：《范石湖集》卷16，第225页。
③ 王象之：《舆地纪胜》卷162《潼川府路·渠州》，第1156页下栏。
④ 蓝勇：《唐宋四川馆驿汇考》，第13页。
⑤ 顾祖禹：《读史方舆纪要》，第3332页。

公》① 诗，可知宋江安县应有一绵水驿。宋江安县治今四川省泸州市江安县，驿应在其地。元代置有江安水站。② 明代置有泸川、黄舣、渠坝等水驿。③ 清代不见置驿。

以上为宋代潼川府路可考的16处馆驿递铺。

四、宋代夔州路文书通信组织考

（1）巫山驿：为水驿，属夔州巫山县。孝宗淳熙二年（1175年）范成大自桂林取道全州、荆州、夔州、合州，到成都就任四川制置使之职，途中所见与所闻多赋诗以记。其在《巫山县》诗序中称：自此复登陆。④ 据于北山考证，石湖先生是自荆湖北路归州人鲊瓮登舟逆流而上，至巫山登陆。⑤ 由此可知，宋巫山县治应有一水驿，驿名暂难考，姑以巫山驿名之。元代置有巫山水站。⑥ 明代有高塘水驿。⑦ 清初，裁撤高塘水驿，置小桥驿。⑧ 综上，宋巫山驿在今重庆市旧巫山县城。

（2）女唱驿：为水陆驿，属夔州巫山县。宋人张均在《题女唱驿》诗中有"欲知何处远，巫峡是西邻"之句，可知宋时巫峡附近应有一女唱驿。据清人查慎行的考证是驿应在琵琶峰下，"琵琶峰下女子皆善吹笛，嫁时群女子治具吹笛，唱竹枝词送之，女唱驿之名盖本于此。"⑨ 查《方舆胜览》可知：琵琶峰，在巫山对蜀江之南，

---

① 黄庭坚：《山谷诗集注·别集诗注》卷下，第1117页。
② 熊梦祥：《析津志·天下站名》，第130页。
③ 嘉靖《四川总志》卷13《泸州·公署》，第256页下栏。
④ 范成大：《范石湖集》卷16，第218页。
⑤ 于北山：《范成大年谱》，上海古籍出版社，1987，第198页。
⑥ 熊梦祥：《析津志·天下站名》，第129页。
⑦ 嘉靖《四川总志》卷10《夔州府·公署》，第199页下栏；顾祖禹：《读史方舆纪要》卷69《夔州府·巫山县》，第3256页；杨正泰：《明代驿站考》，第50页下栏。
⑧ 嘉庆《四川通志》卷88《武备·驿传》，第2832页下栏。
⑨ 嘉庆《四川通志》卷88《武备·驿传》，第2840页下栏。

形如琵琶，此乡妇女皆晓音律。① 综上，宋女唱驿应在江南岸琵琶峰下，即今重庆市巫山县巫峡镇江南岸的落家咀一带。是驿宋后不见置。

（3）高唐驿：又称高唐馆，为陆驿，属夔州巫山县。范成大在《巫山县》后即有《自巫山遵陆以避黑石诸滩，大雨不可行，泊驿中一日，吏士自秭归陆行者亦会》② 一诗，知宋巫山县西还有一驿。又，陆游有《蓦山溪（送伯礼）》词，其中有"元戎十乘，出次高唐馆"之句。③ 知宋时亦有高唐馆。查万历《三峡通志》知：巫山县有高唐驿，亦称高唐馆，驿前有留石，并引旧《志》所载"巫山县城西，绝顶之上"。④ 综上可知，宋时巫山县西确有一馆驿，名高唐驿，又称高唐馆。驿应在今重庆市旧巫山县城西。

（4）猪头铺：为递铺，属夔州奉节县。太祖乾德二年（964年）十二月，刘光义兵入夔州前，其麾下马军都指挥使张廷翰曾与蜀将武守谦战于猪头铺。⑤ 可知，宋初夔州奉节县应有一猪头铺。铺应在今重庆市奉节县永安镇。宋后此铺不见置。

（5）猿叫铺：为递铺，属夔州。陆游有《书驿壁》⑥ 诗二首，其一有"猿叫铺前雪欲作，鬼门关头路正恶"之句，将猿叫铺与鬼门关对称，表明其应为一递铺；其二有"女儿薄命天不借，青灯独宿江边舍"之句，说明该铺应在江边。是时陆游在夔州通判任上，常在夔州各处游山玩水。又，该诗后二首为《十二月十九日晚巫山送客归回望西寺小阁缥缈可爱遂与赵郭二教授同游抵夜乃还楚乡偶

---

① 祝穆：《方舆胜览》卷57《夔州》，第1010页。
② 范成大：《范石湖集》卷16，第218页。
③ 陆游：《陆游集·渭南文集》卷49，第2467页。
④ 万历：《三峡通志》卷1，上海古籍出版社2003年续修四库全书本。
⑤ 李焘：《长编》卷5，乾德二年十二月辛未条；脱脱：《宋史》卷259《张廷翰传》，第9008页；卷479《西蜀孟氏传附高彦俦传》，第13888页。
⑥ 陆游：《陆游集·剑南诗稿》卷2，第65~66页。

得长句呈二君》，可以推知猿叫铺应在夔州，然确地待考。

（6）横溪驿：为陆驿，属万州南浦县。范成大有《横溪驿感怀》①诗，知宋有一横溪驿。是诗前为《万州》，据此可知横溪驿应在万州境内州治以西。另，《万州》一诗的诗序言：自此后登陆。故，横溪驿应为陆驿，然确地待考。

（7）羊渠驿：为陆驿，属万州南浦县。《汇考》有考，在今万州。② 元代置有水站。③ 明代置有集贤驿。④ 清初该驿废止，清世宗雍正八年（1730年）又于此地置马站。⑤ 综上，宋羊渠驿应在今重庆市万州区治。

（8）高梁驿：为陆驿，属万州南浦县。《汇考》有考。⑥ 是驿宋后不见置。明清之时在此置有高梁铺以备邮传。⑦ 清高梁铺在今重庆市万州区高梁镇，宋高梁驿应置于此。

（9）万州摆铺：为递铺。《舆地纪胜》的第177卷《万州》记："摆铺递，光宗绍熙三年（1192年）制置丘公宗所置也。"⑧ 此次置铺，自成都府沿江而下，过万州，由峡州入荆湖北路，走应城达行在所，并详细规定了成都至万州、万州至应城、应城至行在所的往返程限及赏罚情形等相关问题。其中，万州至峡州段确定为沿江置铺，"自万州下水，于峡州出陆"；其他各段亦应部分沿江而置。据曹家齐先生考证：出于节省铺兵的体力和提高接力传递效率的考虑，

---

① 范成大：《范石湖集》卷16，第222页。
② 蓝勇：《唐宋四川馆驿汇考》，第10页。
③ 熊梦祥：《析津志·天下站名》，第129页。
④ 正德《夔州府志》卷2《邮驿》，上海古籍出版社1963年影印天一阁本；嘉靖《四川总志》卷11《夔州府·公署》，第199页下栏。
⑤ 嘉庆《四川通志》卷88《武备·驿传》，第2832页上栏。
⑥ 蓝勇：《唐宋四川馆驿汇考》，第11页。
⑦ 正德《夔州府志》卷2《邮驿》；嘉庆《四川通志》卷89《武备·铺递》，第2857页上栏。
⑧ 王象之：《舆地纪胜》，第1215页上栏。

宋代的摆铺初设时每二十里置一铺，绍兴末年，诸军又"每十里置铺"。① 以此观之，仅万州至峡州段即置有相当数量的摆铺，其他各段摆铺数定更多。惜史料之阙如，各铺名称以及设置地点尚难确考。

（10）峡石铺：为递铺，在万州和梁山军之间。范成大有《峡石铺》② 诗，知宋有一峡石铺。据诗序："由万州至此，山顶皆有长石如城壁，亘数峰不断，峡山至是亦稍开广，间有稻田"，可知此铺应位于万县以西（亦应在横溪驿以西）的峡山。再，后一诗为《蟠龙岭》，该诗序云：自峡、归、夔、万至于梁山，五郡间不知其几岭？梁山之蟠龙、峰门尤为高峻，然下岭即有平陆，吏卒皆相贺云。以此观之，蟠龙岭即已为梁山县境内了。又，据正德《夔州府志》记载：明梁山县有蟠龙山，在县东三十里，置有蟠龙铺。③ 综上，宋峡石铺应位于万州横溪驿与梁山军蟠龙岭之间的峡山，其具体位置尚难确考。④

（11）三龟驿：为陆驿，属梁山军梁山县。《汇考》有考，在今梁平县治。⑤ 是驿宋后不见置。清初在梁山县原置有驿站，清圣祖康熙二十一年（1682 年）裁撤，清世宗雍正八年（1730 年）设置马站⑥。宋三龟驿应在今重庆市梁平县治。

（12）梁山驿：为陆驿，属梁山军梁山县。唐已置驿，《汇考》有考，在今梁平县银河桥附近。⑦《舆地纪胜》的第 179 卷《梁山军》下记有梁山驿，说明是驿宋亦置。明代置有梁山驿，清初裁废

---

① 曹家齐：《关于南宋斥堠铺、摆铺的几个问题》，第 24 页。
② 范成大：《范石湖集》卷 16，第 222 页。
③ 正德《夔州府志》卷 2《邮驿》；卷 3《山川》。
④ 王涯军对宋梁山县的峡石市做过考证，指出其在今梁平县东 25 公里左右。（王涯军：《宋代川峡四路市镇地理考》，第 173 页。）该市或与峡石有关。
⑤ 蓝勇：《唐宋四川馆驿汇考》，第 11 页。
⑥ 嘉庆《四川通志》卷 88《武备·驿传》，第 2831 页下栏。
⑦ 蓝勇：《唐宋四川馆驿汇考》，第 11 页。

后置马站。① 又，清代在此地还设有银河桥铺，以备邮传。② 综上，宋梁山驿应在今重庆市梁平县蟠龙镇银河桥附近。

（13）高都驿：为陆驿，属梁山军梁山县。唐已置驿，宋亦置，《汇考》有考。③ 是驿宋后不见置，明清之时在驿旧址置有高都铺以备邮传。④ 清高都铺在今合兴镇西。综上，宋高都驿应在今重庆市梁平县合兴镇西高都铺。

（14）邗邨驿：为陆驿，属梁山县或垫江县。范成大有《邗邨驿大雨》⑤ 诗，知宋有一邗邨驿。其前一诗为《峰门岭遇雨泊梁山》，后一诗为《垫江县》，据此可推知是驿应在梁山县与垫江县之间，具体位置尚待细考。

（15）招贤馆：为馆驿，属重庆府巴县。理宗淳祐年间（1241—1252年），余玠任四川安抚制置使兼知重庆府兼四川总领兼夔路转运使之职，任内于府治东创建招贤馆。⑥ 馆应在今重庆市渝中区。该馆宋后不见置。

（16）云安驿：为陆驿，属云安军云安县。宋人郭印在《留云安驿诗》中有"五日留山驿，尘无一点新"之句。⑦ 陆游在《枕上闻急雨》中也提及是驿。⑧ 由上可知宋云安县应有一云安驿。宋云安军治今重庆市云阳县东云阳镇，驿应在其地。

（17）拂云馆：为馆驿，属云安军云安县。《舆地纪胜》的第82卷《云安军》记：拂云馆，在刑曹廨舍之西，徽宗宣和六年（1124

---

① 嘉庆《四川通志》卷88《武备·驿传》，第2837页上栏。
② 嘉庆《四川通志》卷89《武备·铺递》，第2873页下栏。
③ 蓝勇：《唐宋四川馆驿汇考》，第11页。
④ 正德《夔州府志》卷2《邮驿》；嘉庆《四川通志》卷89《武备·铺递》，第2873页。
⑤ 范成大：《范石湖集》卷16，第224页。
⑥ 脱脱：《宋史》卷416《余玠传》，第12469页。
⑦ 郭印：《云溪集》卷8，文渊阁四库全书本。
⑧ 陆游：《陆游集·剑南诗稿》卷27，第747页。

年）陈似有记。[①] 知宋云安军有一拂云馆。宋云安军治今重庆市云阳县东云阳镇，该馆应在其地。明代云阳县内亦置公馆，在县西百步。[②]

（18）小彭驿：为水陆驿，属云安军云安县。《汇考》有考，在今云阳县双江区小江入口。[③] 元代置有云阳水站。[④] 据《蜀中名胜记》记载："（澎溪）在（万）县东八十里，巴阳驿是。俗名小江，旧小彭驿设焉。"[⑤] 可知，明代此地置有巴阳水驿。清初该驿废止，清世宗雍正八年（1730年）又于此地置马站。[⑥] 综上，宋代小彭驿应在今重庆市云阳县双江镇。

（19）万户驿：为水驿，属云安军云安县。《汇考》有考，在今云阳县西四十里复兴乡治。[⑦] 据《舆地碑目》记载：孝宗淳熙十五年（1188年）八月十六日，"夔州守杨辅去官，过万户驿故朐䏰县治"，见江边石壁上刻满了留题，曾让人临摹以待考证。据此可知，宋时夔州路有一万户驿。又，李焘曾"泊舟云安之西三十里万户驿下横石滩上"，并有《朐䏰记》一文。[⑧] 可知，宋万户驿在云安县西三十里。据《蜀中名胜记》中记载：此地明时为万户坝。明万户坝在今重庆市云阳县治双江镇西。是驿宋后不见置。综上，宋万户驿应在今重庆市云阳县双江镇西。

（20）南川驿：为陆驿，属南平军南川县。《汇考》有考，在宋南

---

① 王象之：《舆地纪胜》，第1232页下栏。
② 嘉靖《云阳县志》卷上，上海古籍出版社1963年影印天一阁本，第16页。
③ 蓝勇：《唐宋四川馆驿汇考》，第10页。
④ 熊梦祥：《析津志·天下站名》，第129页。
⑤ 曹学佺：《蜀中名胜记》卷23《夔州府三·万县》，第342页。
⑥ 嘉庆《四川通志》卷88《武备·驿传》，第2832页；《嘉庆重修一统志》卷398《夔州府二》，第23册第894页。
⑦ 蓝勇：《唐宋四川馆驿汇考》，第10页。
⑧ 王象之：《舆地纪胜》卷182《云安军》，第1233页上栏。

平军治南川县。① 据《汇释》考证，宋南川县应在今綦江县南东溪附近。② 又，《方舆胜览》以及《蜀中名胜记》所载蒲公孟的《咏南川驿》诗有"莺花非汉旧，栋宇尚唐余"之句③，诗意似指此驿在唐代即已置，不知确否。是驿宋后不见置。综上，宋南川驿应在今重庆市綦江县古南镇东溪北岸。

（21）东溪驿：为陆驿，属南平军南川县。宋人有《东溪驿》诗，描述宋南川县东溪驿周围的环境。可知，宋南川县有一东溪驿。宋南川县治在今綦江县南东溪附近，故宋东溪驿应在其附近。又，明时綦江县亦置有东溪马驿，原置于綦江县东南的东溪，嘉靖中移置于东溪南赶水镇。④ 是驿清初裁撤。⑤ 综上，宋东溪驿应在今重庆市綦江县东溪镇。

（22）施州驿：为陆驿，属施州清江县。《方舆胜览》的第60卷《施州》记载："盘龙溪，在（施）州驿北马公泉脚下，昔有盘龙于此。"⑥ 可知，宋施州应有一州驿，确名难考，暂以施州驿名之。宋清江县治今湖北省恩施市，驿应在其地。明代在此置有施州马驿。⑦

（23）小猿叫驿：为陆驿，属施州清江县。《山谷诗集》中有《题小猿叫驿》⑧ 诗，知宋时有一小猿叫驿。查《方舆胜览》的第60卷《施州》，可知施州东八十里有猿啼山。⑨ 是驿应在附近，确地

---

① 蓝勇：《唐宋四川馆驿汇考》，第8页。
② 郭黎安：《宋史地理志汇释》，第227页。
③ 祝穆：《方舆胜览》卷60《南平军》，第1063页；曹学佺：《蜀中名胜记》卷18《重庆府二·南川县》，第261页。
④ 嘉靖《四川总志》卷9《重庆府·公署》，第174页下栏；杨正泰：《明代驿站考》，第49页下栏。
⑤ 嘉庆《四川通志》卷88《武备·驿传》，第2835页上栏；《嘉庆重修一统志》卷388《重庆府二》，第23册第427页。
⑥ 祝穆：《方舆胜览》，第1052页。
⑦ 杨正泰：《明代驿站考》，第76页上栏。
⑧ 黄庭坚：《山谷诗集注》卷12，第296页。
⑨ 祝穆：《方舆胜览》，第1052页。

待考。

（24）驴瘦岭马铺：为递铺，属施州清江县。《山谷诗集》中有《题驴瘦岭马铺》① 诗，知宋时有一驴瘦岭马铺。《图考》及《四川古代交通路线史》均认为在今恩施西。② 综上，宋驴瘦岭马铺应在今湖北省恩施市西。

（25）太平驿：为陆驿，属施州清江县。孝宗淳熙八年（1181年）施州人谭汝翼，与知思州田汝弼交恶，并趁田汝弼卒丧之际大举剽掠思州。后，田汝弼之子田祖周领兵入施州报复，双方曾战于施、辰、黔三州交界的太平驿。③ 由上可知，宋施州与黔州和辰州交界处有一太平驿，驿应当施州东南经黔江通黔州的交通和通信之要径。综上，宋施州太平驿应在今湖北省恩施市宣恩县西南。

（26）浮塘驿：为陆驿，属施州。《山谷诗集》中有《次浮塘驿见张施州小诗次其韵》④ 诗，知宋时有一浮塘驿。驿应置于建始县与清江县间，当处在建始县西南通施州的交通和通信要径，确地待考。

（27）建始驿：为陆驿，属施州建始县。《山谷诗集》第60卷《马上口号呈建始李令》诗，美赞建始县令的善政，其中有"驿亭新似眼般明，箐路开如掌样平"之句。⑤ 可知，宋建始县应有驿递组织，然确名难考，暂以建始驿名之。宋建始县治今湖北省恩施市建始县，驿应在此地。⑥

---

① 黄庭坚：《山谷诗集注》卷12，第293页。
② 严耕望：《唐代交通图考》卷4卷《山剑滇黔区·黔中牂柯诸道》，第1302页；蓝勇：《四川古代交通路线史》，第195页。
③ 脱脱：《宋史》卷394《林栗传》，第12030页；杨慎：《全蜀艺文志》卷27《奏破施州谭汝翼状》，第724—726。
④ 黄庭坚：《山谷诗集注》卷12，第297页。
⑤ 黄庭坚：《山谷诗集注》卷12，第296页。
⑥ 以上施州几处馆驿递铺反映了宋代湘、渝、鄂交叉地带交通及文书通信的相关情况。关于此地区（或称上三峡南岸地区）古代交通及通信状况的具体论述可参见杨华、屈定富《长江三峡南岸入蜀古道考证》（《三峡大学学报》，2006年第4期）一文。

（28）歌罗驿：为陆驿，属黔州黔江县。《方舆胜览》中有《黔州》下记有歌罗驿，并记黄庭坚宿歌罗驿时所作的多首诗词之一《竹枝词》；又记："小歌罗山，在黔江县东北四十九里。"① 可知，宋黔江东北的小歌罗山周围应有一歌罗驿。综上，宋歌罗驿应在今重庆市黔江县东北。是驿宋后不见置。

（29）三折铺：为递铺，属夔州路。陆游有《饭三折铺铺在乱山中》② 诗，可知宋时有三折铺。据欧小牧考证，孝宗乾道八年（1172年）二月陆游由夔州出发，经由云安军、万州而西，趋兴元府赴权四川宣抚使司干办公事兼检法官职，是诗作于此时。③ 是诗后第三首为《畏虎》，其中有"更堪都梁下，一雪三日泥"之句。诗中所称都梁应为梁山军与万州交界处的都梁山，即高梁山。由此表明，三折铺应在高梁山以西。又，是诗下一首为《小市》，其中有"小市门前沙作堤""江水方东我独西"等句。表明陆游在过三折铺后尚未远离江岸，意即三折铺应在万州治以西。宋三折铺的确地暂难考。

以上为宋代夔州路可考的29处馆驿递铺。

综上，笔者在《汇考》一文所确考的31处④宋代馆驿的基础上，考索诸书，耙疏史料，新增88处馆驿递铺。由此，宋代川峡四路可考的馆驿递铺共119处。其中沿袭前代所置者共40处，分别是成都府路的合江亭、天回驿、新都驿（唐为新都南亭）、弥牟铺（唐为两女驿）、二江驿、临邛驿、罗江驿、奉济驿、嘉州驿、犍为驿（唐为青溪驿），利州路的褒城驿、鹄鸣驿、（利州）嘉陵驿、筹笔驿、望

---

① 祝穆：《方舆胜览》，第1056页。
② 陆游：《陆游集·剑南诗稿》卷3，第67页。
③ 欧小牧：《陆游年谱》，第123页。
④ 《唐宋四川馆驿汇考》一文中或明确标识为宋驿、唐宋驿，或完全使用宋时史料考证的宋代馆驿共38处，然而位于今西昌附近的泸川驿由于其在宋时为大理国建昌府辖区，故是驿不能算是宋驿；另外尚有6处馆驿，或是地理考证有误，或是馆驿名称考证有不妥，所以笔者认为其中确考的宋代馆驿共有31处。

喜驿、葭萌驿、昭化驿（唐为益昌驿）、泥溪驿、嘉川驿、苍溪驿、上亭驿、剑门驿、冰清驿、恩阳驿、玉女驿（唐为氎氀驿）、三泉驿、金牛驿、黄花驿、白涧驿、武休驿、青泥驿、望云驿（唐时又称青山驿），潼川府路的通泉驿、庆瑞驿、牛尾驿、（顺庆）嘉陵驿，夔州路的猪头铺、梁山驿、高都驿和南川驿；宋代新创设者共79处，分别是成都府路的成都驿、鸭翎铺、凤池驿、柳池驿、魏城驿、眉州驿、江乡馆、通津驿、三峨馆，利州路的曲滩驿、西县驿、沔阳驿、长木铺、白卫铺、嘉川铺、小柏驿、飞石铺、木瓜铺、鼓楼铺、仙鱼驿、仙鱼铺、青山铺、剑州驿、武连驿、梁山铺、（剑州）柳池驿、剑阳铺、皂荚驿、宕昌驿、从厚铺、三叉驿、两当驿、河池驿、二里驿、汉阴驿、女娲驿、饶风铺、青阳驿、长举驿、白水驿、渭水驿、龙华驿，潼川府路的江滨驿、珠玉驿、什邡驿、铁山铺、铁山驿、果州驿、孝义驿、邻山驿、没水铺、金川驿、柳沟公馆、绵水驿，以及夔州路的巫山驿、女唱驿、高唐驿、猿叫铺、横溪驿、羊渠驿、高梁驿、万州摆铺、峡石铺、三龟驿、邧邡驿、招贤馆、云安驿、拂云馆、小彭驿、万户驿、东溪驿、施州驿、小猿叫驿、驴瘦岭马铺、太平驿、浮塘驿、建始驿、歌罗驿和三折铺。上述诸处馆驿递铺又有54处为元明清三代所承袭，分别是成都府路的成都驿、天回驿（清置天回铺）、新都驿、二江驿（清置递铺）、临邛驿（明清置白鹤驿）、凤池驿（明清置阳安驿）、罗江驿、魏城驿、眉州驿、嘉州驿、犍为驿，利州路的襃城驿、西县驿（明置顺政驿）、沔阳驿、（利州）嘉陵驿（后改问津驿）、筹笔驿、望喜驿（明置沙河驿，清改望云铺）、葭萌驿（明改施店驿，清初裁废）、昭化驿、泥溪驿、仙鱼驿（元明置锦屏驿，清初裁废）、苍溪驿（清初裁废）、剑州驿、上亭驿（清置上亭铺）、武连驿（清置武连铺）、剑门驿、梁山铺、金牛驿（清时改名大安驿）、黄花驿、三叉驿（明清时称三岔驿）、白涧驿（明清置松林驿）、武休驿、青阳驿、青泥驿（清置青泥铺）、白水驿（清置白水铺），潼川府路的什邡驿（元明置合州驿或合阳驿）、牛尾驿（清置递铺）、铁山铺、铁山驿、果州驿（元置顺庆陆站）、（顺庆）嘉陵驿、孝义驿、绵水驿（元明为江安驿），夔州路的巫山驿、高唐驿、羊渠驿（元明清三代驿名不同）、高梁驿（清置高梁铺）、三龟驿（清时曾置驿）、梁山驿、高都驿（明清置高都铺）、拂云馆、小彭驿、东溪驿和施州驿。而四路共有水路馆驿递铺共18处，分别是成都府路的合江亭、眉州驿、江乡馆、嘉州驿、犍为驿，利州路的（利州）嘉陵驿、苍溪驿、三泉驿、白水驿，潼川府路的江滨驿、什邡驿、（顺庆）嘉陵驿、绵水驿，夔州路的巫山驿、女唱驿、万州摆铺、小彭驿和万户驿。宋代川峡四路文书通信组织统计图，如图3-1所示。

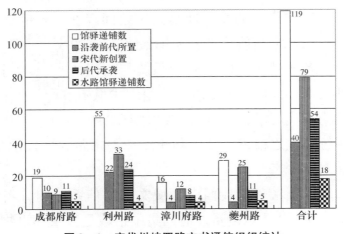

图3-1　宋代川峡四路文书通信组织统计

第二节　宋代川峡四路文书通信组织的时间维度分布

西南区域自太祖乾德年间（963-967年）平孟蜀后，开始大规模的建构文书通信系统。此次建构既继承了前代的重要馆驿和递铺，又有所创设，到真宗大中祥符年间（1008-1016年）基本完成了建构工作；后经各朝，尤其是南渡后各朝的更移、添置，共置馆驿递铺等文书通信组织119处。宋代川峡四路文书通信组织的沿置、创设及承袭情况统计，见表3-1。

表3-1 宋代川峡四路文书通信组织的沿置、创设及承袭情况统计

种类	成都府路	利州路	潼川府路	夔州路	总计
馆驿递铺数	19	55	16	29	119
沿袭前代所置馆驿递铺数	10	22	4	4	40
宋代新创置馆驿递铺数	9	33	12	25	79
后代承袭馆驿递铺数	11	24	8	11	54

从表3-1可知，宋代川峡四路的119处文书通信组织中共有40处为沿袭前代所置馆驿递铺，超过总数的1/3，这表明宋代西南区域的文书通信系统与前代的文书通信系统之间存在一定的继承性和延续性；其中利州路沿袭前代馆驿递铺最多，有22处，而潼川府路和夔州路较少，各4处，表明宋时的系统与前代的系统之间又存在较大的差异性。此外，119处文书通信组织中共有54处或为元代、或为明代、或为清代所承袭，占到总数的45.38%，可见宋代西南区域文书通信系统建置之精审；其中利州路和夔州路为后代承袭者较多，其他二路相对较少。

从时间维度上考察宋代西南区域文书通信系统的分布特征还可以用时间集中指数①予以度量。时间集中指数是指某一事物或某种现象在某一时段内各时期集中分布和离散的程度，其计算公式为②：

$$y = \sqrt{\frac{\sum_{i=1}^{n}\left(X_i - \frac{1}{n}\right)^2}{n}} \qquad (3-1)$$

---

① 笔者所用时间集中指数是借鉴了经济学中的年际集中指数的概念，籍以定量考察宋代川峡四路馆驿递铺等文书通信组织的沿置、创设和承袭状况。

② 李仲广：《旅游经济学：模型与方法》，中国旅游出版社，2006年，第83页。

式中：y 为时间集中指数；X_i 为各时期（即宋代之前、两宋时期及宋代之后时期）数量占整个时间段总数量的比重；n 为时间段中包含的时期数。

y 值越接近于 0，表明其时间分布越均匀；y 值越大，表明其时间分布的变动越大。

通过计算得出，上述 119 处文书通信组织的时间集中指数 y = 0.097 9，可见从整体上看诸处文书通信组织创置的时间差异性极小，其在时间维度上分布整体较为分散。

其中，成都府路各馆驿的时间集中指数为 0.027 2，利州路各馆驿的时间集中指数为 0.060 6，潼川府路各馆驿的时间集中指数为 0.136 1，夔州路各馆驿的时间集中指数为 0.218 3。可见夔州路文书通信组织的时间分布变动性远大于其他三路，分布较为集中，主要集中于宋代；此数据更为清晰的表明夔州路沿置前代馆驿递铺等文书通信组织较少，而宋代新创设的较多。

第三节　宋代川峡四路文书通信组织的空间维度分布

一、宋代川峡四路文书通信组织的水陆环境分布

川峡四路诸处文书通信组织中水路馆驿递铺比重较高。水驿和水陆驿的通信组织共有 18 处，占四路总数的 15.13%。其中成都府路有合江亭、眉州驿、江乡馆、嘉州驿和犍为驿共 5 处，占该路总数的 26.32%；利州路有（利州）嘉陵驿、苍溪驿、三泉驿和白水驿共 4 处，比例为 7.27%；潼川府路有江滨驿、什邡驿、（顺庆）嘉陵驿和绵水驿共 4 处，比例为 25.00%；夔州路有巫山驿、女唱驿、万州摆铺、小彭驿和万户驿共 5 处，比例为 26.32%。宋代川峡四路文书通信组织水陆环境分布统计，见表 3-2。

表3-2 宋代川峡四路文书通信组织水陆环境分布统计

名称	馆驿递铺数	占该地区馆驿递铺的比重	占全部水路馆驿递铺的比重
成都府路	5	26.32%	27.78%
利州路	4	7.27%	22.22%
潼川府路	4	25.00%	27.78%
夔州路	5	26.32%	22.22%
总计	18	15.13%	100%

而各处水路文书通信组织大都散布在前述诸条水路文书通信路径沿线，如川江水道一线有合江亭、眉州驿、江乡馆、嘉州驿、犍为驿、绵水驿、巫山驿、女唱驿、万州摆铺、小彭驿和万户驿共11处，嘉陵江水道一线有（利州）嘉陵驿、苍溪驿、三泉驿、什邡驿和（顺庆）嘉陵驿共5处。

二、宋代川峡四路文书通信组织州际间分布的离散度

宋代川峡四路文书通信组织在州际间分布的离散度，可采用地理集中指数测算。地理集中指数是地理学中用来描述离散区域空间分布的重要方法，其公式为①：

$$G = 100 \times \sqrt{\sum_{i=1}^{n}\left(\frac{X_i}{T}\right)^2} \qquad (3-2)$$

式中：G 表示宋代川峡四路文书通信组织的地理集中指数；X_i 为第 i 个州（府、州、军、监）的文书通信组织数；T 为文书通信组织的总数；n 为州（府、州、军、监）的总数。

G 取值在 0~100 之间，G 值越大，表明宋代川峡四路文书通信组织的州际空间分布越集中；G 值越小，表明其空间分布越分散。

通过计算，宋代川峡四路文书通信组织在各州（府、州、军、监）级行政区间分布的地理集中指数 $G=20.46$，表明其空间分布较为分散。这主要是因为宋代本区域119处馆驿递铺等文书通信组织分

---

① 保继刚，楚义芳：《旅游地理学》，高等教育出版社，1999年，第54页。

布在 64 个州级（府、州、军、监）行政区中的 36 个。

其中，成都府路文书通信组织在各州（府、州、军、监）级行政区间分布的地理集中指数为 7.08，利州路为 16.05，潼川府路为 4.75，夔州路为 9.40。可见利州路的文书通信组织在各州的分布相对较为集中，潼川府路则相对较为分散。

三、宋代川峡四路文书通信组织区域间分布的离散度

对宋代川峡四路文书通信组织空间分布离散度的考察，还可以进一步从区域间进行分析对比。此处将宋代的成都府路、利州路、潼川府路及夔州路作为四个区域单位进行分析。川峡四路文书通信组织在路际间分布的离散程度，可采用基尼系数①测算。

基尼系数的计算公式较多，本文采用的计算公式为②：

$$Gini = \frac{H}{H_m} \qquad (3-3)$$

其中，H 和 H_m 可通过下列公式计算：

$$H = -\sum_{i=1}^{N} P_i \ln P_i \qquad (3-4)$$

$$H_m = LnN \qquad (3-5)$$

式中：P_i 表示第 i 路的文书通信组织数占整个四路总数的比重；N 为路级区域数量。

基尼系数的取值在 0~1 之间，其数值越小，表明区域间分布越平均；反之，则集中。

通过计算，得到 $Gini = 0.9114$，表明宋代本区域的文书通信组

---

① 基尼系数（Gini）是经济学中的一个概念，最初用于衡量国民收入的不平等程度，现今已成为度量经济发展不平衡的主要指标，其对刻画经济活动在空间地理分布上的不均匀程度有较好的效果。因此笔者借鉴基尼系数，籍以定量考察宋代川峡四路文书通信组织在路级区域间的分布特征。

② 罗小红，杨晓霞，雷丽：《我国野生动物园时空分布研究》，《西南师范大学学报（自然科学版）》，2011 年第 3 期，第 231 页。

织在四路间的空间分布较为集中;主要集中在利州路和夔州路,两路共计84处,占四路文书通信组织总数的70.59%。这主要与宋时成都府路、利州路、潼川府路和夔州路在行政区域面积、经济发展水平,以及在文书通信系统中所居地位等因素不同所致。

四、宋代川峡四路文书通信组织空间分布的密度

空间分布密度是分析宋代川峡四路文书通信组织空间分布特征的又一项重要指标。此处,笔者以宋代的户数[①]为基底,分析其空间分布密度。计算公式为:

$$\rho = \frac{M}{H} \qquad (3-6)$$

式中:ρ 为空间分布密度;M 为某一行政区域内的文书通信组织数;H 为该行政区域内的户数。

ρ 值越小,表明该行政区域内文书通信组织的空间分布密度越小;反之,越大。

通过计算,宋代川峡四路文书通信组织的平均分布密度为 5.32×10^{-5} 驿/户;利州路、夔州路的分布密度相对较高,分别为 1.20×10^{-4} 驿/户和 9.74×10^{-5} 驿/户,其他两路的分布密度相对较低,分别为成都府路 2.07×10^{-5} 驿/户、潼川府路 2.85×10^{-5} 驿/户。宋代川峡四路文书通信组织空间分布密度,见表3-3、图3-2。

表3-3 宋代川峡四路文书通信组织空间分布密度

单位(府、州、军、监)	组织数	户数	密度(驿/户)	单位(府、州、军、监)	组织数	户数	密度(驿/户)
成都府	6	182 090	3.30×10^{-5}	潼川府	2	109 609	1.82×10^{-5}
眉州	3	72 809	4.12×10^{-5}	遂宁府	2	49 132	4.07×10^{-5}

---

① 吴松弟:《中国人口史·第三卷》,复旦大学出版社,2000年,第131~133页。

续表

单位（府、州、军、监）	组织数	户数	密度（驿/户）	单位（府、州、军、监）	组织数	户数	密度（驿/户）
绵州	3	122 915	2.44×10^{-5}	顺庆府	2	55 493	3.60×10^{-5}
嘉定府	3	71 652	4.19×10^{-5}	昌州	3	36 456	8.23×10^{-5}
邛州	2	79 279	2.52×10^{-5}	泸州	1	44 611	2.24×10^{-5}
简州	2	41 888	4.77×10^{-5}	合州	1	48 277	2.07×10^{-5}
兴元府	7	60 284	1.16×10^{-4}	渠州	2	32 877	6.08×10^{-5}
利州	12	25 373	4.73×10^{-4}	宁西军	1	47 057	2.13×10^{-5}
洋州	1	45 490	2.20×10^{-5}	富顺监	2	11 241	1.78×10^{-4}
阆州	5	43 936	1.14×10^{-4}	夔州	5	13 164	3.80×10^{-4}
隆庆府	7	35 023	2.00×10^{-4}	绍庆府	1	3 344	2.99×10^{-4}
巴州	3	23 337	1.29×10^{-4}	施州	6	22 428	2.68×10^{-4}
文州	1	12 531	7.98×10^{-5}	咸淳府	1	42 088	2.38×10^{-5}
沔州	4	12 430	3.22×10^{-4}	万州	5	23 132	2.16×10^{-4}
大安军	3	6 075	4.94×10^{-4}	重庆府	1	48 228	2.07×10^{-5}
金州	3	39 636	7.57×10^{-5}	云安军	4	13 006	3.08×10^{-4}
西和州	2	40 570	4.93×10^{-5}	梁山军	4	14 413	2.78×10^{-4}
凤州	7	37 796	1.85×10^{-4}	南平军	2	4 270	4.68×10^{-4}

说明：

① 本图的底图为《中国历史底图集·第六册》所收录的宋宁宗嘉定元年（1208年）的川峡四路的地图；

② 本图依据文中"表3-3"的数据自动生成，仅作为示意用。

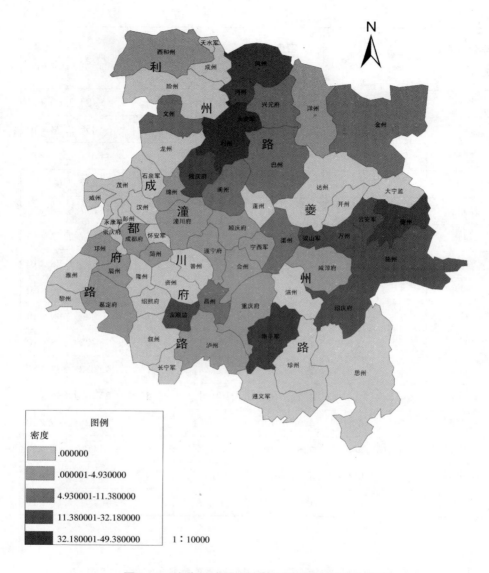

图 3-2 宋代川峡四路文书通信组织空间分布密度

第四章 宋代西南区域文书通信系统的运行与管理

第一节 文书通信组织的种类

提及宋代的文书通信组织，特别是递铺组织，大部分人都会想到沈括在《梦溪笔谈》中所记载"驿传急脚递"的内容："驿传旧有三等，曰步递、马递、急脚递。急脚递最遽，日行四百里，唯军兴则用之。熙宁中，又有金字牌急脚递，如古之羽檄也。以木牌朱漆黄金字，光明眩目，过如飞电，望之者无不避路，日行五百余里。有军前机速处分，则自御前发下，三省、枢密院莫得与也。"① 并据此简单地将宋代的递铺划分为步递铺、马递铺和急脚递铺三类。曹家齐先生指出，这一观点"虽然不无道理，但未免失之偏颇"，而且"显然是欠妥的"。②

实际上，宋代的递铺种类远比《梦溪笔谈》记载的要丰富，分类也较为复杂，如步递铺、马递铺、急脚递铺、斥堠铺、摆铺等。以上诸类递铺，宋代的西南区域均有设置。步递铺是宋代递铺组织

---

① 沈括：《梦溪笔谈》，中华书局，2009年，第137页。
② 曹家齐：《宋代交通管理制度研究》，第95~97页。

的基础，几乎所有的递铺都具有步递铺的功能，宋代的西南区域亦是如此。例如，真宗大中祥符九年（1016年），成都府路的梓州至绵州设置的递铺就应该是步递铺①；神宗元丰四年（1081年），曾差入内内侍省使臣前往陕西沿边诸路，拣选各步递铺体格较好的铺兵，填充为急脚递铺兵②。另外，宋代尤其是在西南区域还曾设置有专门传递官方物品的茶铺③、车子铺④等，也应属于步递铺。但因其不具有文书通信的功能，不属于本文论述的范围，故不做赘述。

关于马递铺，宋代的西南区域设置的不少。前文已述真宗景德四年（1007年），再次增置了自京城汴梁至广南西路宜州的马递铺⑤；神宗熙宁六年（1073年），"遣司门员外郎赵约之自京至（秦凤路）河州提举编排马递铺"⑥；因西夏战事需要大量传递皇帝、朝廷与前线的通信文书，所以神宗皇帝于元丰四年（1081年）和五年（1082年）两次下诏，令点检、编排陕西诸路至京的马递铺⑦。

关于急脚递铺，由于军事的需要，宋代西南区域也多有设置。例如，神宗熙宁七年（1074年），赏赐了京城汴梁至熙河路沿线诸急脚递铺特支钱⑧；熙宁八年（1075年），设置了京城到广南西路邕州

---

① 徐松：《宋会要·方域》10之19，第7483页上栏。
② 李焘：《长编》卷315，元丰四年八月丙寅条。
③ 哲宗元祐元年（1086），苏辙曾上书亟言益、利、凤、熙河等路茶场司所行榷茶新茶法的五大危害。指出，蜀道搬茶至陕西沿路的茶号为"纳命场"，苦不堪言，为害甚重。（李焘：《长编》卷366，元祐元年二月癸未条。）
④ 蒲宗敏曾"自秦州至熙州，量地里远近险易，置车子铺二十八，招刺兵士"。（徐松：《宋会要·方域》10之25，第7486页上栏；李焘：《长编》卷326，元丰五年五月丙午条。）
⑤ 李焘：《长编》卷66，景德四年秋七月壬申条。
⑥ 李焘：《长编》卷247，熙宁六年十月丙戌条。
⑦ 李焘：《长编》卷314，元丰四年秋七月戊子条；卷324，元丰五年三月壬寅条。
⑧ 李焘：《长编》卷252，熙宁七年三月壬寅条。

第四章 宋代西南区域文书通信系统的运行与管理

和桂州沿边的急脚递铺[1]。当然，西南区域的这些急脚递铺大都同时也有非急脚递铺兵承担马递或者步递的工作，也兼具步递铺、马递铺的两种或三种功能。甚至是有很大一部分的急脚递铺就直接称之为急脚马递铺，或者马递急脚铺。[2]

关于斥堠铺和摆铺，这两者均是南宋初年新创设的文书通信组织。原仅"是有事即设，事毕即罢，属临时性质之传递机构"[3]。但是因为北宋时建立的步、马、急递在两宋战乱之际破坏严重，而且恢复之举一时不见成效。所以于高宗建炎三年（1129年）新设立了斥堠铺，于绍兴四年（1134年）又设立摆铺[4]，并与原有的文书通信系统一并存在，分工负责，各司其职，共同完成各类文书通信任务。当然，宋代的西南区域也同样设置有斥堠铺和摆铺。根据《建炎以来朝野杂记·乙集》的第10卷《时事二·金字牌》记载："绍

---

[1] 李焘：《长编》卷271，熙宁八年十二月丁未条；徐松：《宋会要·方域》10之24，第7485页下栏。

[2] 赵效宣先生在《宋代驿站制度》书中为证明宋代的急脚递为马急脚递（即急脚递铺兵在传递通信文书时是乘坐递马传送），而广泛参详诸书，胪列了60余条引文。虽然笔者不认同马急脚递的观点，而且这60余条引文也有相当一部分存在标点以及断章取义的不足，但是其中的一些引文确实能较好的说明在宋代有很大一分部的急脚递铺是同时存在马递铺兵，甚至是步递铺兵，同时承担马递或者是步递的功能。而且，也有直接证据，证明宋代确实存在这一所递铺同时承担两种或者三种等级的通信文书传递功能。例如，《淳熙三山志》卷五《地理类五·驿铺》中详细记载了福州各递铺中步递、马递、急脚递人数编制以及不同时期编制数的变动情况；再如，崇宁元年（1102年）十二月二十二日，兵部奏报《点检编排自京至荆湖南北路马递急脚铺所状》指出：今点检得（荆湖北路）鼎州敖山铺至辰州门铺人马，除传送文字外，其余人马多缘应付军兴差出，勾当官员、诸色人打过。（徐松：《宋会要·方域》10之27，第7487页上栏。）

[3] 曹家齐：《关于南宋斥堠铺、摆铺的几个问题》，第22页。

[4] 有关摆铺创置时间，史籍记载有所不同：《建炎以来系年要录》记为"建炎三年二月丁卯"，《宋会要》则有"建炎三年二月十八日"、"绍兴四年五月五日"和"绍兴三十年"等记载，《建炎以来朝野杂记》记为"绍熙末"，《嘉泰会稽志》记为"绍兴三十二年十一月"。曹家齐先生考证后认为"摆铺之创置时间应该是绍兴四年"（曹家齐：《关于南宋斥堠铺、摆铺的几个问题》，第21页）。

兴［熙］末①，丘宗卿为蜀帅，始创摆铺，以健步四十人为。岁增给钱八千余缗。月以初三、十八两遣平安报至行在，率一月而达。"②这次创置的摆铺是从成都府沿江而下，过万州，由峡州入荆湖北路，走应城达行在所。并且自创置之初，就详细规定了成都至万州、万州至应城、应城至行在所的往返程限、岁钱请给、递送内容及赏罚情形等相关问题。据《建炎以来朝野杂记》的记载可知：自摆铺设置以后，蜀中与朝廷之间的文书通信和信息沟通较为通畅，"蜀中动摇靡所不闻"。之后，虽然因为有不少非军事紧急文书甚至是"私书"也投入摆铺传递，致使"每递至百数"，但是往来传递也仅是稍微有所逾期，"自成都而东，犹不过月；自行在而西，或三十五、六日"。可见，西南区域的摆铺运行效率之高。

上述几种文书通信组织的分类较为复杂。曹家齐先生从组织功能、设置地点和隶属关系三个角度对各类文书通信组织予以分类。③兹简要归纳于此。第一，按其组织功能的不同，可分为文书传递的递铺与非文书传递的递铺。文书传递之递铺即前述步铺、马铺、急脚递铺、斥堠铺、摆铺等，非文书传递之递铺如香药铺、茶铺、车子铺等；第二，以其设置地点的不同，可分为陆铺和水铺，也有水陆兼具的递铺。水递铺如真宗咸平二年（999年），归州和峡州就有沿江水递铺共八十九铺④。嘉陵江水道和湘江水道也设置有不少水递铺。前文第三章第三节中有"水陆环境分布"部分，专门讨论川峡四路诸处文书通信组织中水路馆驿递铺的情况；第三，因其隶属关

---

① 根据前引《舆地纪胜》卷177《万州》的记载，丘宗卿在蜀创置摆铺的具体时间为光宗绍熙三年（1192年）。

② 李心传著，徐规点校：《建炎以来朝野杂记》，中华书局点校本，2000年，第651页。

③ 曹家齐：《宋代交通管理制度研究》，第95~97页。

④ 李焘：《长编》卷54，真宗咸平二年八月庚申条；脱脱：《宋史》卷303《李防传》，第10039页。

系的不同，可分为省递和京递。北宋时所设置递铺，因隶属尚书省，总谓之省递或省铺即步、马、急脚各递铺；南宋初始创设的斥堠铺和摆铺，因专门负责传递赴京的通信文书，所以称为京递。

第二节 文书通信的过程

宋代西南区域的文书通信过程有着较为详细和严格的规定，以保证通信过程的高效性和安全性。① 大致可概括为通信文书的封装、通信文书的入递、通行文书的传递，以及通信文书的交接。

一、通信文书的封装

通信文书在入递传递之前要按照一定的规程予以封装。宋时详细规定了通信文书封装的材料、封装的方法和文书的外引。

常用的文书封装材料是皮和纸。如《金玉新书》记载："文书应入急脚、马递者以皮角，步递以纸折角，各题某递字。"② 可见，应入急脚递和马递的通信文书必须用皮质材料封装，而应入步递的通信文书则用纸质材料封装。或许是考虑到封装费用或者封装方便需要，皮质材料一般多做成皮筒，"递角旧用皮筒封印记"③；高宗绍兴六年（1136年），任成都潼川府夔州利州等路安抚制置大使兼知成都府的席益曾上奏陈述蜀道文书通信系统紊乱状况，指出"间有一二皮筒通行，皆是稽滞累月"④。除此而外，有时也会用竹筒或者木匣封装通信文书。

---

① 本节参考《中国古代邮驿史》"第九章宋代的邮驿"的"第五节文书传递制度"以及《宋代交通管理制度研究》"第二章文书传递制度"的"第三节文书传递过程及管理措施"，再次致谢。
② 《永乐大典》卷14575《金玉新书·急递》，第74条。
③ 徐松：《宋会要·方域》11之12，第7506页上栏。
④ 徐松：《宋会要·方域》11之6，第7503页上栏。

通信文书的封装方法有两种，"实封"和"通封"。实封即密封，凡属于军事、机密、急速、公案、臣僚及民庶言朝政阙失、民间疾苦的奏章和上书之类的通信文书，用实封的方式，"当官"封装，"不题事目，止排字号，及题写官司遣发限日时，用印以蜡固护入筒"①。仁宗乾兴元年（1022年）十一月以后，诏令实封文书如上封装后，"更用纸折角重封，准前题字，及两折角处并令用印，无印者细书名字"②；通封即不密封。除上述几类通信文书以外的各种"常程"文书，均采用通封的方式封装。此外，各类官员的私人通信文书封装方式也有具体规定，据《宋会要》记载"的亲实封家书许令附递，自余亲识只令通封附去"③；而诸安化军归明人与家人往来通信的书信，也是采用通封的方式封装。④

　　通信文书按照实封或通封的方式封装以后，还需要在封装好的文书外面题写文书外引，即文引。文引的功能类似于现在的快递单，主要目的是为便于沿途递铺铺兵识别、登记和传递。但是，文引题写的内容则较为复杂。一般是题写发递机构、发往去处、入递时间，以及文书的事目或排列文书的字号，即"各题某递字"，有的是"其文引内既有排定字号，又于文引内开说事目入递"；有的是"于皮筒内外及文引止排字号，不得显露事目"⑤；而各监司、守臣等发往入内内侍省的通信文书，则是"以千字文号记"⑥。

---

　　① 《永乐大典》卷14575《金玉新书·急递》，第72条；徐松：《宋会要·方域》10之38，第7492页下栏。
　　② 徐松：《宋会要·职官》2之46，第2394页上栏。
　　③ 徐松：《宋会要·职官》2之44，第2393页上栏。
　　④ 谢深甫：《庆元条法事类》卷78《蛮夷门·归明附籍约束》，第11册第119~120页。
　　⑤ 徐松：《宋会要·方域》11之26，第7513页上栏。
　　⑥ 徐松：《宋会要·方域》10之35，第7491页上栏。

第四章 宋代西南区域文书通信系统的运行与管理

封装好的通信文书即为"递角",或者俗称为"递筒"①等,可以交付递铺等通信组织履行入递手续。

二、通信文书的入递

入递是指发递机构将递角即通信文书交付递铺,进入传递阶段。在宋代,朝廷的最高发递机构主要有两大渠道:一是门下省的进奏院,这是宋廷主要的发递机构;二是入内内侍省,专门负责直接发下御前急递,如必须经由急脚递铺铺兵传递的御前不入铺金字牌文书等。

进奏院隶属门下省给事中,"总天下之邮递"②,其主要职责是"掌受诏敕及三省、枢密院宣札,六曹、寺监百司符牒,颁于诸路。凡章奏至,则具事目上门下省。若案牍及申禀文书,则分纳诸官司。凡奏牍违戾法式者,贴说以进",以及"应朝廷擢用材能、赏功罚罪事可惩劝者,中书检正、枢密院检详官月以事状录付院,誊报天下"③,可以说是宋廷文书通信的总发递机构。长官为监官,二员,"以京朝官及三班使臣充"④。神宗熙宁四年(1071年)改以知银台司提举⑤。监官以下设诸州进奏官,又称"知后官",负责呈送本州公文,并接受诏令与朝廷各部门公文发送本州。进奏院发递文书有详细的规定。进奏院"承受宣敕、中书密院札子、省牒并内外诸般文字,并须画时勾唤进奏官,于当面与保头等同共点检封角并开(折)[拆],分明上历印题,关防发遣"⑥;"进奏官遇有被受文书,画时发遣,或合誊写播

---

① 刘挚《九日病起寄文莹》诗中有"春城别去已秋穷,犹喜音书继递筒"之句。(刘挚:《忠肃集》卷19,文渊阁四库全书本。)
② 徐松:《宋会要·职官》2之51,第2396页上栏。
③ 脱脱:《宋史》卷161《职官志一》,第3781页。
④ 徐松:《宋会要·职官》2之44,第2393页上栏。
⑤ 徐松:《宋会要·职官》2之46,第2394页上栏。
⑥ 徐松:《宋会要·职官》2之46,第2394页上栏。

告，各有成法"①；而且，进奏官"只令在院承发文字，不得将归私家，致有漏泄"②，等等。

入内内侍省是朝廷文书通信的又一收发机构。入内内侍省是宋朝内廷的宦官衙署，旧与内侍省对称前、后省。南渡后，高宗绍兴三十年（1160年）九月，"以前省无职事，遂废之"。仅留后省即入内内侍省，"吏额三十五名，分五房，所掌内殿引对群臣、发金字递、收接边奏"等职责③。可知，入内内侍省直接发下的是御前急递，例如必须经由急脚递铺的铺兵传递的御前不入铺金字牌文书等。

当然，地方的诸路监司、帅守和中外臣僚都能发递。但是，如同进奏院入递文书类似，亦需根据事情的轻重缓急和文书的种类层级，确定文书传递的先后以及时限等。例如"进奏院承受尚书省、枢密院实封及应入急脚递文字，并即时发。又承受捕盗、赈济、灾伤、河防紧急及制书并朝廷文字应入马递者，并当日发。又承受制书及朝廷文字入步递者，限一日。余文书不得过三日。限内有故未毕，监官随宜量展。"④

同样，需根据事情的轻重缓急和文书的种类层级，确定入递不同层级的递铺传递。常程文书，即地方与朝廷间非机密紧急的一般性通信文书，以及私人通信文书，都入步递；紧急的机密类通信文书，如赦降、敕牒、狱案、边报、军兴飞书、赈济、河防，以及催发贡物等通信文书，入马递；"事干外界或军机及非常盗贼文书"等紧切性通信文书，则入急脚递。金字牌创立后，御前不入铺金字牌

---

① 徐松：《宋会要·方域》10之24，第7485页下栏。
② 徐松：《宋会要·职官》2之44，第2393页上栏。
③ 李心传：《建炎以来朝野杂记》甲集卷10《官制一·内侍两省》，第210页。
④ 李焘：《长编》卷296，元符元年三月丙寅条。

文书也入递急脚递传递；斥堠递则"专一承传御前金字牌，以至尚书省、枢密院行下，及在外奏报并申发尚书省、枢密院紧急文字"①，实际上主要就是"传送探报金贼并盗贼文字"②；摆铺设立后，以上规程有所变动和调整，"内外军期急速文字专入摆铺，常行文字并入斥堠。其无摆铺处，军期亦入斥堠，常行并入省递"③。从这条引文也可看出，在某些区域文书入递，如无相应层级的递铺传递，可入次等级递铺传递。"事干外界，或军机及非常盗贼文书入急脚递，日行四百里。如无急脚递，及要速并贼盗文书入马递，日行三百里。"④规程明确，各省司和中外臣僚必须严格依照规程入递，不得附带它物，更不得擅自发递。如果擅自发递或者不按上述规程入递，有相应的条禁予以处罚。特别是闲慢文书不得入马递、急脚递、斥堠递和摆铺递。朝廷更是多次下诏申严条禁⑤，并处置了一些擅自发递或者不依次发递的官员。

通信文书交付递铺，完成入递手续以后，就正式进入到传递阶段。

---

① 《永乐大典》卷 14575《汪玉山集》。
② 徐松：《宋会要·方域》11 之 4，第 7502 页上栏。
③ 徐松：《宋会要·方域》11 之 31 – 32，第 7515 页下栏 – 7516 页上栏。
④ 徐松：《宋会要·方域》10 之 25，第 7486 页上栏。
⑤ 《金玉新书·急递》中亦有相关记载，如第 76 条"诸递角不得附带它物。"第 85 条"诸急脚、马铺铺兵，不得令运送官物。其递铺承传文书，亦不得附带它物。即应运送官物，均量轻重，日不过两次。（十里以下及军期急速者，非。）钱不在运送之限。"第 87 条"诸擅发急脚递、马递者，巡辖使臣奏。"第 105 条"诸急脚递不应发，而发者，徒二年。马递减二等。步递又减一等。应步递而擅发者，各减不应发罪三等。以上，官司及本铺兵级、曹司知情，承受而递行，若承受递到不应入急脚递文书，不点检，缺所属根治者，各减犯人罪三等。"

三、通信文书的传递

宋代西南区域文书通信系统的通信文书主要是通过接力传递的方式传递，即所谓递铺"转递文字物色，逐铺交割"①。但是，不同层级的通信文书入递不同的递铺，采用不同的传递方式传递，其传递速度和传递程限也是不同的。其中，步递作为文书通信系统中最基础和最普遍的传递方式，采用的是铺兵担擎步行传递，其传递速度仅要求200里/昼夜；马递采用的是铺兵乘马传递的方式，其传递速度一般是300里/昼夜，有时会根据需要或者是文书性质的不同，而做不同的要求；急脚递的传递方式略微不同，应该是既有铺兵乘马传递，又有铺兵步行传递②，其传递速度一般是400里/昼夜，有时也会根据需要或者是文书性质的不同，做不同的要求，而且南渡后速度要求普遍减低；金字牌递也是由急脚递传递，但是其传递速度比普通的急递速度更快，要求500里/昼夜；斥堠递和摆铺递本质上依然属于急脚递，其传递速度基本上与急脚递相当，一般为350里/昼夜，有时也会根据需要或者是文书性质的不同，做不同的要求。宋代西南区域各类通信文书的传递速度，见表4－1。

---

① 徐松：《宋会要·方域》10之21，第7484页上栏。
② 笔者认为虽然急脚递既有铺兵乘马传递，又有铺兵步行传递，但是考虑到本区域大多是山区，地形复杂，道路崎岖，所以特定地点的某些时期，急脚铺兵步行奔走传递文书可能会比乘马传递要快再加上有宋一代尤其是南渡以后，马匹问题一直困扰宋廷，综上，在宋代的西南区域急脚递采用铺兵步行传递的方式可能比其他区域要多。

表4-1 宋代西南区域各类通信文书的传递速度

文书通信种类	传递速度（里/昼夜）	备注	资料来源
步递	200		《长编》卷457，元祐六年四月丁酉条
马递	300		《长编》卷457，元祐六年四月丁酉条；《宋会要·方域》10之25；《永乐大典》卷14575《金玉新书》
马递	400	仁宗时要求速度	《长编》卷67，皇祐元年十月壬午条；《宋会要·方域》10之22
马递	500	传递赦书速度	《长编》卷457，元祐六年四月丁酉条；《宋会要·方域》10之25；《庆元条法事类》卷17《文书门一·赦降》
急脚递	400		《梦溪笔谈》卷11；《宋会要·方域》11之9；《永乐大典》卷14575《金玉新书》
急脚递	500	仁宗时要求速度；徽宗宣和时传递"御笔指挥"速度	《长编》卷67，皇祐元年十月壬午条；《宋会要·方域》10之22；《宋会要·方域》10之32
金字牌递	500		《梦溪笔谈》卷11；《宋会要·方域》11之17
斥堠铺	350		《永乐大典》卷14575《汪玉山集》
摆铺	350		《宋会要·方域》11之20；《宋会要·职官》51之35
摆铺	300	传递枢密院黑漆红字牌速度	《宋会要·兵》29之48

说明：

① 表中备注栏未作说明的速度即为其一般速度；

② 建炎三年立斥堠铺后，步铺、马铺、急脚铺诸递铺渐趋统一，通称"省铺"，传递速度相应均有所降低；

③ 绍兴四年置摆铺后，斥堠铺的传递速度有所降低，或与当时急脚递速度不相上下。

通信文书在传递过程中一般是由一名铺兵负责送往下一递铺。但是某些特殊的通信文书出于保密和保险的需要，以及由于某些路段环境险恶，需要保护铺兵，必须派遣两名铺兵同时传递。前者包括"其御前急递，并尚书省、枢密院、入内内侍省、御药院、经略安抚、都总管司急递文书"；后者则是铺兵夜晚传递文书，或者要经过险恶道路者，如"山坂险峻、河涧泛涨，或有猛兽之类"①。当然，御前不入铺金字牌文书在传递过程中，还有其他特殊的要求。例如，要求传递金字牌文书时"不以昼夜，鸣铃走递"，即铺兵在传递金字牌文书的时候需手持一铃铛，无论白天还是夜晚，要一边奔驰一边摇铃。估计这样要求的目的之一就是告知路上的行人应及时避让，保证铺兵流畅地通过，以便减少其路途耽搁，节省传递时间，提高传递速度。"鸣铃走递"的另一个目的是提前告知下一递铺，因为传递金字牌文书时还要求"前铺闻铃，预备人出铺，就道交受"，即下一递铺听见铃声后，要提前做好准备，派铺兵在道路上交割文书，不得耽搁，即时送往下一递铺。而且，金字牌文书及"朝廷发下应干军期文字"，必须"即刻走传"，即使是恰巧遇到递铺内无铺兵，也必须"令所至州军专差得力人三名走传前去"。②

铺兵完成传递任务以后，要及时回铺。具体来说，就是铺兵到达下一递铺，文书交割完成后，该铺的曹司或者节级在铺兵的"随身小历批注回铺日时"；铺兵按时返回本铺，"本铺批注到铺日时"。③ 这可能主要是为了保证递铺有充足的铺兵，以便及时的交接文书并且传递。如果递铺"缺人应越过者"，铺兵可以不及时返回递铺，而继续往下传递，并且"逐铺批录事因，及发遣日时"④。除此

---

① 《永乐大典》卷14575《金玉新书·急递》，第94条；谢深甫：《庆元条法事类》卷17《文书门二·架阁》，第4册第123~124页。

② 徐松：《宋会要·方域》10之51，第7499页上栏。

③ 《永乐大典》卷14575《金玉新书·急递》，第54、80、113条。

④ 《永乐大典》卷14575《金玉新书·急递》，第94条；谢深甫：《庆元条法事类》卷17《文书门二·架阁》，第4册第123－124页。

以外，铺兵如不及时回铺，或者本铺批注到铺日时不实，或者下一递铺批注回铺日时不实等，均应惩处。当然，考虑到节省人力以及马力的需要，铺兵回铺的速度要求相对要低，急脚递和马递甚至降低到步递的要求。"诸急脚、马递铺兵承传递角、官物，及递马已至所诣而回者，依步递计里。"①

通信文书在传递过程中，因主观或者客观原因，难免会有所损失。如果损失轻微，仅是"封头皮、纸角但有损动破污"，由"所至铺分押赴本［巡］辖使臣，或所属州县究治"，即由本铺与原来传递的铺兵一同将文书送至所在州县或巡辖使臣处处理，然后"画时重添封印，仍别出引批凿交割"传递，并"具公文递行"，详细写明破损情况，随文书一同传递；如果是被偷拆，导致"亡失文书者"，州县或巡辖使臣等官员"躬亲拆开，将内引数目点对，据见在文字物色重封交割前来。其所少名件，即就便根勘行遣，牒报逐处"，并且要"速报元发递官司"。② 其实，除了少部分在传递过程中丢失的情况以外，大部分亡失文书都是铺兵在传递过程中盗匿、弃毁、私拆的。这种情况会严重影响宋代西南区域文书通信系统的保密性和安全性。所以，宋廷高度重视，防范铺兵沿途盗匿、弃毁、私拆所传递文书，并制定了很多法令予以约束。仅《金玉新书·急递》就记录了 12 条有关盗匿、弃毁、私拆递角的法令，占整个《急递门》所收录全部法令的 1/10 还多。③

四、通信文书的交接

通信文书的交接包含两种情形，一是传递过程中递铺与递铺之

---

① 《永乐大典》卷 14575《金玉新书·急递》，第 79 条。
② 《永乐大典》卷 14575《金玉新书·急递》，第 72 条；徐松：《宋会要·方域》10 之 21~22，第 7484 页上栏~下栏。
③ 《永乐大典》卷 14575《金玉新书·急递》，第 38、46、48、49、73、86、102、109、111、116、117、118 条。

间的交割,二是传递到终点的接收。在宋代对通信文书的交接也有较为详细的法令和规程予以约束。

首先,递铺与递铺之间的文书交割有详细的规程。各类文书尤其是急递类文书,往往事涉机密,最为紧急,必须"逐州递相交割,不得稍有住滞"①。"所至无故不实时交割,或行用钱物令越过者徒一年,受财而为越过者减二等,并许人告。"② 在宋代,递铺与递铺之间的文书交割,主要是检查递角的封印和文引,并详细登记在递铺的文历上。遇有文书传递来,递铺的曹司或者节级先检查即"验封印,及外引牌子"③。如有破损,按照前述文书损失的程序处理;如无破损,即可交割,并将"日时、名数抄上大历,誊入小历",即完成交割,随即由铺兵传递下铺。关于递铺的文历,应属于递铺的工作日志一类。往来传递的文书都要详细记录于其上,以备巡辖使臣及县尉等点检,也是考核递铺工作优劣,进而奖励或者惩罚该递铺铺兵、曹司、节级,乃至相关巡辖使臣和县尉的依据。一般步递铺应该会有一份文历,急脚递铺除了递铺所属的文历(又称大历),铺兵还有一份小历,用以专门登记该铺兵往来传递情况。"诸急脚、马递铺给大历,人给小历(急脚铺别给御前急递及尚书省、枢密院、入内内侍省、御药院往还小历)。本州预于前一月中旬,以官纸用印,递付逐铺节级分授。"④

递铺间的文书交割,在路分及州县间的两界首铺交割较为特殊。因为两界首铺不隶属于同一行政单位,所以重视程度,以及点检编排不易,容易滋生弊端,导致文书不能正常交割,甚至沉匿、亡失

---

① 徐松:《宋会要·方域》10之51,第7499页上栏。
② 徐松:《宋会要·方域》10之35,第7491页上栏。
③ 《永乐大典》卷14575《金玉新书·急递》,第72条;徐松:《宋会要·方域》10之21~22,第7484页上栏~下栏。
④ 《永乐大典》卷14575《金玉新书·急递》,第94条;谢深甫:《庆元条法事类》卷17《文书门二·架阁》,第4册第123~124页。

文书。例如，孝宗乾道九年（1173年），荆南都统秦琪所发狭字号递角，"江西浩港铺则云三月二十五日申时六刻传过，江东竹岭铺却云四月十二日卯时一刻于浩港铺得之。两铺才去十里，凡差十六日六时四刻，其弊盖出于此"①。故而，宋廷高度重视两界首铺通信文书交割的管理。除了正常的检查、交割、登记以外，还要求两界州县的县尉和巡辖使臣，必须"每季互相取历磨勘"②。嗣后，又多次申明条禁，不断强调和要求。"狭字号递角事件"之后，"于见置摆〔铺〕处两路界首，通差识字使臣一员，就彼置立直舍，专一置簿抄往来递角寔过界月日时刻、传递铺兵姓名，以备官司取索"，并从浙西至四川界首共增置巡辖使臣五员。③

其次，文书传递到终点，由发到省司接收。同样也需要检查有无破损，并登记在历，注明详细情形，以备查阅。若有违反上述规程者，仍依律惩处。

第三节　文书通信的管理体系

宋代文书通信的管理体系大致可以分为中央省院共管、地方三级管理和使职差遣督责管理三部分。

一、中央省院共管

在宋代，中央承担文书通信管理职能的最高机构有两个：一是尚书省兵部，二是枢密院。不过，这种管理制度在元丰改制前后有所变化。

---

① 徐松：《宋会要·方域》11之36，第7518页上栏。
② 《永乐大典》卷14575《金玉新书·急递》，第94条；谢深甫：《庆元条法事类》卷17《文书门二·架阁》，第4册第123~124页；李焘：《长编》卷458，元祐六年五月丁丑条。
③ 徐松：《宋会要·方域》11之26，第7513页上栏。

宋初，沿袭唐五代旧制，设立尚书省诸部。但是，宋朝实际实行的是官、职、差遣相分离的职官制度。尚书省诸官只是名誉官位，并无职掌。所以，宋初之时与唐朝由尚书省下属兵部的驾部掌管全国文书通信工作不同，全国文书通信的最高管理机构实际上是枢密院。据《宋史》记载："枢密院掌军国机务、兵防、边备、戎马之政令，出纳密命，以佐邦治"。枢密院下设十二房，分掌诸事。其中"教阅房，掌行中外校习，封桩阙额请给，催督驿递及湖南路边防"①。

元丰改制后，"循名责实"逐渐恢复三省职掌。② 尚书省的兵部亦成为管理全国文书通信工作的中央机构。兵部所属的驾部郎中及员外郎，"掌舆辇、车马、驿置、厩牧之事。大礼，戒有司具五辂。凡奉使之官赴阙，视其职治给马如格。官文书则量其迟速以附步、马、急递"。③ 如此，则形成宋代全国文书通信工作由枢密院和尚书省共同管理的局面。张可辉和叶美兰先生称之为"中央省院共管"④。

根据上述《宋史》的记载，可知枢密院的教阅房主要掌管全国文书通信工作的"驿马发放，颁发驿递符牌，制定驿递条例，委派巡辖使臣，监督检察重要军期文报的传递情况"；而尚书省的兵部主要负责文书通信工作的"规划措置，申饬条约，责立程限，裁减冗员，增补

---

① 脱脱：《宋史》卷162《职官志二》，第3798页。
② 关于元丰改制的研究成果，较具代表性的有：周曲洋：《奏钞复用与北宋元丰改制后的三省政务运作》（《文史》，2016年第3期）、刘后滨：《"正名"与"正实"——从元丰改制看宋人的三省制理念》（《北京大学学报（哲学社会科学版）》，2011年第2期）、罗祎楠：《论元丰三省政务运作分层机制的形成》（清华大学硕士学位论文，2005年）、谭凤娥：《论元丰改制》（湖南师范大学硕士学位论文，2004年）、葛桂莲：《论元丰改制在中国古代官制发展变化中的作用》（《甘肃社会科学》1996年第4期）、龚延明：《北宋元丰官制改革论》（《中国史研究》1989年第4期）、秦邕江：《试论北宋元丰年间的官制改革》（《学术论坛》，1983年第4期）等文，以及台湾学者张复华的著作《北宋中期以后之官制改革》（台北：文史哲出版社，1991年版）。
③ 脱脱：《宋史》卷163《职官志三》，第3856页。
④ 张可辉、叶美兰：《宋代急脚递之创设及其管理、驿令考述》，《南京邮电大学学报（社会科学版）》，2015年第3期，第69页。

人兵，和买递马，检查邮驿，并将人马变动情况每月报尚书省"①。

二、地方三级管理

在西南区域，文书通信工作的地方管理同其他区域一样，实行路、州（府、军、监）、县三级管理，即所谓"驱催以知县，点检以通判，逐路以监司提举之"②。

成都府路、夔州路等西南区域的诸路文书通信的最高统领长官为"某路提举马递铺"。据《庆元条法事类》记载："诸提举马递铺，转运司长官兼。如改移、事故，本司缺官者，提点刑狱司兼，并系入衔。"③ 可知，提举马递铺官一般是由各路的转运司即漕司的长官转运使兼任，如果因官员改任或者去职等，遇有出缺情形，转运司无官提举，也可以由该路的提点刑狱司即宪司长官提点刑狱公事兼任。当然，此职有些特殊时期也会以转运使副、转运判官，甚至是非曹、宪两司的仓司长官提举常平兼任。诸路提举马递铺官的主要职责是统管辖区的文书通信工作，如"督责巡辖使臣，招填缺额铺兵，驱磨递角毋或违慢"④，"委所部州军通判、签判，遍诣管内点检"⑤，确保通信文书"即时传送，不得违滞"。

诸州（府、军、监），一般是由通判负责点检递铺，管理文书通信工作。不过，有时为明确责任，切实改善和提高诸州管理文书通信工作的能力，知州也要提辖递铺。例如，孝宗淳熙六年（1179年），"诏江西、福建、湖南、二广知通并以提辖本州界分诸铺递角入衔。"⑥ 诸州通判或者知州的主要职责是点检通信文书的违滞情况，

---

① 刘广生：《中国古代邮驿史》，第 298－299 页。
② 徐松：《宋会要·方域》11 之 12，第 7506 页上栏。
③ 谢深甫：《庆元条法事类》卷 4《职制门一·职掌》，第 1 册第 55 页。
④ 徐松：《宋会要·方域》10 之 42，第 7494 页下栏。
⑤ 徐松：《宋会要·方域》11 之 27，第 7513 页下栏。
⑥ 徐松：《宋会要·方域》11 之 28，第 7514 页上栏。

督责和考核所属巡辖使臣和县尉履行职责,并申报该路的提举官复核。如"诸急脚递承传御前不入铺及金字牌文书,月终通判驱磨"①;"月具所传文字名件有无违戾,申(路)提举点检官,提举点检官复行审实,月申枢密院";"点检稽违,次月一日纳本州,当日委通判磨勘,限十日毕,具有无稽违并巡辖使臣、县尉曾无检查书历报州,仍封历同送本州架阁,及申提举官季一点检"②;并于每岁年终,"以巡辖使臣、县尉所管界内急脚、马递铺承传递角总数驱磨稽违名件,率计分厘",③ 考核所属巡辖使臣和县尉履职情况,作为巡辖使臣和县尉处分或者褒奖乃至转官的凭据。此外,铺兵钱粮发放,铺舍修理,对犯罪铺兵及曹司的处理,等等,也由州负责办理。如"诸急脚、马递铺兵级所请钱粮并就本州勘给,仍委通判检察支请日分,每月取领足状类申转运司。"④ 例如,张齐贤通判衡州时,就要负责管理衡州的文书通信工作,自江陵至桂州的水递铺夫,因"湘江多巨潭险石,而程限与陆铺等,或阻风涛阴雨,率被笞捶"⑤。

县是宋代西南区域文书通信系统的直接管辖机构,涉及文书通信工作的方方面面,管辖事务繁多,不仅知县或县令要"皆于衔内带驱催递角"⑥,而且县丞、县尉,乃至主簿均需任责,参与其中。其实,早在宋初之时,各县并未承担如此众多的文书通信管理责任,只是委派县尉检察往来传递的通信文书有无稽违、延迟,"递角稽迟,在法止是县尉、巡辖使臣有立定赏罚条格,而县官皆不任责,亦无劝赏";但是,这一体制往往会导致,县官"坐视违滞,并不检

---

① 《永乐大典》卷14575《金玉新书·急递》,第71条。
② 谢深甫:《庆元条法事类》卷17《文书门二·架阁》,第4册第123~124页。
③ 《永乐大典》卷14575《金玉新书·急递》,第82条。
④ 《永乐大典》卷14575《金玉新书·急递》,第58条。
⑤ 脱脱:《宋史》卷265《张齐贤传》,第9150页。
⑥ 徐松:《宋会要·方域》11之13,第7506页下栏。

察"①。所以，宋廷逐渐增重县一级的事权，参与文书通信管理工作。真宗咸平六年（1003年），诏令"京东西、河北、河东、陕西、淮南诸县令兼知馆驿使"②，县官开始参与其中，并逐渐演变为"皆于衔内带驱催递角"；到徽宗政和三年（1113年），"并令知县、县丞、主簿同共管辖巡察"，且立定赏罚条格，"任满及岁终，以所管界内急脚、马递铺承送递角赏罚。内知县、丞比县尉各减一等，即无可减降及主簿并同县尉法"③。县作为文书通信系统的直接管辖机构，其职责涉及文书通信工作的方方面面，诸如"措置递角，招足铺兵，修盖营舍，私役有禁，衣粮不缺，驱催以知县"④；"若于兵卒差补不足，衣粮不支，支而踰期，或容纵人侵削，责任县令"⑤；"诸递马额缺，巡辖使臣当日申州，限二日给填。无官马者，委本县令和买，仍限三日"；"诸急填递马，当职官体度正路紧急马铺先支，余以次给。仍并遣所属令佐亲临分探，给之"；"诸急脚、马递铺营房（马房，同）损缺，曹司、节级当日申县，令、尉依一日检计申州，并功修葺。遇替移交割有未修者，旧官修毕听离任。每季具申到损缺、及兴修毕功月日，申提举官点检"⑥。并且，政和令也详细规定了修缮和营造铺舍的资金出处、材料购置及关报等级等详细具体的问题。⑦

三、使职差遣督责管理

在宋代的西南区域，还有许多巡辖使臣、中央或地方临时差遣的官吏督责管理文书通信系统的正常运作。

---

① 徐松：《宋会要·方域》10之30，第7488页下栏。
② 徐松：《宋会要·方域》10之13，第7480页下栏。
③ 徐松：《宋会要·方域》10之30，第7488页下栏。
④ 徐松：《宋会要·方域》11之12，第7506页上栏。
⑤ 徐松：《宋会要·方域》10之41，第7494页上栏。
⑥ 《永乐大典》卷14575《金玉新书·急递》，第18、19、67条。
⑦ 徐松：《宋会要·方域》10之33，第7490页上栏。

巡辖使臣是专职的检查人员，按路设置，一般不得兼他职，由路提举马递铺官领导。北宋前期，每千里以上设置巡辖使臣一员。①然而辖地太广，不能很好地履行其职责，及时往来巡察和督促。徽宗政和三年（1113年），责成"诸路提举官将所添使臣，以及州军远近、道路顺便接连去处"，重新规划，每千里设置一员。经过这次调整，全国共增添巡辖使臣19员，其中主要是在西南区域添置，共添置15员。政和三年西南区域巡辖使臣添置表，见表4-2。

表4-2 政和三年西南区域巡辖使臣添置

地区	范围	旧有使臣数	新置使臣数	合计
荆湖南路	潭、衡、邵州及武冈军	4	0	7
	永、全、道、郴州及桂阳监3085里	2	1	
梓州路	7400余里	4	3	7
夔州路	6500余里	3	4	7
利州路	4100余里	6	0	6
广南西路	海北23州，计12600余里	6	6	13
	海南琼州、昌化军、万安军、朱崖军共4州军	0	1	

说明：① 本表数据依《宋会要·方域》10之29"政和三年二月二十九日尚书省札子"和《永乐大典》卷14574所记录的《宋会要》部分内容；
② 成都府路和荆湖北路未见筹划，即未录入。

南宋初立，文书通信系统混乱，巡辖使臣人数有所增多。高宗绍兴三十二年（1162年），甚至"每十铺添差巡辖使臣一员"，并责令递铺节级随时检查。孝宗乾道三年（1167年），为强化和提升摆铺

---

① 巡辖使臣具体设置于何时，暂不可考。《宋会要·方域》10之20记载：真宗天禧三年（1019年）五月，屯田员外郎上官必上奏朝廷："诸处巡辖马递铺使臣，多权差勾当职外公事，望自今免废本职。"并得到朝廷采纳实施。据此可以推知，在天禧三年之前的相当一个时期，宋朝就设置了巡辖使臣。

第四章　宋代西南区域文书通信系统的运行与管理

的文书通信效率，又于每三铺置巡辖使臣一员，"专一部辖，稽察催促"①。但是，以上措置条令的具体执行情况诸路有所差异，特别是地处西南的本区域的设置情况不甚理想；或者说大部分地区应该没能具体实施，递铺巡辖使臣的设置标准应该还是以州为单位。嗣后，宋廷也多次测量地理远近或者随事迁移，增置巡辖使臣，如乾道八年（1172年），本区域夔州路的珍州、荆湖北路的澧州均再置巡辖使臣一员②；九年（1173年），自浙西至四川诸路，每路界首添置识字的巡辖使臣共五员，专门点检两路界首递角稽滞情况③。

巡辖使臣的职责主要是巡察下辖递铺的通信文书传递有无稽迟，保证通信畅通无阻。并且具体规定了巡辖使臣的巡察要求："诸巡辖马递铺使臣，地分五百里以下，限三十日巡遍，仍诣邻界一铺，取历点检，不得巡经宿；一千里以下六十日；过一千里，九十日；过二千里者，半年（兼管他职，有要切公事，不用此限）。每巡遍至廨宇（监司住所）所在，无故不得住过十日，经历州县不得住过二日。④"巡辖使臣必须躬亲前往诸递铺巡察，不得无故将递铺曹司或簿历调取来查对。而且，检查完毕后，须"于历内书所到月日，及点检违滞事因"⑤。当然，巡辖使臣有时也负责检视往来文书破损、丢失情形，通信文书交接，铺兵、递马缺额、多余或不足，点检草料，以及"因州县、镇寨兴废，或道路更易，及官物、文书随事多寡"而及时提出调整措施等。各项巡察结果必须按照规定的程序上报，失察要负相应的责任。

---

① 徐松：《宋会要·方域》11 之 19，第 7509 页下栏。
② 徐松：《宋会要·方域》11 之 23，第 7511 页下栏。
③ 徐松：《宋会要·方域》11 之 26-27，第 7513 页上栏~下栏。
④ 谢深甫：《庆元条法事类》卷 6《职制门三·批书》，第 1 册第 164 页。
⑤ 《永乐大典》卷 14575《金玉新书·急递》，第 96 条。

此外，从中央到地方还会临时委派一些官吏督责各路文书通信。如神宗熙宁四年（1071年），赵纳被差遣前往陕西点检马递铺①；熙宁八年（1075年），"差内侍一人点检"从京城到广南西路邕、桂的急脚递铺②；元丰元年（1078年），令陕西提点刑狱差员点检马递铺人马③；哲宗元符二年（1099年），"令入内内侍省添差使臣一员，自永兴军以西至鄯州以来，专一沿路提举、点检、根磨、催促传送熙河兰会路及鄯州、湟州应收复城寨等处往来急递文字"④。

第四节　文书通信的法律体系

一、宋代以前文书通信法律概述

为了方便邮驿、提高通信效率，从商周时代开始，就制定了相应的通信制度。殷墟甲骨文中即有些许残遗。

秦统一后，在沿袭商周通信制度基础上，又创置了一套严格的通信规章，并且用法律条文的方式固定下来，此即通常所称的《秦邮律》，可以说是我国甚至世界上最早的文书通信法律。湖北云梦睡虎地秦墓竹简中，就有《秦邮律》的残卷，如《仓律》《传食律》《司空律》《内史杂律》《行书律》等。其中，涉及文书通信的法规大体上分为四类，即公文传递、乘传禀给、传车马及传舍管理和对乘传官员的管理。

汉代的文书通信法令都收在《厩律》中。因该律已佚失，现在考察汉代文书通信法律主要是利用出土的简牍档案，如居延汉简、

---

① 徐松：《宋会要·方域》10之23，第7485页上栏。
② 李焘：《长编》卷271，熙宁八年十二月丁未条；徐松：《宋会要·方域》10之24，第7485页下栏。
③ 徐松：《宋会要·方域》10之24，第7485页下栏。
④ 李焘：《长编》卷516，元符二年闰九月癸酉条。

第四章 宋代西南区域文书通信系统的运行与管理

悬泉置汉简；还有相关史籍文献，如《汉书》《史记》《后汉书》等。但其中有关通信法律的记载甚少，仅有的几条残文，也不能反映当时文书通信法律的概貌。

三国时期，曹魏在文书通信法律领域最大的建树是制定和实施了《邮驿令》。《邮驿令》主要包括军事布阵中的声光通信、"遣使于四方"的传舍规定，以及禁止与五侯交通的政治禁令等。这是我国历史上第一部专门的文书通信法律。

唐高宗永徽年间，文书通信的法律条文散见于《职制律》《厩库律》《诈伪律》和《杂律》。几乎涉及文书通信的各个方面，如规定各单位经办公文的时日、通信文书的封装、普通文书以及紧急文书的传递程限、误投以及稽程的惩罚、为保证通信安全详细规定了毁弃以及私拆通信文书的惩罚，甚至对通信工具和文书通信的硬件设置的养护和使用都做了种种规定。

二、"以法治邮"的宋代文书通信法律

自商周到隋唐，历代文书通信法律为宋代的文书通信法律提供了借鉴。故而，五代之后的赵宋王朝在文书通信法律建构方面做了诸多努力，既有继承前代，又有除旧布新之创举。"以法治邮"形成完善的文书通信法律体系即是其中一个重要方面。宋代，涉及文书通信的重要法律主要有：《宋刑统》《嘉祐驿令》《马递铺特支式》《大观马递铺敕令格式》《庆元条法事类》和《金玉新书·急递》等。

（一）《宋刑统》

太祖建隆三年（962年），修订的新刑统，名为《建隆重详定刑

统》，简称《宋刑统》，共12篇，213门，502条。① 与文书通信有关的律文共12条，基本上是唐律的翻版。然而，与唐代相比，宋代的文书通信制度已发生较大变化，如递铺系统从馆驿系统中独立出来成为专门的通信机构、急递铺从临时性的紧急文书通信组织逐渐转为常设等。但是，上述诸多变化在《宋刑统》中没有反映，而宋代已经废除的一些制度却又载入其中。从一定程度上说，该刑统有关文书通信的法律条文在回溯研究唐代文书通信方面具有较大参考价值，然而却不是宋代"以法治邮"的真实记录。因而在研究宋代西南区域文书通信，尤其是文书通信法律问题时，参考应慎重。

（二）《嘉祐驿令》

仁宗嘉祐三年到四年（1058—1059年）由枢密院指定掌券司编成的一部驿递法令，共74条，分上、中、下三卷。该法令编撰的原因是"内外文武官，下至吏卒，所给券皆未定，又或多少不同"，于是"会萃多少而纂集之"，"赐名曰嘉祐驿令"。② 所以这部法令主要是关于乘驿的种种规定，涉及文书通信的内容主要是详细规定了各种传递牌的验证和使用方法。可以说，《嘉祐驿令》首开宋代驿递法令之先河③，其中有关通信牌符的法律条文真实记录了宋仁宗时期的通信状况，其价值尤为重要，可惜现已散佚。

（三）《马递铺特支式》

据《宋史·艺文志》记载，宋代曾颁行《马递铺特支式》，共二卷。④ 该法令的后一条法令是《熙宁新定诸军直禄令》，前条是编敕《熙宁新编大宗正司敕》，前前后后的法令基本都是神宗熙宁年间

---

① 有关《宋刑统》的具体状况可参阅李俊《〈宋刑统〉的变化及法史料价值探析》（《吉林大学社会科学学报》，1998年第5期）、戴建国《〈宋刑统〉制定后的变化——兼论北宋中期以后〈宋刑统〉的法律地位》（《上海师范大学学报》，1992年第4期）等文论。
② 李焘：《长编》卷198，嘉祐四年春正月壬寅条。
③ 胡文悼：《中国古代的邮驿法规》，《中国邮政报》，2006-03-31（6）。
④ 脱脱：《宋史》卷204《艺文志三》，第5141页。

(1068-1077年）颁行的法令。所以，据此可以推知《马递铺特支式》应是宋神宗熙宁变法时期，对马递铺法令的一次变革和调整。甚至可以看作是与《嘉祐驿令》相呼应，而颁行的递铺法令。前者专门针对乘驿，后者则规范马递铺，都是北宋时期行用的重要驿递法令。同样也已散佚。

（四）《大观马递铺敕令格式》

徽宗大观元年（1107年），尚书省重新修订马递铺律法，将有关马递铺的敕、令、格、式、申明、看详等汇集编排，其中"《敕》《令》《格》《式》《申明》对修总三十卷，并《看详》七十卷"①，共一百卷，以《大观马递铺敕令格式》为名，镂版刊行。该文书通信法令同样也已散佚。

（五）《庆元条法事类》

宁宗嘉泰二年（1202年），谢深甫等编成《庆元条法事类》，原八十卷，现存残本仅38卷。涉及驿递的律、令、格、式共43条，其中有关奉使驰驿的24条，有关文书通信的19条，涉及通信职官与管理、文书传递程限及稽程惩罚、通信从业人员的缺补、通信设施的使用及养护等方面。这些法令条文，较为真实地记录了南宋中期文书通信的相关状况，为研究宋代西南区域文书通信问题提供了重要资料。

笔者根据《庆元条法事类》，将其中有关文书通信的法令移录如下，略加标点，以便引用。其中"（）"括号为原文小字双行夹注内容，"[]"括号为笔者增补或修订原文的内容，"【】"括号为笔者注释的法令出处或类似法令的出处。

（1）诸提举马递铺，转运司长官兼。如改移、事故，本司缺官者，提点刑狱司兼，并系入衔。【卷4《职制门一·职掌》，第1册第

---

① 徐松：《宋会要·刑法》1之22，第6472页上栏。

55 页。】

（2）诸使人乘递马赍文书，而在道病不能进者，其所赍文书，令同行使人赍；无同行使人者，所在及缘路州郡官传送；应密者，选差，仍并具奏及申尚书省或枢密院。【卷5《职制门二·奉使》，第1册第90页。】

（3）诸巡辖马递铺使臣，地分五百里以下，限三十日巡遍，仍诣邻界一铺，取历点检，不得巡经宿；一千里以下六十日；过一千里，九十日；过二千里者，半年（兼管他职者，有要切公事，不用此限）。每巡遍至廨宇（监司住所）所在，无故不得住过十日，经历州县不得住过二日。提举官给印纸，所至州县批书到发日时，每季申廨宇所在州磨勘，具有无稽违申，提举官取索印纸覆行点检。【卷6《职制门三·批书》，第1册第164页。】

（4）诸递马州县及巡辖使臣检去臕分、死者，批使臣印纸。【卷6《职制门三·批书》，第1册第165页。】

（5）诸巡辖马递铺使臣不得差兼他职。遇缺未差到正官者，许提举官于场务、监管二员以上，课利不亏处及无违碍可差官内选差权摄。其赏罚、约束，并依正官法。【卷6《职制门三·权摄差委》，第1册第201页。】

（6）诸承受枢密院转宣札子，即时誊写行下，以元降宣札实封传递。以次官司，各不得过二日。其最后承受官司，誊行讫，缴纳本院，不得泄露。【卷16《文书门一·诏敕条令》，第4册第74－75页。】

（7）诸大礼御札已到，而犯强盗、持伏窃盗、强奸、谋杀人、殴人折伤以上（谋杀、折伤，谓至死，应为正犯者），各罪至徒，官吏犯入己脏，急脚、马递铺兵级、曹司藏匿、弃毁、私拆递角，或将带逃亡官司故稽缓刑狱公事命官亡身送还人（丁忧不解官送丧柩人同）擅自归，或逃亡及部辖、将校、节级并为首率众者，不以大礼赦原减。【卷16《文书门一·赦降》，第4册第80~81页。】

(8) 诸降赦入马递,日行五百里。【卷16《文书门一·赦降》,第4册第85页。】

(9) 诸急脚、马递铺给大历,人给小历(急脚铺别给御前急递及尚书省、枢密院、入内内侍省、御药院往还小历)。本州预于前一月中旬,以官纸用印,递付逐铺节级分授。遇有传送,以日时、名数抄上大历,誊入小历。其御前急递,并尚书省、枢密院、入内内侍省、御药院、经略安抚、都总管司急递文书,及夜过险恶道路(谓山坂险峻,河涧泛涨或有猛兽之类),并差贰人共送前铺交讫,具时辰批回。缺人应越过者,逐铺批录事因,及发遣日时。巡辖使臣并本县尉到铺点检稽违,次月一日纳本州,当日委通判磨勘,限十日毕,具有无稽违并巡辖使臣、县尉曾无检查书历报州,仍封历同送本州架阁,及申提举官季一点检。其逐州县并巡辖使臣,界首铺每季互相取历磨勘。【卷17《文书门二·架阁》,第4册第123-124页。】

(10) 诸弃毁交钞、递牒、便钱、公据、请给券历者,论如害书律(主自毁交钞、便钱、公据者不坐),即弃毁及亡失付身制书、官文书,止坐弃毁及亡失之人。【卷17《文书门二·毁失》,第4册第135页。】

(11) 诸主行吏人,若专副毁失交钞、递牒、便钱、公文者,论如重害文书律,仍勒停,有情弊者永不收叙。【卷17《文书门二·毁失》,第4册第135页。】

(12) 诸急脚、马递铺兵级、曹司将所传制书,或诸军补授文帖,卖与人赍发,并买之者,各徒二年。余文书,减三等。并许人告。【卷17《文书门二·质卖》,第4册第151-152页。】

(13) 告获急脚、马递铺兵级、曹司将所传制书,或诸军补授文帖,卖与人赍发,并买之者,钱三十贯。(余文书,减半。)【卷17《文书门二·质卖》,第4册第153页。】

(14) 诸安化军归明人有书信、财物寄本家者,申纳所在州县,发书勘验，录书讫，以元书通封。见钱于军资库寄纳、取收，附状同书，封角入递（余物准此。金帛、衣服之类，仍差逐铺节级检传。），至广西经略安抚司。【卷78《蛮夷门·归明附籍约束》，第11册119~120页。】

（15）诸军马病，不堪医或十五以上不堪披带者，支马铺。（双溃者，不给沿溪河或山路铺。）及厢军将校（禁军、步军将校愿请换，而与厢军将校同日者，先给禁军、步军将校），管内不缺，申转运司，准此。又不缺，或不堪给填，及递马老病不堪乘用者，并估价卖。当职官岁首点检、填换。【卷79《畜产门·医料官马》，第12册第19页。】

（16）诸马铺收得别铺官马，隐藏过五日不申官者，计藏从盗法。即虽在限内而杀者，以盗杀论，配千里。【卷79《畜产门·杀畜产》，第12册第43页。】

（17）[告] 获马铺收得别铺官马，隐藏过五日不申官，或虽在限内而杀者，钱三十贯。【卷79《畜产门·杀畜产》，第12册第45页。】

（18）诸质卖急脚、马递铺兵级、曹司月粮（放债与其家者，同），依放债法。财物不追，并许人告。【卷80《杂门·出举债负》，第12册第56页。】

（19）告获放债与急脚、马递铺兵级、曹司及其家者，钱三贯。【卷80《杂门·出举债负》，第12册第59页。】

（六）《金玉新书·急递》

收录于《永乐大典》中的《金玉新书·急递》是宋代文书通信法律的汇集，而且是目前已知唯一传世的较完整的宋代文书通信法律汇编。

《金玉新书》不见于宋人著录，元修的《宋史·艺文志》也无载录。四库馆臣指出："《金玉新书》，二十七卷（永乐大典本）。不著撰人名氏,盖元时坊本也。其书凡大纲三十一门:一曰《民庶》,二曰《商旅》,三曰《僧道》,四曰《官制》,五曰《州县》,六曰《监司》,七曰《皇族》,八曰《遣使》,九曰《职任》,十曰《荐举》,十一曰《选试》,十二曰《推鞠》,十三曰《公吏》,十四曰《军防》,十五曰《督捕》,十六曰《仓库》,十七曰《场务》,十八曰《纲运》,十九曰《工役》,二十曰《功赏》,二十一曰《推赏》,二十二曰《职田》,二十三曰《朝享》,二十四曰《恩封》,二十五曰《仪制》,二十六曰《礼制》,二十七曰《给赐》,二十八曰《文书》,二十九曰《请给》,三十曰《急递》,三十一曰《贡献》。每门皆以二字为题,中又分子目,皆以六字为题。繁杂瞀乱,殊不足观。其曰《金玉新书》者,殆取金科玉律之意,立名亦未雅驯也。"① 所以《四库全书》未加著录,仅作存目处理,并留此题解。

关于该书,日本学者泷川政次郎②、仁井田陞③、今堀诚二④,以及中国学者刘广生⑤、戴建国⑥等曾有研究。其中尤以戴建国的研究最为翔实,显示了作者在宋代法律史领域的深厚功力。其文中指出:《金玉新书》是宋元时的书肆为迎合习法者的需要,私自抄录宋代的敕令格式而编撰的带有法律教科书性质的书籍。并进一步指出:该书有初编本和增补本之分,前者应是宋人取材于北宋法典——《元

---

① 纪昀总纂:《四库全书总目提要》卷84《史部·政书类存目二》,河北人民出版社,2000年,第2208页。
② 泷川政次郎:《宋元驿制记事——〈永乐大典〉所引〈金玉新书〉及〈经世大典〉逸文》,1942年B5。
③ 仁井田陞:《中国法制史研究·法的习惯 法的道德》,东京大学出版会,1980年补订版,第167-181页。(该书中译本已出版,仁井田陞著、牟发松译:《中国法制史》,上海古籍出版社,2011年。)
④ 仁井田陞、今堀诚二:《〈金玉新书〉及〈淳祐新书〉考》,《东洋学报》,第二九卷一号,昭和十七年二月。
⑤ 刘广生:《中国古代邮驿史》,第339~340页。
⑥ 戴建国:《〈金玉新书〉新探》,《古典文献与文化论丛》第2辑,杭州大学出版社,1999年5月。(后,该文收录于氏著《宋代法制初探》,黑龙江人民出版社,2000年。)

符敕令格式》而编撰，后者则是元人分别根据《庆元敕令格式》和《淳祐敕令格式》两次增补而成。因该书为书肆私撰，编撰态度并不严肃，造成体例混乱，远不如宋代官修的敕令格式那么严谨规范。因此，《四库全书》并未收录该书，所以随着《永乐大典》的散失，该书大部分已亡佚，仅余《封桩》《诸仓》和《急递》三篇比较完整的遗文，分别保存在《永乐大典》的第6524卷（第2598页下栏－2599页下栏）、第7512卷（第3407页上栏－3408页上栏）和第14575卷（第4654页上栏－6458页上栏）。

虽然，《金玉新书》存在诸多不足之处，也不像前几部法律是官修法典，但是，所记法令条文确为宋代文书通信领域行用的法令，史料价值较大。尤其是《金玉新书·急递》篇的遗文，是集宋代文书通信的敕、令、格、式汇编而成，共118条，涉及的范围很广。而且是目前已知唯一传世较完整的宋代文书通信法律汇编。所以，对今天研究宋代西南区域以及整个宋代的文书通信系统有较大的参考价值。笔者为引用方便，将残存于《永乐大典》第14575卷的《金玉新书·急递》加以标点，移录如下。

（1）诸急脚、马递铺每二十人补节级一名，人数虽不及，亦补一名；不及十人，邻近两铺共补一名（相去二十里以上者各补）。并以无疾病、不曾犯盗或徒刑及非配到，依次排遣。其马铺节级勿给。

（2）诸急脚、马递铺各差小分一名充曹司；无，即招填。其大分愿减充者，听。

（3）诸急脚、马递铺兵级五人为一保，不满五人者附保。【《长编》卷494"元符元年二月丁亥条"】

（4）诸招急脚、马递铺兵，先本处人；无，即招邻乡村人；又无，本县镇；若邻县人，年十六以上、无疾病人充；不许拣填别军。虽奉朝特旨冲改条禁指挥拣填，亦不得发遣。

（5）诸招急脚、马递铺兵，经历干系本辖人家人受乞减刳投军人财物，依正身法，与者杖一百。经历干系本辖人，准此。

（6）诸招急脚、马递铺兵，不预录减剋受乞投军人财物法晓谕及榜旗下者，杖八十；致犯人应配者，加二等。

（7）诸急脚、马递铺应用条制，每铺板榜晓谕，巡辖使臣以时检举。

（8）诸急脚、马递铺兵级、曹司将所传制书、诸军补授文帖，卖与人赍发，并买之者，各徒二年。余文书，减三等。并许人告。【《庆元条法事类》卷17《文书门二·质卖》，第4册第151-152页。】

（9）诸马递铺藏匿人马罪赏条格，本县检举出榜县镇、乡村、道店晓示。

（10）诸急脚、马递铺，干系人受乞减剋铺兵财物者，徒一年；一百文，徒一年半；一百文加一等，罪止徒三年。许人告。

（11）告获急脚、马递铺，干系人受乞减剋铺兵财物者，徒一年；钱三贯，每等加三贯（赏愈重者，徒重）。

（12）诸质买急脚、马递铺兵级、曹司月粮（放债与其家者，同），依放债法。其曹司质买本铺兵请给、赏赐者，准此。若家人放债与本铺兵，依节级家人法。以上财物不追，并许人告。【《庆元条法事类》卷80《杂门·出举债负》，第12册第56页。】

（13）诸马递铺藏匿人马不供换者，杖一百，改敕［刺］重难递铺。知藏匿而为容留隐避者，减犯人罪一等，并许人告。容留三人、匹以上（谓二人一匹之类），邻保及地分巡察人知而不告者，杖六十；其于空僻之处（窟控之类同）隐避，地分巡察人知而不告者，罪亦如之。

（14）诸递铺铺兵，告获马铺藏匿不供换人马者，给所告获马，改充马铺。

（15）诸马递铺藏匿人马，不供换应备赏，而有知情容留隐避者，其钱均理。

（16）诸急脚、马递铺兵承传文书稽违，或曹司承受递角积留不遣（节级知而不举，及失觉察，同），杖罪应解县者，限一日推断；徒以上，径申送州，限五日推断讫；并押回本铺（犯人该移降，或配，即先权差厢军填缺）。

（17）告获马递铺藏匿人马不供换，若知藏匿而为容留隐避者，每人或马每匹，赏钱五贯。

（18）诸递马额缺，巡辖使臣当日申州，限二日给填。无官马者，委本县令和买，仍限三日。约度合用价直［值］，以转运司钱桩管。不足，听于诸色官钱内借桩。

（19）诸急填递马，当职官体度正路紧急马铺先支，余以次给。仍并遣所属令佐亲临分探，给之。

（20）诸军及递马病，自申报日给草料四分，损日依旧，非脏腑病者全给。（谓如失节，患眼皆疮、疥癣之类。）【《庆元条法事类》卷79《畜产门·医料官马》，第12册第17页。】马铺节级所管马，至岁终无臕［膘］减、致死者，钱三贯。（所管不满十匹者，减半。）

（21）诸急脚、马递铺，因州县、镇寨兴废，或道路更易，及官物、文书随事多寡，而铺兵、递马有余或不足者，听巡辖使臣申州，量事挪移，即不得抽差它役（差本城代者，同）。【《宋会要·方域》10之31，第7489页上栏。】

（22）［告］获马铺收得别铺官马，隐藏过五日不申官，或虽在限内而杀者，赏钱三十贯。【《庆元条法事类》卷79《畜产门·杀畜产》，第12册第45页。】

（23）诸马铺收得别铺官马，隐藏过五日不申官者，计脏从盗法。即虽在限内而杀者，以盗杀论，配千里。【《庆元条法事类》卷79《畜产门·杀畜产》，第12册第43页。】

（24）诸军及马铺走失官马，三十日寻访不得者，杖一百。限外未决而得，及托人得者，除其罪。

（25）诸知情买马铺兵级盗卖递马，或受脏者，以盗论（各计已分）。知而为藏，若质卖者，减二等。许人告。

（26）诸马铺供马，不依历内次差发者，曹司、节级、马主各杖八十。即乘递马，而隔越差占不听执覆者，加二等。仍许本铺人告。

（27）诸乘递马，经铺无马差换，须越过至前路州县镇铺，又无马不即报所属和顾替换，而辄乘元马越过，及官司不为顾者，各徒二年。（合城递马、铺兵，诸所至铺承应替换而受乞财物，计脏轻者，准此。）

（28）诸马递铺遇别铺人马越过者，应借支日给口食草料而不即时给或减剋，罪轻者各杖一百，移重难铺。

（29）诸急脚马递铺，大、小历印违限，若本铺辄差赴所属请领者，各杖一百。

（30）诸马铺，州给木条印，责付曹司、节级专掌，唯因越过而关报则用之。每岁一易。旧印送州毁。

（31）诸递铺承传上供物样，违一时答五十，一日加一等，罪止徒一年；曹司、节级失觉察，而犯人至罪止者，杖八十；巡辖使臣，减一等；州县巡察官司催发人，减二等；巡检、县尉，各又减一等。

（32）诸急脚、马递铺曹司、节级差铺兵不依名次者，徒二年（共犯者，节级虽非造［故］意，仍为首），皆降配重难递铺。

（33）诸应差递铺铺兵而过数，及不应差而差（差受同），若差递铺擔擎而辄役急脚铺兵或曹司、节级者，各徒二年。

（34）诸马递铺供差递马铺兵，应取文书验实而不取验者，杖八十。

（35）诸乘递马而将曹司、节级随行者，杖一百。

（36）诸急脚、马递铺兵级、曹司差它役者（辄以承受发下递角为兵差占铺兵，同），各徒二年。发遣官司，减二等。

（37）诸急脚、马递铺兵，辄受雇若别作营运，妨执役者，各杖一百；知而雇之者，及曹司、节级容纵，与同罪。

（38）诸急脚、马递铺兵级、曹司，辄令家人，或雇倩人代名，及对换传承，若受之者，各杖八十。所代人有犯，依正身，法内枉法自盗，罪至死者，减一等，配本州；杀伤人者，以九人论；即盗匿、弃毁、私拆、稽留者，正身虽不知情，减犯人一等。

（39）诸官司差借或占留急脚、马递铺兵级承领文书，及搬擔官司物，物主亦借之者，各杖一百；搬擔一百斤，徒一年；每一百斤加一等，罪止徒二年。官物减一等。其应承传官物而夹带者，物主及巡辖使臣、兵级、曹司知情，罪亦如之。即失检点者，每五十斤笞四十，五斤加一等，罪止杖一百，仍止坐初承受铺。

（40）诸急脚、马递铺兵及曹司缺额，不依限申州，及本州差拨无故违限者，干系官吏各徒一年。十日以上，加二等。【《宋会要·方域》11之11，第7505页下栏。】

（41）诸急脚、马递铺底本、印簿，官司辄取索离铺，若供送者，各杖一百。若巡辖使臣至两界铺分，不取索邻界一铺文历点检，及铺兵、曹级避免点检，妄称诸处取索前去，准此。仍许两界提举司察举。

（42）诸马递承传文书，违一时杖八十，一日杖一百，二日加一等，罪止徒三年，配五百里重役处。致有废缺事理重者，奏裁。【《宋会要·方域》10之25，第7486页上栏】急脚递各递加二等，步递减马递五等。【《宋会要·方域》10之33，第7490页上栏。】

（43）诸急脚递承传御前不入铺及金字牌文书，而违不满时者，杖一百；一时，徒一年，配五百里；每一时加一等，至徒三年止，配千里并重役处。致有废缺事理重者，奏裁。曹司、节级失觉察，杖一百，巡辖使臣减一等。

（44）诸急脚、马递铺兵级逃亡，及首获者，本铺即时申所属。又巡辖使臣限次日申提举官。

（45）诸急脚、马递铺曹司、节级容留冲要铺逃亡人，冒承名额充役，而受乞财物，计赃轻者，降配重难递铺。

（46）诸传送军期重害机密递角，而盗拆者，斩。请求或教令开拆窥看者，各准此。以上并奏裁。仍许人告。【《宋会要·方域》10

之 22，第 7484 页下栏。】

（47）诸急脚、马递铺递送文书封印有损，或失外引牌子，若亡失文书（传递官物无人管押，而裹角封印损失，同），所至铺分辄遣越过者（因损失而妄作缺人越过，同），曹司、节级各杖一百。本 [巡] 辖使臣，或随处州县，承铺兵陈告不为受理者，与曹级同罪。即使臣、州县应究治封印递行，并报元发递官司，而不即施行者，杖六十。（铺兵被遣越过而能陈告官，虽有损失非自侵盗者，不坐。）

（48）诸急脚、马递铺曹司、兵级盗递角者，徒二年；重害文书，配五百里；从者配邻州。致军事废缺及机密文书，仍奏裁。请求或教令盗者，各准此。

（49）诸急脚、马递铺曹司、节级失觉察，铺兵盗匿、弃毁、私拆青词黄素制书，及重害机密文书递角者，杖一百。三犯，降配重难递铺。失觉察，急脚、马铺承传文书稽遣及五次，各罪至徒；或递铺五次，各罪止杖八十。

（50）诸急脚、马递铺曹司承受递角，辄积留而不即遣发者，杖一百；二十角以上，加一等；违时重者，论如承传文书稽违法。节级知而不举，与同罪；失觉察，减三等；罪止杖一百。

（51）诸递铺曹司、兵级盗承传官物，论如主守法，徒罪，配邻州。

（52）诸急脚、马递铺承传递角，每岁稽违计数通满五厘者，巡辖使臣、县尉各笞五十，使臣展磨勘一季、县尉降一季名次；满七厘，各加一等，使臣展磨勘半年、县尉降半年名次；满一分，各又加一等，使臣差替、县尉降一年名次；如曾点检得稽违递角及三厘者，各减一等；五厘，减二等；满一分，减三等。其展、减名次、磨勘、差替，自依元违分厘。

（53）诸急脚、马递铺兵承传递角、官物，若递马已至前铺，及所诣交讫，回铺违限一时，笞五十；一时，加一等。罪止杖一百。曹司、节级不切检举者，杖六十（铺兵罪轻者，减铺兵一等），巡辖使臣减三等。每半年，曹司、节级不检举铺兵违限三次者，杖一百，移重难递铺。巡辖使臣每岁失点检满三次以上，提举官劾罪，闻奏。

（54）诸急脚、马递铺承传递角、官物，若递马已至前铺，及所诣交讫，不于随身小历批注回铺日时者，各杖六十。即前铺及所诣应批注，而不以实者（本铺批注到铺日时不实，同），杖一百，许人告。

（55）诸急脚、马递铺承传急速文字，若官物，权差铺兵充贴铺事毕，而别差它役者，徒一年。

（56）诸急脚、马递铺兵级犯杖以上，罪情重者，急脚、马递铺降配递铺，递铺降配重难递铺，权差到军人者勒归本处重役。

（57）诸急脚、马递铺事非应当官究治，及所辖官应亲诣本铺点检，而辄勾进兵级、曹司者，杖一百。

（58）诸急脚、马递铺兵级所请钱粮并就本州勘给，仍委通判检察支请日分，每月取领足状类申转运司。铺兵愿就县勘给者，听。仍委县丞检察取领足状申通判缴申。

（59）诸马递铺量缺要预请口食、草料，不得过五十人匹，县各印历付节级收给。别铺人马越过者，即时借给。其兵给口食，日给二升。仍批小历。限次月五日前，具铺分、姓名、数目，开报剋纳草料，限三十日。若请到经一年，据数申所属，于本铺兑换，巡辖使臣及本属州县官点检。

（60）诸急脚、马递铺兵级衣赐造成，赴官印验。

（61）诸急脚、马递铺曹司、节级，遇传送文书、官物，拥俘而逃亡者，徒一年；首身，减三等，移重难铺（曹司仍充大分铺兵）。

（62）诸急脚、马递铺兵逃亡、事故缺，本铺限一日申州，不满二十人限三日，二十人以上限五日，五十人以上限十日，权差厢军（配军，非），不足者申转运司，于闲慢、不当路州差，并三年一替。搬擔及瘴烟处，一年一替。候有铺兵依元差名次先替，其不愿替

第四章 宋代西南区域文书通信系统的运行与管理

（63）诸质买急脚、马递铺兵级、曹司月粮，并放债条约。本县每季检举，逐铺晓示。

（64）诸缘河堤铺头，辄令传送非河埽［堤］文书者，以违制论。巡河官吏不点检，减三等。

（65）诸递铺（厢军及和雇人，同）承传三路出军衣，违一日杖六十，一日加一等，罪止杖一百。曹司、节级失觉察，而犯人至罪止者，杖六十；巡辖使臣减一等。即稽留致给散失时，事理重者，并所属官吏，取勘闻奏。

（66）诸招急脚、马递铺兵，例物转运司约度，计置印历，给付所委官，于所在州县收附。住招日，缴历付本司驱磨。

（67）诸急脚、马递铺营房（马房，同）损缺，曹司、节级当日申县，令、尉依一日检计申州，并功修葺。遇替移交割有未修者，旧官修毕听离任。每季具申到损缺、及兴修毕功月日，申提举官点检。

（68）诸急脚、马递铺营舍，有家属许占一间。

（69）诸递铺传送人者，日行不得过六十里，仍宿于铺。

（70）诸急脚递承传御前不入铺及金字牌文书，并日行五百里，不以昼夜鸣铃走递。前铺闻铃，预备人出铺，就道交受。【《宋会要·方域》10之48，第7497页下栏。】

（71）诸急脚递承传御前不入铺及金字牌文书，月终通判驱磨，无稽违者，每季具承传铺兵姓名、传过角数，保明申州，验实给特支钱。其巡辖使臣任满，通所管铺催传及二十角以上，廨宇所在州申会本路提举官。委无稽违，类聚保奏。仍于奏状称说会到因依。

（72）诸应入急脚、马递铺文书，并当官实封，不题事目，止排字号，及题写官司遣发限日时，用印以蜡固护入筒。逐铺验封印，及外引牌子，交受传递。如有损失，所至铺分押赴本［巡］辖使臣，或所属州县究治，即时封印，具公文递行。亡失文书者，速报元发递官司。即传递官物无人管押，而裹角封印损动者，并准此。以上因封印之类者损失，而辄遣越过者（因损失而妄诈缺人越过，同），听铺兵经本［巡］辖使臣或随处州县陈告，仍听所至官司觉察点检，申本路所属监司究治。犯处非本路者，具事因，申尚书兵部。【《宋会要·方域》10之38，第7492页下栏。原为宣和五年七月十四日，尚书省奉御笔参酌增修法令。】

（73）诸急脚、马递铺兵级、曹司藏匿、弃毁递角者，以盗论。私拆者，徒一年。许人告。已拆而自首，减二等。致军事废缺及机密文书，仍奏裁。请求、教令藏匿、弃毁、私拆者，各准此。

（74）诸发急脚、马递递所属，每色置籍抄上，州用印，半年一易。文书应入急脚、马递者以皮角，步递以纸折角，各题某递字。

（75）诸急脚、马递铺曹司承受递角，并据数即将遣发，不得积并传送。节级常切检察，巡辖使臣所至取历点检。

（76）诸递角不得附带它物。命官因步递许附书，仍于内引批凿注历发放，不得开拆。（本家以书寄命官者，亦许附递。）

（77）诸发急脚递、马递文书付枢密院、入内内侍省、御药院，并应申提点刑狱司详覆。若本司报尺［决］公案，各以前后发数次第具书为引，仍以二本具发递、及年月日时、事目、件数、印书同入递承受处，限当日，以到发月日时批注一本，依元递发回计程。过期未见批回者，究治。

（78）请［诸］急脚、马递铺传送急速文书，若纲运（承传崎木官物，同），而缺人者，申本州，于辖下邻近不系本路铺分权差铺兵贴铺。举官事毕，依旧不得充它役。

（79）诸急脚、马递铺兵承传递角、官物，及递马已至所诣而回者，依步递计里。

（80）诸急脚、马递铺兵承传递角、官物，及递马以［已］至前铺交讫，曹司、兵级即时于随身小历批注回铺日时（至所诣元铺者，官司或乘递马人批，通判、路分都监以上随行人批），本路［铺］曹司、节级验历批到铺日时,如违时限,送本县究治。巡辖使臣及县尉常切提辖,取历点检。

(81) 诸递铺运送官物,所属县给印历,令管押人亲书职次、姓名、到铺日时、官物名色、送纳去讫、合使人车数目、即应越过或值,亦并合候资次者,方各具注事因,巡辖使臣及季点官点检。其历季易。

(82) 诸州通判,岁终,以巡辖使臣、县尉所管界内急脚、马递铺承传递角总数驱磨稽违名件,率计分厘,限三十日保明申州。州限五日审实,申提举官。(巡辖使臣官两州以上者,通判磨讫,报廨宇所在州率计分厘。)若稽违五厘者,究治如法。即仕满(谓成资以上),不及三历,提举官保奏。

(83) 诸递送青词黄素制书,于外引及封角书所递名件,逐依所属录大、小历。差节级监送。缺者,差二人共送。

(84) 诸递铺传送青词黄素祝板,并择洁净处安置。

(85) 诸急脚、马铺铺兵,不得令运送官物。其递铺承传文书,亦不得附带它物。即应运送官物,均量轻重,日不过两次。(十里以下及军期急速者,非。)钱不在运送之限。

(86) 诸盗匿、弃毁、私拆、亡失应经由进奏院递角者,巡辖使臣即时申门下后省。(覆犯人,准此。)

(87) 诸擅发急脚递、马递者,巡辖使臣奏。

(88) 诸缘公事不应发递,而文书须递者,听申牒所在官司入递。

(89) 诸急脚、马递铺传送文书、纲运、及供差人马,所属随历别给印簿作底本,每日随事与历封行。一转过,官司取历点检,即分明具注于簿,俟给历还铺,排日誊上。

(90) 诸敕降入马递者,[日]行五百里。其文书事干外界(蕃夷入贡、要速文书,不可入马递者,同),或军机(若朝旨支拨、借兑、急切备边钱物),或非常盗贼(收捕强盗十人以上,或虽不及十人而凶恶者，同），奏按往还（朝旨专差官置司鞫狱申奏，及取会文书；若催会奏案，及批回奏案内引，并殁于王事，及诸军出戍，因斗陨殁，或收身不到，未见存亡，应取会公文；若逃亡军人，首获会问，计程二千里以上，及案狱应申提点刑狱详覆报次，会问往回，同），入急脚递，日行八 [四] 百里。要速（誊报赦降照会，或报贼盗文书，或朝廷封桩钱物应取会回报，或兑便钱物，事干急速，并籴买粮草，所展赏报所属，或命官铨改官岁，若举辟，应行文书申发军帐，并缘急脚、马递铺事，亦同），入马递，日行三百里。常程入步递，日行二百里。【《长编》卷457"元祐六年夏四月丁酉条"。】

（91）诸急脚、马递铺，事非应当官究治者，止令就铺供报，不得辄勾取兵级、曹司。即所辖官应点检，并亲诣铺，亦不得追扰。

（92）诸官物应传送，而过无递铺处，听计置人车，致就递铺。

（93）诸急脚、马递铺承传文书、官物，或由水路而遇风涛，若泛涨之类，不可行渡者，虑阻滞及离彼日时，批上小历，监渡或所属官书押，或到铺誊入大历。巡辖使臣点检。

（94）诸急脚、马递铺给大历，人给小历。（急脚铺别给御前急递及尚书省、枢密院、入内内侍省、御药院往还小历）本州预于前一月中旬，以官纸用印，递付逐铺节级分授。遇有传送，以入 [日] 时、名数抄上大历，誊入小历。其御前急递，并尚书省、枢密院、入内内侍省、御药院、经略安抚、都总管司急递文书，及夜过险恶道路（谓山坂险峻、河涧泛涨、或有猛兽之类），并差二人共送前铺交讫，具时辰批回。缺人应越过者，逐铺批录事因，及发遣日时。巡辖使臣并本县尉到铺点检稽违，次月一日纳本州，当日委通判磨勘，限十日毕，具有无稽违并巡辖使臣、县尉曾无检察书历报州，仍封历同送本州架阁，及申提举官季一点检。其逐州县并巡辖使臣，界首铺每季互相取历磨勘。【《庆元条法事类》第17卷《文书门二·架阁》，第4册第123-124页。】

（95）诸递送官物，不得于乡村、道店宿止，仍委巡辖使臣常切

第四章 宋代西南区域文书通信系统的运行与管理

点检。

（96）诸急脚、马递铺巡辖使臣或县尉到铺，并于历内书所到月日，及点检违滞事因。

（97）诸急脚、马递铺兵级遇拣，并分番司抽，应减充剩员者，于本城下收管。愿放停者，听。

（98）诸急脚、马递铺曹司逃亡、事故缺，本铺限一日申州，日下差拨。又缺，听权差厢军。（并差识字人充。配军，非。）候招到人，替回。【《宋会要·方域》11 之 11，第 7 505 页下栏。】

（99）诸州县、镇寨季点官，因点检而经由急脚、马递铺者，并检察私收冒名人，送所属推治。不检察者，提举官（谓所差监司余条急脚、马递铺移提举官，准此）按劾。

（100）诸巡辖马递铺使臣传送印记者，预报前路使臣，赴界首交受。（缺官或出巡者，即报所属州，差使臣逐州传至有处。）候至长官受给，仍先附帐。限三日具审磨，附帐状二本，连申尚书礼部。

（101）诸巡辖马递铺使臣出巡，于廨宇所在州差小分一名充曹司。无，即差大分。

（102）诸急脚、马递铺兵级、曹司，藏匿、弃毁递角者，以盗论。

（103）诸急脚、马递铺兵缺，而巡辖使臣招到者，限当日押赴所属州县即时刺填，当官支给例物。仍申转运司，及报招兵官。

（104）诸急脚、马递铺大、小文历，次月应纳本州、及通判磨勘。违限者，一日各杖八十。十日，加一等。罪止徒二年。

（105）诸急脚递不应发，而发者，徒二年。马递减二等。步递又减一等。应步递而擅发者，各减不应发罪三等。以上，官司及本铺兵级、曹司知情，承受而递行，若承受递到不应入急脚递文书，不点检，缺所属根治者，各减犯人罪三等。【《宋会要·方域》10 之 47，第 7497 页上栏。原为政和敕的法令。】

（106）诸承受递到御前文字，过三日不具收领日时，同金字牌封报入内内侍省者，杖一百。

（107）诸急脚铺承领文书，外引不指定入急脚递，而辄承受递行者，杖一百。

（108）诸自川峡路之官罢任及服阙，差递铺铺兵而干令有违者，杖一百。若过数，及不应差而差者，自依本法。

（109）诸急脚、马递铺兵级，犯盗及杀人、强奸、略人、放火、发冢，或弃尸水中，若博赌财物，藏匿盗，或盗匿、弃毁、私拆递角，同保及本辖节级知而不纠者，各减犯人罪一等，不知情减二［三］等。罪止杖一百。【《长编》卷494 "元符元年二月丁亥条"】

（110）诸急脚、马递铺兵级、曹司犯罪，州县推断，无故违限，若犯人该移降或配，不先权差厢军填缺者，各杖一百。十日以上，徒一年。

（111）诸递角辄计嘱盗拆、藏匿、弃毁，其铺兵如能告首（虽已开拆、藏匿而告者，同），将所受钱物并与充赏外，仍依告获格给赏。

（112）告获急脚铺无故不即时交割文书，或行用钱物令越过，及受财而为越过者，钱三十贯。【《宋会要·方域》10之35，第7491页上栏。原为政和敕的法令，宣和元年十月五日中书省会同尚书省重加检修。】

（113）告获急脚、马递铺承传递角、官物，若递马已至前铺，及所诣交讫，批注回铺日时不以实者（本铺批注到铺日时不实，同），钱一十贯。

（114）告获急脚、马递铺曹司、兵级将所传制书、诸军补授文帖，卖与人赍发，及买之者，钱三十贯。（余文书，减半。）【《庆元条法事类》卷17《文书门二·质卖》，第4册第153页。】

（115）诸急脚铺兵传过御前不入铺金字牌文书，无稽违者，特支钱，每人五角以上，五百文；十角以上，一贯；二十角以上，一贯五百文；三十角以上，二贯。

（116）告获传送军期重害机密递角盗拆，又请求或教令开拆窥看者，转一官。

（117）告获急脚、马递铺曹司、兵级盗匿、弃毁、私拆递角，非制书、重害及机密文书，钱一百贯。制书或重害及机密文书，转两资。（无资可转人，支钱二百贯。）

（118）告获传送军期、重害、机密递角盗拆，及请求或教令开拆、窥看者，钱三百贯；有名目、资级人，转两资。

总而言之，宋代广泛的文书通信法律，涉及通信职官、通信管理、文书传递、从业人员待遇、通信工具使用及养护等方方面面，不仅有违法处罚，更有奖赏引导，还有立赏告奸，敕、令、格、式一应俱全①，真正建构了"以法治邮"的宋代文书通信法律体系。此文书通信法律体系，经两宋三百余年的修整补充，逐渐趋于完善，并为元明清后世历代承袭沿用。

---

① 宋神宗曾指出：设于此而逆彼之至曰"格"，设于此而使彼效之曰"式"，禁其未然之谓"令"，治其已然之谓"敕"。（徐松：《宋会要·刑法》1之12，第6467页下栏。）

第五章　宋代西南区域文书通信系统的演变

第一节　西南区域文书通信系统的紊乱

在文书通信系统设置的前期，由于制度层面和人为等因素的影响，整个文书通信系统尚能满足基本的信息传递需求，某一地区、某一时段其通信效率尚且较为高效。但是制度的种种规定和设置仅是停留在文本的层面，而真正深入实际，到地方执行之时却有所曲折，尤其是到了中后期。① 宋人似乎也意识到了这一问题，曾有人言"国家均地里，谨时刻，亭传相望，分置巡辖，又专委漕臣提举，其法可谓备矣"②，延至中后期却出现递铺"承传文字，朝廷加旗批凿紧急，而考之程限，动经三十余日，不问紧慢，例皆稽迟"③ 的局面。此时期，西南区域亦未能免于流弊，其文书通信系统同样紊乱不堪，通信效率极为低下。当然，文书通信系统的紊乱是一个过程，而非一朝一夕之事。对于两宋中后期文书通信系统的紊乱过程，学

---

①　包伟民先生曾用"制度地方化"这一概念来指称"法令层面的制度内容转向它的实际过程，以及在这一过程中所产生的制度变异"现象。（参见包伟民：《视角、史料和方法：关于宋代研究中的"问题"》，第22页；氏著：《宋代财政史研究》，上海古籍出版社，2001年，第320～323页。）实际上，这种制度的地方化是普遍存在的，而且宋时本区域的文书通信领域也不例外。

②　徐松：《宋会要·方域》11之10，第7505页上栏。

③　徐松：《宋会要·方域》11之36，第7518页上栏。

界前仁已有精彩论断①，笔者于此从微观角度讨论西南区域文书通信系统紊乱的种种表征。

一、文书通信效率低下

宋代西南区域文书通信系统的紊乱首先表现在通信效率低下，文书传递违时、稽迟严重，甚至是所传文书沉溺、亡失。早在文书通信系统建构之初，即已明确规定了各类通信文书的传递速度和传递程限，如步递传递常程文书其速度一般为200里/昼夜；马递略快，一般为300里/昼夜；急脚递的速度则更快，大多为400里/昼夜；金字牌急脚递的速度最快，通常要求是500里/昼夜。当然，上述速度有时也会有所调整与变更，主要是根据具体所传递的文书性质的不同而定。

然而，至北宋哲宗、徽宗时，各地的文书通信系统多已不能达到上述之时限要求，文书传递违时、稽迟严重，大都"过期方到"。例如，徽宗重和元年（1118年）十二月二十一日朝廷发往洪州的"御笔文字"，"沿路住滞，经及三十四日"，直到次年一月二十五日方到；进奏院发往洪州的急递文书，"亦多是经及四、五十日"才到。② 同时略晚，地方发往朝廷的文书，如尚书省接到的"诸处发来递角文字，例各在路违滞，动经累月"③。当然，本区域的文书通信系统的传递速度亦大幅降低，违时、稽迟之事也时时发生。例如，徽宗大观三年（1109年）朝廷经由急脚递铺发往荆湖北路的文书往往需要三四十日才到；而经由马递、步递发来的文书，动辄五十或者七十日，甚至是

---

① 相关内容可参见游彪的《宋朝邮政管理体制的一个侧面》一文的"官文书往来过程中的弊端"部分；曹家齐的《宋代交通管理制度研究》中"文书传递之弊剖析"部分；刘广生的《中国古代邮驿史》的"南宋邮驿的衰落"部分，以及青山定雄的《唐宋时代的交通与地志地图研究》"金字牌与北宋末递铺的废弛"部分。
② 徐松：《宋会要·方域》10之32，第7489页下栏。
③ 徐松：《宋会要·方域》10之39，第7493页上栏。

"至三两月以上，方始递到，全然违滞"①。高宗绍兴九年（1139年），李纲为荆湖广南路宣抚使，其与朝廷间往来的通信文书大都事涉军事，"朝廷札降指挥与本司奏请文字皆系军期急速"，一般都经由急脚递铺上传下递。但是这些文书大都严重违时稽迟，李纲称之"例多稽迟"②。在广南西路，朝廷发下的急递文书原本"期限不过旬日"，到绍兴二十三年（1153年），即使加批尚书省的抹绿牌，还有"踰两月而不到"者；甚至是荆湖南路此时期发往进奏院的急递，"有踰三月方到者"③。三四倍，甚至是四五倍的违时率，可见当时文书通信系统效率低下状况之一斑，不得不承认西南区域的文书通信系统已不能满足其正常的文书通信需要了。

更为严重的是所传文书时有沉溺、亡失。徽宗政和年间（1111－1117年），递铺传递的通信文书就"多有住滞沉失"。④ 到钦宗靖康元年（1126年），发往东南的文书或是"委弃在邮舍厅庑之下"，或是无人传递，以至于"福建路有经半月、二十日杳无京报"⑤，在这之中所丢失的通信文书不知几何。同样的事情在西南区域也时有发生。西南区域的文书通信系统也经常沉溺、亡失所传之通信文书。徽宗建中靖国元年（1101年），知梓州吕陶因年老上书请求致仕，朝廷批准敕书于"二十七日申时发达字号入马递"传递。马递由京师至梓州按程限，只需十三日即到。但据吕陶言"今来已经五十日，尚未见到"敕书。原来此文书自凤翔府沿路以来即未曾见到，而是在传递过程中丢失了。⑥ 此为北宋末年经由马递发往梓州的敕书，在传递过程中丢失的例证。以后，本区域的通信文书在传递过程中沉

---

① 徐松：《宋会要·方域》10之28~29，第7485页下栏~7487页上栏。
② 李纲：《梁溪集》卷67《乞差内使一员承受发来文字奏状》，文渊阁四库全书本。
③ 徐松：《宋会要·方域》11之12，第7506页上栏。
④ 徐松：《宋会要·方域》10之31，第7489页上栏。
⑤ 徐松：《宋会要·方域》10之41，第7494页上栏。
⑥ 吕陶：《净德集》卷5《乞别给致仕状》，文渊阁四库全书本。

溺、亡失之事日甚一日。

二、通信泄密日趋严重

西南区域文书通信系统的紊乱还表现在通信泄密日趋严重。考察任何一个通信系统的工作时效性，不仅仅要看其信息传递速度，更要看其通信安全性。此时期，本区域的文书通信系统已很难保证其通信安全性了，通信泄密事件时有发生，且影响亦趋严重。

早在仁宗朝后期诸路藏匿、盗拆通信文书的现象就已屡有发生。虽然有相关律法禁止[1]，但是藏匿、盗拆现象却是禁而不止，仍是"诸路递角，往来传送，多有盗拆、留滞及藏匿不至去处"[2]。例如，徽宗政和六年（1116年），因诸路马递铺所传递的通信文书多有"偷拆等事"，不得不诏令尚书省会同地方措置了当[3]，然而情况似乎并没有太大改观。之后，虽然重治了一些私自盗拆所传通信文书的铺兵和相关的巡辖使臣或者曹司兵级等[4]，藏匿、盗拆之风大有愈演

---

[1] 仁宗皇祐元年（1049年）正月二十一日，就有诏令：凡有边警而敢盗发递角者斩（《宋会要·方域》10之22）；徽宗宣和三年（1121年）二月二十五日，又经秦凤路经略安抚使郭思奏请，将相关律令详加细化，"更添入诈欺邀往、偷看在道递角，并递铺兵士擅便依从，将递角文书与上件人者，重立刑赏，许诸色人告捉"（《宋会要·方域》10之36）。之后有关禁止包括铺兵等在内的诸色人等私自藏匿、盗拆通信文书的律令愈加详细。收录在《永乐大典》卷14575的《金玉新书·急递》部分共有相关法律条文12处，占到全部收录条文的十分之一强；其中既有对藏匿、盗拆不同通信文书的具体处罚规定，又有对不同人员藏匿、盗拆同类文书的不同处罚，亦有立定奖赏、许人告发的相关条文。可见宋时朝廷有关禁止藏匿、盗拆通信文书的律法还是比较详备的。

[2] 徐松：《宋会要·方域》11之23，第7511页下栏。

[3] 徐松：《宋会要·方域》10之31，第7489页上栏。

[4] 据《三朝北盟会编》记载：钦宗靖康元年（1126年）正月二十五日辛卯，斩私自藏匿金字牌通信文书的内侍官三人。（徐梦莘：《三朝北盟会编·靖康中帙七》，台北：大化书局，1980年，第311页。）高宗建炎二年（1128年）十一月七日，扬州九女涧递铺兵王安"擅拆东京留守司递角"，诏令特依军法处置。（徐松：《宋会要·方域》10之43，第7495页上栏。）孝宗乾道六年（1070年）十一月六日，以江州马递铺兵汪立私自盗拆四川宣抚司力忠则字号递角，处"汪立杖脊刺面、配流三千里外州军，巡辖官赵不退追两官勒停，巡检使臣武安追三官除名勒停"。（徐松：《宋会要·方域》11之22，第7511页上栏。）

愈烈之势。

在藏匿、盗拆人中，不仅有诸色铺兵，而且许多官员甚至是巡辖使臣等"道逢递角"，"或安下处门首以借看为名，或妄托诸监司及州府差来根刷递角为名，直于道中转递人处取入安下等处，盗取所递文书抽看"。在道传递的各类文书或为行政公文，或为军事文书，如朝臣所言"辄敢拆开观看，泄漏事节，焉知不是奸细"。[①] 更有甚者，负责收发地方府州通信文书的中央进奏官员都有擅自藏匿者。如高宗绍兴十一年（1141年），"进奏官樊永寿将诸处申奏到文字藏匿于私家"[②]，后被大理寺查办。

两宋中后期，军事斗争形式严峻，朝廷与前线上传下达的文书大都干涉军机，在传递途中被他人拆看，肯定会泄露机密，通信系统的安全性也就无从谈起。通信文书被藏匿、盗拆之事在西南区域亦有发生。如高宗绍兴十二年（1142年），枢密院发给川陕宣抚司的文书，不仅经常被盗拆偷看，有时甚至"藏匿文字，却入白纸在内传送"[③]。此中信息泄露状况自不必言。孝宗乾道八年（1172年），兵部侍郎黄均上书指出：荆南都统制司发往御前的文书，经递铺传递而来的竟然是空函；四川宣抚司来往的文书被盗拆者尤多。[④] 之前，四川宣抚司也上言，其与诸司往来的通信文书以及"承朝省发下递角，多为沿路盗拆，不知其数"[⑤]。

往来传递的通信文书被盗拆，这其中固然有个别铺兵出于好奇的因素偶尔开拆以偷看所传文书的内容，但更多时并非如此，就如同黄均所言"其间曲折可虑非一"。至于"夹带奸细，偷藏递角"[⑥]，

---

① 徐松：《宋会要·方域》10 之 36，第 7491 页下栏。
② 徐松：《宋会要·职官》2 之 49，第 2396 页下栏。
③ 徐松：《宋会要·方域》11 之 8，第 7504 页上栏。
④ 徐松：《宋会要·方域》11 之 24，第 7512 页上栏。
⑤ 徐松：《宋会要·方域》11 之 23，第 7511 页下栏。
⑥ 徐松：《宋会要·方域》11 之 7，第 7503 页下栏。

即敌方间谍、情报人员偷窃或者藏匿通信文书之事，可能偶有发生。当然，更多的可能是"有奸人用财计嘱盗拆藏匿"①，即敌方的间谍、情报人员买通铺兵私自拆看机密、或者藏匿所传文书。这也是为什么两宋中后期屡见川峡四路、荆湖北路，以及广南西路往来各处的文书多被盗拆，且屡禁不止的原因。西南区域长时期是宋、蒙（元）双方攻守争夺的重要区域，故而蒙（元）方渗透的情报人员相对较多，被盗拆、藏匿或者窃取的通信文书自然也就相对较多。虽然，朝廷多次申明条禁，如"诸急脚递铺曹司、兵级盗递角者，徒二年"、"诸急脚、马递铺曹司、节级失觉察，铺兵盗匿、弃毁、私拆青词黄素制书，及重害机密文书递角者，杖一百"②，甚至"立赏募告，或给缗钱，或与转资，凡有盗拆递角之人，并许收捕告官，即与推赏"③。但是往来传递的通信文书被盗拆，机密信息被泄露等事件仍禁而不止。

三、文书通信组织混乱

所谓文书通信组织混乱主要是针对南宋时期的递铺组织而言的。宋初实行"驿递分立"，逐步建立了由步递铺、马递铺和急脚递铺组成的一般与快速文书通信组织。南渡以后，原本战时临时设置的斥堠铺、摆铺等军用通信组织，渐趋转向非军用和常设，并逐步成为主要的文书通信组织。当然，随着社会的发展及正常文书通信的需要等，创设新型的通信组织是有必要的。但是，必要的创设是伴随着一定的裁革同时进行的。具体检视南宋的文书通信组织，则并非如此。

---

① 徐松：《宋会要·方域》11 之 11，第 7505 页下栏。
② 《永乐大典》卷 14575《金玉新书·急递》，第 49 条。
③ 徐松：《宋会要·方域》11 之 24，第 7512 页上栏。

同样作为由临时性军用通信组织转变而来的斥堠铺和摆铺，前者与后者创设时间十分接近，理应是后者取代前者或是并吞前者，以便于统一管理。可是，实际情形却非如此。摆铺常设化、非军用化以后，斥堠铺作为一种常置的通信组织仍然存在。此外，北宋通行的步递铺、马递铺和急脚递铺三类递铺亦陆续恢复设置。

不可否认，明确分类可以细化内部分工，从而在一定程度上保证"常程"文书与紧急文书的传递互不干扰，从而整体上加速文书通信系统的工作效率。但是，朝廷在递铺设置方面过分的细化并未收到这一效果。这种过度复杂的文书通信组织，其在不同区域、不同时期内的设置，必然会导致官员违制发递，即不按照规定的文书传递级别投递传送，一般都是擅自将"常程"文书混入紧急文书中入急递，或者直接将各类不得入急递的文书投入急递。虽然朝廷一再严格申斥要按规定发递，但是违制发递行为仍频繁出现。仅以川峡四路来说，既有文人书信、亲朋问答、官场逢迎之书，甚至是更有以酒食、水果经各类急递铺递送者。[①] 如此一来，不仅是铺兵，就连相关的点检、稽查人员的工作量也大为增加；另外，再加上由于通信组织分化过细导致的管理混乱，特别是业务主管部门的分工不清[②]，势必会影响文书通信系统正常的通信效率。就如同论者所述：南宋新置斥堠铺和摆铺，并且各类文书通信组织共存，"实际上是对

---

① 宋人文集中书信以及寄和诗等文体的增多，就是其中一个侧面。赵效宣先生对于宋代官员违制发递，尤其是以物入递有具体的论述，其中有不少精彩分析，可作参考。（详见赵效宣《宋代驿站制度》第二编"人与物之传递制度"。）

② 南宋时省铺一般由尚书省主持恢复设置，地方的提刑司具体兴办，日常管理则多由州，甚至是县负责；进奏院为最高业务主管部门。京递铺的情况更为复杂，初时是枢密院主持和擘画，地方军事长官具体承办和管理；后来逐渐演变为三衙和地方军事长官共同措置；最高业务主管部门多为入内内侍省。

北宋建立起来的驿传制度中良好秩序的破坏"。①

第二节 西南区域文书通信系统的整饬与崩溃

一、西南区域文书通信系统的整饬

对于宋时西南区域文书通信系统的紊乱状况,朝廷曾数次大规模的措置、整饬,以期缓解文书通信违时稽迟严重、藏匿盗拆的现象日益严峻,提高通信效率,增强通信安全性。首先是申明律法,严格赏罚。相继颁布并且多次重申文书通信的相关律法,以及敕令等,如规定"凡文书被受誊写入递,并依常法,敢有递[违]滞,重置典宪"②,再如"马递承传文书,违一时杖八十,一日杖一百,二日加一等""急脚递各递加二等"③,甚至有立定赏额以鼓励告发。不同时期,这些律令一般都会汇集为相应的法典或者形成一些专门性的律法集合。这些律令的出台一方面是促进某些文书通信领域新措置的实施;另一方面更是为了规范已经出现的问题,以便保证帝国文书通信系统的正常运作,亦蕴含着强烈的整饬意味,是不同时期有针对性整饬、规划文书通信系统的重要成果。从宋初的《宋刑统》的编订,到仁宗朝的《嘉祐驿令》的出台,赵宋王朝独特的"以法治邮"文书通信法律体系已处于萌芽状态。到徽宗朝,面对文书通信系统的紊乱、面对各地文书信息交流渠道的阻塞,相继出台的一些敕、令、格、式,以整饬之,并最终由尚书省修订了百余卷

---

① 曹家齐:《关于南宋斥堠铺、摆铺的几个问题》,第25页。
② 徐松:《宋会要·方域》10之42,第7494页下栏。
③ 《永乐大典》卷14575《金玉新书·急递》,第42条。

册的《大观马递铺敕令格式》①颁行地方。宋室南渡后愈加申明相关条禁,孝宗朝的大规模整理措施,尤其是在通信法律方面的成果,被《庆元条法事类》予以吸收,并进一步完善了宋代的文书通信法律体系。而后人汇集旧法编辑的《金玉新书·急递》,成为宋代文书通信法律、法规之集大成者,系统汇集了已颁布的诸条法禁,从而形成了基本完备的"以法治邮"的宋代文书通信法律体系。历朝不断地重申文书通信方面的法禁,或者大规模的编纂通信律令,其中一个重要的目的就是试图用以规范日渐紊乱的文书通信系统。

其次,赵宋政府采取的另一项整饬文书通信系统的措施是及时填补铺兵,并着力改善铺兵的从业状况。广大铺兵是从事文书通信传递任务的一线人员,"诸路往来递角,全藉铺兵依限传送"②,其人员状况及从业环境的优劣直接关系到通信系统的正常运作与否,所以此时期朝廷在改善铺兵的从业环境方面也采取了一些整改措施。

一方面是及时填补铺兵缺额。前文已述,宋代每一递铺中从事文书通信工作的铺兵数,一般为12人;而且铺兵招填和贴补原则、招填时间,以及贴铺方式都有具体法令。然而由于诸多人为以及自然等因素的影响,此时期本区域的铺兵阙失较为严重,③所以朝廷也多方设法填补铺兵的缺额,以保证有足够的人员随时准备往来传递通信文书。史籍中有关北宋后期以及整个南宋招填铺兵的相关记载

---

① 徐松:《宋会要·刑法》1之22,第6472页下栏。
② 徐松:《宋会要·方域》11之35,第7517页下栏。
③ 曹家齐具体讨论了拖欠铺兵衣粮、私役铺兵及地方官员补填不力,这三个因素对铺兵阙少失补的影响。(氏著:《宋代交通管理制度研究》,第147~148页。)总的看来,上述三因素都属于人为原因,除此以外,尚有一些自然的因素导致的铺兵阙失严重。例如生活和工作环境的极度恶劣,也是部分地区铺兵阙失的重要因素,据《长编》卷274载:早在神宗熙宁年间(1068-1077年),"福建路自泉至漳州、汀州,皆涉瘴烟,马递铺卒三年一易,死亡大半,亦有全家死者"。福建路由于瘴气缭绕,三年间铺兵死损过半。而本区域在两宋时是有名的瘴气地带,铺兵长期在此情形下从事文书传递工作,对其伤害可想而知。

第五章　宋代西南区域文书通信系统的演变

较多，尤其是《金玉新书·急递》中关于铺兵填补的律令就有近十条，可见赵宋政府对于及时填补铺兵工作的重视。

另一方面是着力改善铺兵的从业环境，如严禁私自役使铺兵、严禁克扣铺兵的钱粮和衣物、有意抑制铺兵中的高利贷行为等。更为重要的是除了"纠谬"以改善其从业环境外，还有优化其生活和工作待遇以改善其从业环境，具体说来就是允许铺兵与家属同营居住、大力修整铺舍和多方嘉奖铺兵。所谓允许铺兵与家属同营居住是指如果铺兵的家属还有隶军籍者，可以拨给他们一定的铺舍，允许其与家属居住。铺兵作为厢军的一部分，在宋初如同其他厢军一样是分营居住的。也就是说，虽然父子、兄弟都隶军籍，但是也要随各自的营队集中居住。为了抚慰铺兵，到北宋中期部分地方开始奏请铺兵"有父母骨肉散在诸铺者，乞配在一处"，即"许同营居"①，并且允许有家属的可以占用一间铺舍②。

同时还有积极修缮铺舍，以供铺兵居住和工作。《金玉新书·急递》中就有法令具体规定递铺营房铺舍损坏后的修缮程序③；至于修缮铺舍的费用，《政和令》有详细的规定"诸营缮廨宇、馆驿、马递铺、桥道及什物之类，一就检计。谓如馆驿有损，即一驿之凡有损坏处皆是。三十贯以下，转运、提举常平司分认，从所属支，修讫申逐司。诸营造材料所支钱及百贯，或创造三十间，每间不及四椽者以四椽准一间。申转运司。创造及三十间者，仍申尚书工部。县创造三间或缮修十间，并应支转运司钱者，申所属相度施行。应申者检计，仍委官覆检。其创造及百间，具奏听旨。诸营［造］材料并官给，阙，官差军工采官山林；又无，以转运司钱买。若不足，听于中等以上户税租内，随等第以实直科折。"④ 自北宋中期以迄南

---

① 徐松：《宋会要·方域》10 之 19，第 7483 页上栏。
② 《永乐大典》卷 14575《金玉新书·急递》，第 68 条。
③ 《永乐大典》卷 14575《金玉新书·急递》，第 67 条。
④ 徐松：《宋会要·方域》10 之 33，第 7490 页上栏。

宋，本区域多次不同规模的修缮铺兵的营房和铺舍，笔者仅据部分资料整理了宋代西南区域修缮递铺营房和铺舍，见表5-1。

表5-1 宋代西南区域修缮递铺营房和铺舍

时间	事件	资料来源
天禧四年（1120年）七月	凤翔府至绵州递铺增葺铺屋	《宋会要·方域》10之20
景祐中	州县修治邮传驿舍	《宋史》卷176《食货志上四》
皇祐五年（1053年）十二月	州县修治邮传驿舍	《长编》卷175
宣和七年（1125年）二月	诸路提刑修缮营铺	《宋会要·方域》10之38
靖康元年（1126年）七月	州县修葺铺屋	《宋会要·方域》10之41
绍兴四年（1134年）五月	诸路修整摆铺屋	《宋会要·方域》11之3
绍兴十年（1140年）七月	修葺斥堠铺屋	《中兴小记》卷28
绍兴十二年（1142年）六月	荆湖北路修盖铺屋	《宋会要·方域》11之8
绍兴二十六年（1156年）十月	成都府利州路修盖驿舍铺屋	《宋会要·兵》24之37
乾道四年（1168年）正月	诸路州军葺理斥堠铺舍	《宋会要·方域》11之21
淳熙二年（1175年）六月	诸路州军修整铺屋	《宋会要·方域》11之27
庆元二年（1196年）十一月	诸路修葺铺舍	《宋会要·方域》11之35

第五章　宋代西南区域文书通信系统的演变

除允许铺兵与其家属同营居住和大力修整铺舍外，还多方嘉奖铺兵。这种嘉奖既包括一般性的常赏，也包括各种鼓励性赏赐。所谓常赏就是一般性的例行赏赐，换季之际的例行赏赐，如仁宗至和元年（1054年）七月曾诏令赏赐自永兴军至益州的铺兵，"各赐缗钱有差"①；或者南郊祭祀之际的例行赏赐，如徽宗宣和三年（1121年）十一月十九日的南郊制：赏赐诸路的铺兵②；或者是重大军事行动之后的例行赏赐，甚至是军事行动尚未结束就先行犒赏，如孝宗隆兴二年（1164年）十一月二十六日，臣僚言："军中斥堠不可不明，军期奏报不可不速，今之摆铺专主之。方冬甚寒，此之战士虽不亲犯矢石，然于兵士所系非轻。会计人数，况亦不多，宜略加犒赏。若以事定之日，与甲军一例推赏，以免其奔走之劳，亦今急务。"从之。③ 这种一般性的常赏似乎各路赏赐的钱物有所不同，如高宗绍兴三十一年（1161年）十月二十四日都省上言，请求赏赐诸路的摆铺兵，高宗皇帝下诏："令户部并诸路总领所，各随路分依例犒设一次"。④ 具体到西南区域看，宁宗嘉定年间（1208－1224年）荆湖南北路及川峡四路摆铺兵的赏赐钱是每人每次三贯。⑤ 而普通的步递、马递甚或急脚递铺兵则为一贯。⑥ 在一般性的常赏之外，还有鼓励性的赏赐，其目的在于鼓励铺兵用力传递，如神宗元丰七年（1084年）曾有诏令："诸递铺转送金字朱牌，无迟滞四次者转一资，或赐绢五匹，余每次绢一匹"⑦；再如徽宗宣和三年（1121年）"诸处递铺传送文字显有劳役，仰巡辖

---

① 李焘：《长编》卷177，至和元年十一月壬午条；徐松：《宋会要·方域》10之22，第7484页下栏。
② 徐松：《宋会要·方域》10之40，第7493页下栏。
③ 徐松：《宋会要·方域》11之18，第7509页上栏。
④ 徐松：《宋会要·方域》11之16，第7507页上栏。
⑤ 徐松：《宋会要·兵》20之42，第7122页下栏。
⑥ 徐松：《宋会要·兵》20之45，第7124页上栏。
⑦ 李焘：《长编》卷345，元丰七年夏四月辛卯条。

使臣具经由铺分曹级、兵士姓名申转运司，特予量行犒设"①；而《金玉新书·急递》记载的法令规定"诸急脚铺兵传过御前不入铺金字牌文书，无稽违者，特支钱，每人五角以上，五百文；十角以上，一贯；二十角以上，一贯五百文；三十角以上，二贯"②。显而易见，相比于一般性的常赏，这些鼓励性赏赐更具有吸引力，不仅因为赏赐的钱物较多，而且有时还能予以转官资。

前述几项有关铺兵的整饬举措，其出发点在于"务存优恤"③ 铺兵，即试图通过多方优待铺兵、提高其各项待遇，以鼓励其用力传递，从而保证文书通信系统的正常运作。

第三是不断调整或增设巡辖使臣，以便往来巡察、督促。前文已述，巡辖使臣作为宋代文书通信管理体系中使职差遣督责管理层级的官员，是专职巡察、督促诸铺递角文书按时传递的官员，早在北宋前期即已设置。其主要职责在于往来巡察下辖诸递铺的传递有无稽迟，即"往来本州界内诸铺，根刷有无违滞"④，或者"于本界内专一往来点检机察"⑤；当然，有时也负责检视往来文书破损情形⑥。此时，赵宋朝廷多次下令巡辖使臣遍查辖下递铺，以保证文书通信的正常进行；甚至是重新立定律法，如《政和令》中即有"急脚递每岁稽留通满五厘者，巡辖使臣、县尉各笞五十，使臣展磨勘一年，县尉降一季名次。满七厘各加一等，使臣展磨勘半年，县尉降半年名次。一分，各人加一等，使臣差替，县尉降一年名次"⑦ 的

---

① 徐松：《宋会要·方域》10 之 35，第 7491 页上栏。
② 《永乐大典》卷 14575《金玉新书·急递》，第 115 条。
③ 徐松：《宋会要·方域》11 之 35，第 7517 页下栏。
④ 徐松：《宋会要·方域》11 之 14，第 7507 页上栏。
⑤ 徐松：《宋会要·方域》11 之 16，第 7509 页上栏。
⑥ 徐松：《宋会要·方域》10 之 21，第 7484 页上栏。
⑦ 徐松：《宋会要·方域》10 之 39，第 7493 页上栏。

规定。此外，就是添置巡辖使臣。徽宗政和以前巡辖使臣较少，辖境超过千里者比比皆是，更有甚者有"使臣一员，见管地分三千八百余里"，显然不能及时往来巡察和督促，以至于"例皆检察不遍"，或"致铺兵作过"。① 如此，巡辖使臣的职能无法发挥。所以到徽宗政和三年（1113年）以"每及千里差置一员"为原则，再次添置了一些巡辖使臣。以后巡辖使臣又有所增加，如高宗绍兴十三年（1143年）又每州添置一巡辖使臣②；而专门巡察和督促斥堠铺与摆铺的巡辖使臣添置更多，如高宗建炎三年（1129年）初置摆铺，要求"每互［廿或卅］铺选差有材干、年五十以下使臣一员"③；到孝宗登基时则"每十铺添差巡铺［辖］使臣一员，往来机察"④；到孝宗乾道三年（1167年），斥堠铺的情形是"诸州军于添差使臣内每三铺选一员，专一部辖，稽察催促"⑤。朝廷多次筹划添置巡辖使臣的初衷是"均地理"，即保证巡辖使臣的"地里狭而铺分少，日可周遍，庶无稽迟"⑥，其最终目的则是更好的发挥巡辖使臣催促文书快速传递，以保证文书通信系统正常运作。

赵宋政府整饬文书通信系统的第四项重要举措是在重要的通信文书上夹批通信牌符，以便于铺兵能单独摘出该文书迅速传递。关于宋代的通信牌符，学界已有部分研究成果，如真上隆俊的《有关南宋邮铺的考察》⑦、赵效宣的《宋代驿站制度》⑧、曹家齐的《金字

---

① 徐松：《宋会要·方域》10之29，第7488页上栏。
② 徐松：《宋会要·方域》11之10，第7505页上栏。
③ 徐松：《宋会要·方域》10之44，第7495页下栏。
④ 徐松：《宋会要·方域》11之17，第7508页下栏。
⑤ 徐松：《宋会要·方域》11之19，第7509页下栏。
⑥ 徐松：《宋会要·方域》11之10，第7505页上栏。
⑦ 真上隆俊：《关于南宋邮铺的考察》，第99页。
⑧ 赵效宣：《宋代驿站制度》，第125～139页。

牌递创设时间小考》①和《宋代交通管理制度研究》②。笔者于此仅是简略介绍其相关情况，以备文章体系的完整。两宋时，使用最早也是最为重要的通信牌符就是金字牌，据曹家齐先生的考证：金字牌的雏形最早出现于神宗熙宁十年（1077 年），到元丰六年（1083 年）正式定型。钦宗靖康元年（1126 年），由于金人南下，多有拦截金字牌，朝廷害怕金人仿效制造，扰乱通信，一度将其改为黄漆朱红字牌③。高宗绍兴二十三年（1242 年），尚书省已使用抹绿牌④，往地方州军发递。孝宗乾道三年（1167 年），朝廷又开始使用黑漆白粉牌⑤，主要是发给地方州军，用以上传紧急文书；同年，枢密院又创置雌黄青字牌⑥，用以往各州军递发紧急文书；孝宗淳熙二年（1175 年），尚书省也开始使用雌黄漆青字牌⑦；淳熙八年（1181 年）及光宗绍熙四年（1193 年）也曾配给尚书省使用，"如遇紧急机速文字附递申发"⑧。绍熙四年（1193 年），雌黄青字牌遭破坏后，枢密院又改用黑漆红字牌⑨。宋代文书通信牌符，见表 5-2。宋代通信文书加批通信牌符的目的是让铺兵容易辨别，以"摘出先行"，从而保证紧急通信优先传递。而各种牌符的种种措置，在某一程度上确实起到了整饬文书通信的功用。

---

① 曹家齐：《金字牌递创设时间小考》，第 128 页。
② 曹家齐：《宋代交通管理制度研究》，第 121~126 页。
③ 徐梦莘：《三朝北盟会编·靖康中帙十七·改金字牌入内内侍省状》，第 420 页。
④ 徐松：《宋会要·方域》11 之 12，第 7506 页上栏。
⑤ 徐松：《宋会要·方域》11 之 20，第 7510 页上栏。
⑥ 徐松：《宋会要·方域》11 之 20，第 7510 页上栏；李心传：《建炎以来朝野杂记》乙集卷 9《时事二·金字牌》，第 651 页。
⑦ 徐松：《宋会要·方域》11 之 28，第 7514 页上栏；李心传：《建炎以来朝野杂记》乙集卷 9《时事二·金字牌》，第 651 页。
⑧ 徐松：《宋会要·方域》11 之 34，第 7517 页上栏。
⑨ 徐松：《宋会要·方域》11 之 34，第 7517 页上栏。

表 5-2　宋代文书通信通信牌符

牌符名称	创设时间	传递速度（里/昼夜）	使用机构
金字牌	萌芽于熙宁十年，元丰六年正式定型	500	入内内侍省
黄漆朱红字牌	靖康元年	500	入内内侍省
尚书省抹绿牌	绍兴二十三年已使用	不详	尚书省
雌黄青字牌	乾道三年	350	枢密院
雌黄青字牌	淳熙二年	350	尚书省
黑漆白粉/字牌	乾道三年	350	地方州军
黑漆白粉/字牌	淳熙八年	350	尚书省
黑漆红字牌	绍熙四年	300	枢密院

除上述整饬措置之外，朝廷还经常临时差除内臣往地方点检文书通信系统，以便更为及时地解决文书通信领域出现的各类问题。例如，神宗熙宁八年（1075 年）曾差内侍点检京师至邕州和桂州的急脚递铺①；徽宗崇宁元年（1102 年）曾"点检编排自京至荆湖南、北路马递急脚铺"②；钦宗靖康元年（1126 年），再次点检诸路的急脚递铺③；南渡后，经常点检编排斥堠铺或摆铺④。借内臣出降点检之机，一方面地方政府可以将自身无法解决的问题向上级反映，由内臣出面解决，以便更快、更及时的解决文书通信系统的相关问题；另一方面，内臣出降点检地方的通信系统也含有朝廷，尤其是皇帝对某一地区的文书通信状况的重视。无疑，时常差除内臣点检文书通信系统是朝廷一项重要的整饬措施。

---

① 李焘：《长编》卷 271，熙宁八年十二月丁未条；徐松：《宋会要·方域》10 之 24，第 7485 页下栏。

② 徐松：《宋会要·方域》10 之 27，第 7487 页上栏。

③ 徐松：《宋会要·方域》10 之 41，第 7494 页上栏。

④ 徐松：《宋会要·方域》11 之 7，第 7503 页下栏。

二、西南区域文书通信系统的崩溃

从北宋中期开始,本区域的文书通信系统就逐渐趋于紊乱,之后历朝均多方措置整饬,以图重整该系统的正常运作,尤其是宋徽宗大力支持。但是,有些措施实施之后,却未见改善,例如,徽宗宣和七年(1126年)诸处发往尚书省的通信文书,"例各在路违滞,动经累月"①。尤其是金人南下并攻占开封府后,整个赵宋王朝的文书通信系统几乎陷于瘫痪。相对来说,西南区域的文书通信系统情况略微好些,不过也已经不能满足日常的通信需要了。

宋高宗登基之后,再次大规模整顿(或者说是重建)文书通信系统。到绍兴四年(1134年),全面总结建炎、绍兴年间的整顿成果,并于五月五日发布申令,其中涉及十二方面的内容。例如,对各类文书通信组织,尤其是摆铺的种种措置和规范,包括置铺间距、巡辖使臣的设置、违制发递处罚等;其他如严禁私役铺兵、铺兵招填原则、铺舍修缮原则,以及水路递铺的整饬等。② 当然,一些措施并不能立即生效,或者说各种整饬措施一时间成效并不是很明显。例如,高宗绍兴六年(1136年)席益到成都就任安抚制置大使之职,途中经过归州、峡州,"全不见递铺传送文字",即使有文书在传递,也是"稽滞累月"者。③ 再如,高宗绍兴十二年(1142年),川陕宣抚司奏称"路中有盗拆递角,藏匿文字,却入白纸在内传送"的情形;荆湖北路部分地区"每铺止有三二人,或妇人传送去处"。④

上述情形到孝宗时候愈演愈烈。孝宗隆兴二年(1164年),朝廷发往广南西路海南四州军的文书,"动辄经年,少则半载",虽然说

---

① 徐松:《宋会要·方域》10之39,第7493页上栏。
② 徐松:《宋会要·方域》11之2,第7501页上栏。
③ 徐松:《宋会要·方域》11之6,第7503页上栏。
④ 徐松:《宋会要·方域》11之8,第7504页上栏。

道途较远，但是文书通信系统的紊乱状况可窥一斑。① 乾道元年（1165年），文书传递违时、稽迟已经严重影响到了三省和枢密院的正常工作，"朝廷发下递角，铺兵传送，例皆稽滞违程"。② 以至于作为兵部侍郎的王炎，发出了"邮传之乖违，无甚于近时"③ 的叹息；更为重要的是此类的叹息并不是个别的特例，同为兵部侍郎的黄均，也有类似看法："递角稽违之弊，盖莫甚于今日"④。细细品味这些叹息，其中既充斥着宋人试图重整文书通信系统的希冀，又包含着他们对该系统日趋紊乱的无奈之感。曹家齐先生曾指出：递角的违失、盗拆现象以孝宗乾道年间最为盛行。⑤ 综合考虑，自孝宗朝以后，包括本区域在内整个赵宋王朝的文书通信系统均大不如前，通信效率低下、通信泄密严重、通信组织混乱不堪，已经走在了崩溃的边缘。

当然，西南区域（无论是川峡四路，还是荆湖北路以及广南西路）作为赵宋政权的外围保障，长期是宋朝与蒙（元）争夺的前沿，故而对文书通信系统的需求更加强烈；所以也采取了一些较具特色的整饬措施，以期略加改进本区域文书通信系统的工作效率。例如，为解决州县界首铺文书传递多大段稽迟的弊病，曾于孝宗淳熙三年（1176年）在川峡四路至行在所的文书通信路径的所有界首递铺添置"点检稽滞递角官"，专一点检州县两界的递铺，催促铺兵及时传递。⑥ 其次，孝宗淳熙六年（1179年）又令本区域荆湖南路和广南西路的"知、通并以提辖本州界分诸铺递角入衔"⑦，实际上是责成

---

① 徐松：《宋会要·方域》11之18，第7509页上栏。
② 徐松：《宋会要·方域》11之18，第7509页上栏。
③ 徐松：《宋会要·方域》11之20，第7510页上栏。
④ 徐松：《宋会要·方域》11之24，第7512页上栏。
⑤ 曹家齐：《宋代交通管理制度研究》，第145页。
⑥ 徐松：《宋会要·方域》11之27，第7513页下栏。
⑦ 徐松：《宋会要·方域》11之28，第7514页上栏。

知州、通判担负督察州内通信系统正常运作的职责。再次，各种通信牌符也多次降给本区域的诸官司，如孝宗乾道三年（1167年）荆南、金州、兴元府驻扎御前都统制，襄阳府、四川制置司，各给黑漆白粉牌十面①；孝宗乾道八年（1172年），再降给四川宣抚司给黑漆白粉牌十面，金州、兴元府等都统制五面②；孝宗淳熙八年（1181）年，降给四川茶马司黑漆白字牌十面③；次年，降给成都府黑漆白字牌二十面④；光宗绍熙五年（1194年），再降给四川茶马司黑漆白字牌十一面⑤。复次，还有重新调整行在所至本区域的文书通信路径，以保证通信任务的正常完成。例如，孝宗淳熙十一年（1184年）曾诏令"自今发付四川制置司递角，经襄阳府、金、房州、汉上路传送，经由州县常切遵守"⑥；李曾伯守靖江府时，曾一度措置广南西路经广东，度梅岭，出江浙，至行在所的通信路径。另外，诸如增置文书通信组织⑦、及时招填铺兵⑧、修缮铺舍⑨、改善铺兵待遇⑩、添置或者改移巡辖使臣⑪等措施比比皆是。

但是不可否认，以上多项措施并未从根本上改善本区域文书通信系统的实际状况，仅仅是暂时延缓了其走向崩溃的过程。到宁宗

---

① 徐松：《宋会要·方域》11之20，第7510页上栏。
② 徐松：《宋会要·方域》11之24，第7512页上栏。
③ 徐松：《宋会要·方域》11之29，第7514页下栏。
④ 徐松：《宋会要·方域》11之30，第7515页上栏。
⑤ 徐松：《宋会要·方域》11之34～35，第7517页。
⑥ 徐松：《宋会要·方域》11之30，第7515页上栏。
⑦ 史籍中有关孝宗以后本区域增置文书通信组织的记载较多，笔者在此仅举一例，以作说明。理宗宝祐六年（1158年）李曾伯刚就任广南制置大使一职，就会同荆湖南路的史岩之整顿、增置靖江府经荆南至行在所的文书通信组织。
⑧ 徐松：《宋会要·方域》11之28、38、39，第7514页上栏、7519页。
⑨ 徐松：《宋会要·方域》11之35，第7517页下栏。
⑩ 徐松：《宋会要·方域》11之38～39，第7519页。
⑪ 徐松：《宋会要·方域》11之35、37，第7517页下栏、7518页下栏。

时期，西南区域的文书通信系统基本上已不能称之为通信系统了，仅是部分通信路径在勉强维持运作。"置邮传令，古人重之，今之递铺，反为虚设……僻州远县，有号令而不知，文书往来，虽遗失而不问"①。理宗朝的情况则是"御前金牌，向者半月到川，今则往往几月而不至夔门；密院雌黄牌，向者两旬至蜀，今则往往三月而不达"②。至此，作为一个满足全区域正常文书通信需求的规模性文书通信系统可以说其已基本瓦解，勉强维持的部分亦断续不明；当然，到蒙（元）势力大举进入西南区域后，仅余的勉强维持部分也荡然无存。

第三节　西南区域文书通信系统演变的个案分析

宋代西南区域文书通信系统的演变情况还可以通过具体个案予以分析。故而本节将视点聚焦到广南西路，考察其文书通信体系的日常运作、紊乱与整饬等具体演变状况。

一、宋代广南西路文书通信体系的运作

早在太祖开宝四年（971年），广南西路即已构建了邕州经严州至桂州的文书通信路径；再北经全州，通荆湖路，可迅速将文书传至京师。其后，经过陈尧叟措置添加递铺等文书通信组织，神宗熙宁八年（1075年）时又设置急脚递铺，遂成为当时全国几条最为繁忙、业务量最大的文书通信路径之一。此外，真宗景德四年（1007年）时，又设置了广南西路的另一文书通信要道即从京师到宜州的线路。可见，赵宋之时的广南西路构筑了较为完备的文书通信体系，

---

① 徐松：《宋会要·方域》11之35，第7517页下栏。
② 杨士奇等编：《历代名臣奏议》卷100《论救蜀四事疏》，上海古籍出版社，1989年影印本。

而且可以推知，此文书通信体系应是按照以县域为单位广泛设置的①，因为在当时仍属较为偏僻落后的海南岛四州（军）共设置有10处馆驿递铺等文书通信组织，具体如下：

（1）星韶驿：为陆海驿，属琼州琼山县。正德《琼台志》卷14《驿递》后有一按语："上十三驿外，星韶［琼山］，澄□□□□，伦江［儋州］系宋驿，……兹特附录于此，使后有所考，《古迹》不尽列云"②。由此按语可知，宋时琼州琼山县应有一星韶驿。《古今图书集成·古迹考》记："星韶驿，在白沙，宋建，今废"③。康熙《琼山县志》亦有记载。④ 白沙即今海口市美兰区灵山镇白沙门村一带，宋星韶驿应在附近。元代在此置有白沙驿，由徐闻县的沓磊驿过琼州海峡，到本岛白沙驿。⑤ 明初亦置有白沙驿⑥，正统年间裁革后在原驿址置河泊所⑦。清时琼山县置琼台驿。

（2）华远馆：为馆驿，属琼州琼山县。《舆地纪胜》的第126卷《万安军·碑记》记载有《琼州华远馆题壁》，叙述高宗建炎二年（1128年）李纲谪居海南岛不旬日即内迁之事。⑧ 据此可知，宋时琼州琼山县应有一馆驿，名华远馆。宋琼山县治今海口市，华远馆应在今海口市内。该馆宋后曾毁。明成化时创建海口公馆，"在府城北十里"⑨。清康熙四十七年（1708年），再建新公馆，

---

① 曹家齐：《唐宋时期南方地区交通研究》，第188页。
② 唐胄纂，彭静中点校：《正德琼台志》，海南出版社，2006年，第331页。
③ 陈梦蕾等编，唐启翠等点校：《地理志·海南（六种）·古今图书集成》，海南出版社，2006年，第405页。
④ 王赞等纂：《康熙琼山县志》，书目文献出版社，1992年，第546页。
⑤ 熊梦祥：《析津志·天下站名》，第132页。
⑥ 杨正泰：《明代驿站考》，第81页下栏。
⑦ 戴璟修，张岳等纂，李昭醇点校：《嘉靖广东通志初稿》，海南出版社，2006年，第66页。
⑧ 王象之：《舆地纪胜》，第950页下栏~951页上栏。
⑨ 唐胄：《正德琼台志》，第303页。

"在海口城内"①。

（3）澄迈驿：为陆驿，属琼州澄迈县。《舆地纪胜》第 124 卷的《琼州·诗》记有苏轼的《澄迈驿通明阁》诗二首。② 可知，澄迈县有澄迈驿，且驿中有通明阁。查嘉靖《广州通志》："通潮阁，一名通明，在县西，乃宋澄迈驿阁"③。可知，该阁在县西。光绪《澄迈县志》："通潮阁，通潮门外"④。由此，该阁位置更为具体，驿址即明。宋澄迈县治今东北旧城⑤，即今澄迈县东北的老城镇，宋澄迈驿应在老城镇西侧。明初此地置有通潮驿，弘治年间裁革。⑥ 清时澄迈县惟置递铺以备驿传。⑦

（4）天涯驿：为陆驿，属琼州临高县。胡铨在《题琼州临高县茉莉轩》的诗中有"眼明渐见天涯驿，脚力行穷地尽州"⑧。可知，临高县应有天涯驿。胡铨谪迁朱崖时曾路过临高县买愁村，有诗云："北往畏思闻善县，南来怕入买愁村。区区万里天涯路，野草荒烟正断魂"⑨。以"天涯路"指称临高的道路，似亦可佐证宋时临高县有天涯驿。而茉莉轩在临高县治东，"宋令谢渥建"⑩。宋临高县治今县西南⑪，即临高县临城镇西南，天涯驿应在附近。是驿宋后不见置。

（5）伦江驿：为陆海驿，属南宁军宜伦县。《方舆胜览》和

---

① 王赞：《康熙琼山县志》，第 396 页下栏。
② 王象之：《舆地纪胜》，第 941 页下栏。
③ 黄佐纂修，蒋志华点校：《嘉靖广州通志》，海南出版社，2006 年，第 320 页。
④ 龙朝翊修，陈所能等纂，陈鸿迈点校：《光绪澄迈县志》，海南出版社，2004 年，第 91 页。
⑤ 郭黎安：《宋史地理志汇释》，第 253 页。
⑥ 唐胄：《正德琼台志》，第 329 页；杨正泰：《明代驿站考》，第 81 页下栏。
⑦ 谢济韶修，李光先纂，陈鸿迈点校：《嘉庆澄迈县志》，海南出版社，2004 年，第 61 页。
⑧ 王象之：《舆地纪胜》，第 942 页上栏。
⑨ 祝穆：《方舆胜览》，第 779 页。
⑩ 聂缉庆等修，桂文炽等纂，刘剑三点校：《道光临高县志》，海南出版社，2004 年，第 108 页。
⑪ 郭黎安：《宋史地理志汇释》，第 253 页。

《舆地纪胜》昌化军下均记有唐人严维的《送李秘书往儋州》诗,其中有"莎草山城小,毛洲海驿长"之句。① 由此可见,唐代儋州即已置有馆驿。据前引正德《琼台志》中的《驿递》后的按语,可知宋时南宁军置有伦江驿。嘉靖《广州通志》载:宋伦江驿是绍兴年间郡守王齐建,"迁(宜伦县治——引者按)于城北三百步,以其基为伦江驿"②。宜伦县治原在城南,后迁到城北,伦江驿在旧县治的基础上创建,可见驿应在城南。宋南宁军,治今儋州市西北新州③,即儋州市新州镇。综上,宋伦江驿应在今儋州市新州镇南。明代置有古儋等驿,以备邮传。④

(6)三里亭:为亭驿,属万安军万宁县。据《舆地纪胜》第126卷的《万安军·景物》:"三里亭,在城东三里,迎送之所"⑤ 可知,宋时万安军城东三里的三里亭应为一亭驿。宋万安军治万宁县(今县)⑥,即今万宁市东万城镇,故三里亭应在附近。明初,是地置有万全驿,弘治年间即已裁革。

(7)海口驿:为海驿,属吉阳军宁远县。《舆地纪胜》第127卷的《吉阳军·风俗》引《琼管志》云:"至吉阳军,则海之极处……递角皆由海道。"⑦ 往来的通信文书皆经由海道递送,表明宋代吉阳军应有海驿。同卷又记:"海口驿,在郭外"。且《诸蕃志》记载:"(吉阳军)郡治之南,有海口驿,商人舣舟其下"⑧。由上可知,宋时吉阳军有一海口驿,且为海驿。宋吉阳军治今三亚市西北崖城

---

① 王象之:《舆地纪胜》,第947页下栏;祝穆:《方舆胜览》,第784页。
② 黄佐:《嘉靖广州通志》,第321页。
③ 郭黎安:《宋史地理志汇释》,第253页。
④ 曾邦泰等纂,林冠群点校:《万历儋州志》,海南出版社,2004年,第105页。
⑤ 王象之:《舆地纪胜》,第950页上栏。
⑥ 郭黎安:《宋史地理志汇释》,第254页。
⑦ 王象之:《舆地纪胜》,第953页下栏.
⑧ 赵汝适撰,冯承钧校注:《诸蕃志校注》,中华书局,1965年,第145页。

镇①，海口驿应在崖城镇海边。明代则置潮源驿，弘治年间裁撤。清代唯置递铺以备邮传。②

（8）甘泉驿：为陆驿，属吉阳军。正德《琼台志》第 27 卷《古迹志·崖州》记载："延德县，在州西一百五十里，今白沙铺西南黎白港。隋置。五代废。宋崇宁中复置。大观初，改为军，又置倚郭县曰通远。政和初，省入感恩。立延德巡检司与甘泉驿，及司迁驿革，旧址成林，石条、石狮俱存。"③ 光绪《崖州志》中"延德废县"条基本相同。由上可知，宋时延德附近有一甘泉驿。查《宋史·地理志》：徽宗崇宁五年（1106 年），初置延德县于朱崖军黄流、白沙、侧浪之间。大观元年（1107 年），改为军，又置倚郭县曰通远。后废为县，再废为砦。④ 宋延德军，治通远（今乐东县西南黄流、白沙之间）⑤，即乐东黎族自治县西南黄流镇附近。综上，宋时的甘泉驿应在乐东黎族自治县黄流镇西北的白沙村一带。明代亦置是驿，正统年间裁革。

（9）南山铺：为递铺，属吉阳军。据前引中的《宋会要》所记政和三年海南岛曾添置急脚马递铺巡辖使臣一事，可知宋时海南岛应置有包括急脚递铺和马递铺在内的、数量可观的各类递铺组织。雍正《广东通志》记载："毛奎，字子文，富川人。淳祐间知吉阳军，能文章，通术数之学，修建城池，迁学造士，尝经营州南大小洞天，为州名胜。后任满，去，至南山铺，不知所往。州人于铺前山中立祠，祀之。"⑥ 由此可知，理宗淳祐年间（1241—1252 年）吉阳军应有一南山铺。正德《琼台志》中记载："相公亭，在州南南山

---

① 郭黎安：《宋史地理志汇释》，第 254 页。
② 张嶲等纂，郭沫若点校：《光绪崖州志》，广东人民出版社，1963 年，第 113 页。
③ 唐胄：《正德琼台志》，第 579 页．
④ 脱脱：《宋史》，第 2284 页。
⑤ 郭黎安：《宋史地理志汇释》，第 256 页。
⑥ 郝玉麟等纂，林子雄等点校：《雍正广东通志》，海南出版社，2006 年，第 226 页。

铺之东,地名兢田",乃仁宗天圣年间(1023—1031 年)丁胃贬谪海南岛的居处。可见,南山铺应该在吉阳军南,东有相公亭。查《方舆胜览》知:相公亭,在城南十五里。综上,宋吉阳军南山铺应在今三亚市崖城镇南山岭下的南山村附近。该铺明时仍见置。

(10)朱崖驿:为陆驿。宋僧人惠洪有《出朱崖驿与子修》一诗,其前二诗为《初至海南呈张子修安抚》和《抵琼夜为飓风吹去所居屋》。① 据四库馆臣的考证,惠洪晚年时曾被流放于海南岛。可知,诗中的朱崖驿应为宋代海南岛地区的驿。朱崖,在古代一般泛指整个海南岛地区。自汉武帝平南粤,以其地为朱崖、儋州郡后,历代或置朱崖,或以朱崖为不同辖境,故而朱崖一般泛指整个海南岛。另外,宋初亦置朱崖军,南渡后曾一度废为县,"(绍兴)十三年复,后改名吉阳军"②。由上述史料很难断定宋时的朱崖驿就属吉阳军。而据康熙时期的《临高县志》记载:元明时,琼州的临高县有一朱崖驿。③ 不知此朱崖驿与宋朱崖驿有无关系。综上,限于史料的阙如,宋朱崖驿的确切位置暂难考证。④

上述广南西路两条通信线路沿途均设置有各类文书通信组织,如步递铺、马递铺、急脚递铺、斥堠铺、摆铺等。而且也基本能较好地满足广南西路文书通信之需求。其通信过程亦须严格遵守文书封装、传递,以及交接等通信过程和通信规程。日常管理同样是由监司提举,诸州通判负责点检,各县令知驱催递角,而且县丞、县尉,乃至主簿均需参与其中,并且也多次措置或增置巡辖使臣往来稽察催促,甚至是临时委派一些官吏督责其文书通信。该文书通信体系应是宋代西南区域乃至整个赵宋朝的文书通信的一个典型案例。

---

① 惠洪,觉范:《石门文字禅》,明文书局,1981 年,第 140 页。
② 脱脱:《宋史》,第 2246 页。
③ 樊庶纂,刘剑三点校:《康熙临高县志》,海南出版社,2004 年,第 55 页。
④ 关于宋代广南西路海北诸州文书通信组织的具体情况,笔者暂未详考,只得留阙待考。

而其更为具体之状况，尤其是南宋晚期的具体状况，我们可以通过考察《可斋杂稿》，描绘其详细之画面。

《可斋杂稿》是南宋名臣重将李曾伯的文集。① 李曾伯于理宗宝祐五年（1257年）奉命调兵屯驻邕州、宜州一带，以便控制广南西路诸少数民族。十一月五日，以荆湖南路安抚大使兼节制广南。十二月一日，改任"资政殿学士、湖南安抚大使，兼广南制置大使，置司静江府"②。此后，直到理宗景定元年（1260年）七月才卸任北调。李曾伯在这三年期间向行在所临安府的朝廷和理宗所报的142份奏劄，均收录在《可斋杂稿·续稿后》第5卷到9卷中③，涉及军事部署、人事布局、后勤供应、民族关系、筑城与关隘维修等方方面面，尤其是大部分奏劄均详细记载了通信日时，可以说是研究晚宋文书通信的最佳史料。

详细梳理142份奏劄，不难发现晚宋时期，广南西路与行在所临安府的文书通信线路主要有三个重要节点，即静江府、邕州和潭州。至于文书传递的速度和程限问题，据黄宽重先生研究：晚宋之时，通信文书由临安府传递至潭州最快需时八天，一般则为十天左右；若以潭州至静江府需四天为计，则从临安府到静江府，通信文书经由急脚递、斥堠递或者摆铺递等"军递"传递共需要十二三天。其

---

① 关于李曾伯及其著述的考察，可以参看《李曾伯研究》（段江昭，河北大学2009年硕士学位论文）、《南宋名臣李曾伯研究》（张俊青，重庆师范大学2012年硕士学位论文）、《南宋词人李曾伯研究》（李多进，西北师范大学2013年硕士学位论文）。
② 佚名著，李之亮点校：《宋史全文》，黑龙江人民出版社，2005年，第2341页。
③ 较早发现该部分史料重要性并加以利用的是陈智超先生，并撰成《1258年前后宋、蒙、陈三朝间的关系》一文（原载邓广铭，程应镠：《宋史研究论文集》，上海古籍出版社，1982年；后，收录到氏著《宋史十二讲》，清华大学出版社，2010年）。近年，黄宽重先生亦利用此部分史料讨论晚宋时期的军事情报收集与传递问题，撰有《晚宋军情搜集与传递——以〈可斋杂稿〉所见宋、蒙广西战役为例》。本节以下内容参考借鉴了黄宽重先生的大作，再至谢忱。

次，广南西路内部的邕州至静江府的文书通信运行情况，可以根据李曾伯向理宗的奏报从侧面推知，其通信文书传递一般需时四天，五天尚属正常程限，但五天以上则属迟滞。

二、宋代广南西路文书通信体系的紊乱及原因

由上述李曾伯的奏剳可知，理宗时广南西路的文书通信体系紊乱状况较为严重。

首先表现在文书通信效率低下，文书传递违时、稽迟严重，甚至是所传文书沉溺、亡失。文书经由斥堠递或者摆铺递等"军递"，从临安府传递到潭州的程限为8至10天，临安府到静江府的程限为12至13天。但是，在李曾伯赴任之初，亦即宝祐六年（1258年）六月以前，临安府与潭州或静江府等地文书往来传递的时间大都会超出上述一般程限，甚至发生"连递迟滞"。如理宗的两道圣旨从临安府传递至潭州，均用时13天，已经超出了8天的一般程限；而且自临安府传递到静江府的通信文书，也时常会超出十二三日的一般程限，其中有四次用时15天，三次用时16天，三次用时17天。但是，由静江府发出，传递至临安府的上传通信文书，则由于史料不足，无法做出确切考察。不过不难推测，靖江府发出的上传文书显然不如临安府朝廷发下的文书传递顺利。例如，李曾伯于二月二十六日，自静江府送出奏状，向理宗报告关于安南受敌的后续处理情况，如此重要的军情，理宗竟迟至四月十四日才由尚书省的省剳中获知；二月间，甚至有四封奏状未送达临安府。以上史实说明，在李曾伯赴任之初，亦即宝祐六年（1258年）六月以前，广南西路静江府与临安府之间的文书通信时有延误，甚至会发生通信文书遗失的现象。

文书通信效率低下同样发生在广南西路内部的文书通信上。文

书由邕州传递到静江府，程限为4至5天。但是在李曾伯任职初期，邕州到静江府的通信文书经常会超过五天，存在迟滞和违时现象。如宝祐六年（1258年）四月二十日，李曾伯在奏劄中曾提到，知邕州云拱于四月十一日由邕州发的奏状，竟至十九日才到静江，前后竟然耗时八天，延误、迟滞之状可见一斑。

其次，理宗时广南西路至行在所临安府的文书通信体系紊乱还表现在文书通信组织混乱。根据李曾伯向理宗的奏劄："臣自二月六日到静江，至三月三日凡共发八递，并是一样牌角发入军铺。独有十一日一递乞改邕守者却幸无差迭，前后凡七递，中途俱为转入省铺，致此稽误。臣久已差人根刷。"① 二月六日到三月三日发出的八封递角，其中七封迟滞、违时。原因就是文书传递过程中通信组织混乱，竟然步递铺、马递铺等省递与斥堠递或者摆铺递等"军递"混淆，将这七封递角转入省递传递。

再次，至于该文书通信体系的通信泄密状况，暂未有直接、正面的史料以供判断。但前文述及的屡次沉溺、亡失的通信文书中难免会有遭到藏匿、盗拆、偷看，或许就会有通信泄密。因未有史料支撑，暂不细论。

关于该文书通信体系紊乱的原因，简而言之，既有晚宋之时文书通信系统紊乱的一般原因，又有广南西路此时的具体因素。前者如拖欠铺兵衣粮、私役铺兵、铺兵逃亡，以及官员填补不力等造成的递铺从业人员即铺兵不足；督责、监察的官员和使臣不按法令督促文书通信，甚至舞弊、失职；文书通信种类繁多，官员又不依法令发递，尤其是一般通信文书也发入急脚递、斥堠递、摆铺递等高等级通信组织传递，造成通信系统紊乱。后者，即广南西路此时的具体因素，主要表现在：一是广南西路数百年来均处于宋朝的大后

---

① 李曾伯：《可斋杂稿·续稿后》卷六《回宣谕奏》，《全宋文》第339册，第312页。

方，值此之时，蒙（元）对宋采取"斡腹之谋"①，方才于遽然之间变为宋蒙斗争的前线，而文书通信体系则是积累数百年之弊端，一时之间不能较好满足其繁重的通信需求，故而出现紊乱之状；二是广南西路"蕞尔孤远，邈在岭表，去君门万里"②，距离行在所临安府实在遥远，通信文书在如此长的距离中传递难免会出现这样或那样的问题，因而出现迟滞或者亡失等紊乱之状；三是一个较为具体的因素，"盖因臣初至，应飞未行，新旧交加之所致"，即李曾伯才受命任职广南制置大使，尚未到任，或者才到静江府，还没有完成与原经略使印应飞交接职务，"两司新旧之交"，导致文书通信体系出现紊乱之状；四是宋蒙之间的战事直接导致文书通信体系的紊乱甚至是崩溃。

三、宋代广南西路文书通信体系的整饬及演变

宋朝向来重视对信息流通渠道的经营。当此之时，蒙古进犯西南，李曾伯临危受命，赴静江府任广南制置大使，所以广南西路与行在所临安府之间的通信通畅就显得尤为重要。但是，面对上述广南西路文书通信体系紊乱现状，理宗认为"关系非小"，要求李曾伯"契勘究治"，对其加以整饬。李曾伯及时措置整饬，具体如下：

一是多次申明法禁，严明法令。如"申严之训"，又将文书通信的法令及处置违时铺兵等情况"遍行告谕"各递铺，要求铺兵依法作业、依限传递。二是多次督责、惩处和犒赏铺兵。在李曾伯赴任之初，因通信文书"连递迟滞"，所以"追递兵痛惩"，严厉惩处了不依程限及时传递通信文书导致其连续迟滞的铺兵；而且，为提高铺兵的工作积极性，增强文书通信体系的运行效率，李曾伯在宝祐

---

① 关于"斡腹之谋"的相关讨论可以参阅温海清的《再论蒙古进征大理国之缘起及蒙哥与忽必烈间的争斗问题——以所谓"斡腹"之谋为主线》(《中华文史论丛》，2016年第1期)。

② 李曾伯：《可斋杂稿·续稿后》卷六《回奏两次宣谕》，第339册第313页。

六年（1258年）四月间就"以开阃体例支犒沿途铺兵一次"①，给予铺兵犒赏。三是夹批通信牌符。在《可斋杂稿》的这部分史料中，提及庚递14次，直接提及庚牌3次。所谓庚牌就是前文所述的通信牌符，而所谓庚递就是夹批了通信牌符以便铺兵能单独摘出迅速传递的通信文书。这无疑是李曾伯措置整饬广南西路文书通信体系的一种表现。四是多次派遣官员或者使臣督促文书通信，即"臣久已差人根刷""常切督趣""当一月驻磨一次时刻"之类的措施。五是增设递铺。李曾伯于宝祐六年（1258年）六月间，在静江府通往荆湖南路的文书通信线路沿途分别增添了6个递铺②；同时，请求朝廷督促沿途的荆湖南路及江南西路也相应增添了递铺③。六是开辟新的通信线路。这是在蒙古大举进犯，围困静江府的情况下，导致原有文书通信线路阻隔中断，李曾伯被迫派铺兵从间道出发，走小道传递通信文书；甚至一度放弃一直以来由静江府北上经荆湖南路转江南西路至行在所临安府的文书通信线路，而尝试开辟从静江府东出，过广南东路，折而北上从福建路至行在所临安府的新通信线路。

经过上述努力，广南西路文书通信体系的运行效率有所改善。一般情况下，广南西路的静江府与行在所临安府之间的文书通信能维持13天以内完成，在紧急情况下，甚至能在10天内，将消息自临安府送达静江府；而在广南西路内部，从静江府到邕州，一般则需要四五天的日程。

然而，从宝祐六年（1258年）十一月到开庆元年（1259年）三月间可见的通信记录中，最快的一次是8天，其次为11天，其余均在12天或以上，甚至有到16天的记录。表明此时广南西路文书通信体系的运行效率又有所下降。到开庆元年五月以后，由于战况趋紧，

---

① 李曾伯：《可斋杂稿·续稿后》卷六《回奏宣谕》，第339册第306页。
② 李曾伯：《可斋杂稿·续稿后》卷六《回奏宣谕》，第339册第327页。
③ 李曾伯：《可斋杂稿·续稿后》卷六《回奏宣谕》，第339册第331页。

李曾伯再次"行下本司所管铺兵，遵照期限走传"，整饬文书通信体系，提高其运行效率，通信文书传递时程因此又加快为 10 天。

但是，在蒙古第二次侵入广南西路后，其文书通信体系便出现了严重的问题。蒙古军于开庆元年（1259 年）八月八日进犯横山寨，九月二十二日，蒙军突至静江城下，径犯南门圃子。此后，两军便在静江僵持二十多日。静江府既被围，对外联络中断，文书通信亦梗塞不通。李曾伯分别于九月二十四、二十五、二十九日，及十月四日、六日，五次令铺兵从间道出发，试图向枢密院呈报战况，均无法如愿，反在十月七日，接获递兵由清湘小路传来理宗九月二十六日圣旨，指示曾伯不宜闭城自守，应派兵遏其锋，以免蒙兵透出内地。这道圣旨避开为蒙军所占领正路，改由清湘小路，在 11 天内即抵达静江。李曾伯于十月八日回奏，并令递兵五人从小路走传，虽经半月抵达全州，但在路途中，敌骑充斥，递兵遭蒙军杀害，仅有一人脱身传回庚牌。静江府到荆湖南路的文书通信线路既受阻，李曾伯担心广西军情无法传抵临安府，便于十月二十二日再派官兵唐胜等五人，改道广东，度梅岭，出江浙，以向朝廷递途奏状。十一月三日，又有荆湖南路铺兵自间道传来十月二日理宗遣王仲珪所传的圣旨，这份圣旨在战乱中历经险阻，耗时一个月才辗转送达李曾伯手中。可见，随着战事的紧张和激烈，广南西路的文书通信体系已经远远不能保证正常的运行，达到了崩溃的边缘。

第六章　宋代西南区域文书通信系统的社会功用

在交通工具落后、传播手段单一的情况下，中央政令的下达，地方行政事务的汇报，军事信息的传播等，各类信息的传递与传播需有一个高效的通信系统才能做到。西南区域相对完整的文书通信系统，保证了两宋时西南区域通信的畅通。同时，本区域文书通信系统的建构直接带动诸多交通道路的修筑和开通，这在较大程度上起到了改善交通行旅环境的作用；并且推动了该区域经济文化的发展，繁荣了茶叶、食盐、丹砂等区域特色产业，加速了城镇的发展，加快了人口的增长，促进了区域开发。

第一节　宋代西南区域文书通信系统与信息的传递和传播

畅通的信息流通渠道既有助于区域内信息的流通，更有助于本区域与远在京师的朝廷间信息的流通，是朝廷与各级政府的各项政策和政令迅速下达的重要保障，也是各项施政信息及时反馈的通道，所以是政府实现信息传递和控制进而实现社会控制的重要一环。经过努力，宋朝在西南区域构建了基本满足其信息传递和控制需求的信息流通渠道，并持续发挥作用，能较好地满足本区域日常政令和政情的上传与下达。

一、文书通信系统与行政信息的传递和传播

文书通信系统传递的各类通信文书数量最为巨大者当首推行政文书。《宋史·职官志》记载：进奏院"掌受诏敕及三省、枢密院宣札，六曹、寺监百司符牒，颁于诸路。凡章奏至，则具事目上门下省。若案牍及申禀文书，则分纳诸官司。"① 大量的行政文书在中央由进奏院收发，而文书的传递则经由诸路的文书通信组织，"官文书则量其迟速以附步、马、急递"②。这些"官文书"首先为政府下达的政令，如太祖乾德五年（967年）"命川、陕诸州长吏、通判并兼桥道事"③ 的诏书即是经由新近设置通往成都府的递铺组织传递。

再如，《舆地广记》记载了仁宗景祐三年（1036年）一次刑部案牍经由文书通信系统传递时发生误递的事情，"以京递发潍州断狱文书，误至维州"④。此为中央司法机关，经由递铺组织下达司法审判文书的例证。宋代京师往诸路、州、军发递公文书时，由于场景较为壮观，竟然引来都人的竞相围观。"诸州进奏各院有递铺腰铃黄旗者数人，俟宣敕讫，即先发太平州、万州、寿春府，取'太平万寿'之语。以次俱发，铃声满道，都人竞观。"⑤ 仅同时发此三处公文书即引来都人的围观，发往各地的文书之多可想而知。当然，朝廷的各类行政文书并不是全部依次发往各路、州、军的。真宗大中祥符五年（1012年）即已下诏："凡降德音条贯等，其溪、狭、南、

---

① 脱脱：《宋史》卷161《职官志一》，第3780页。
② 脱脱：《宋史》卷163《职官志三》，第3856页。
③ 李焘：《长编》卷8，乾德五年十二月是岁条。
④ 欧阳忞著，李勇先、王小红校注：《舆地广记》卷30《成都府》，四川大学出版社，2003年，第563页。
⑤ 周密：《武林旧事》卷1《登门肆赦》，西湖书社，1981年，第11页。

第六章 宋代西南区域文书通信系统的社会功用

高、富、鹤、上锦、下锦、奖、叙、懿、古、元、显、绣、云、顺、波、晃、天赐二十州不须降去。"① 此二十州大都地处西南，且多为宋的羁縻州。

各地大小官员的奏折、案牍、申禀等文书，亦由文书通信系统递送至京师。递送奏章，如神宗元丰八年（1085年）时任成都府知府的吕大防陈述西南地区新法推行情况的奏章，即"以所见条析，入急递奏来，于入内内侍省投进"②。陈述新法之优劣的奏章由急脚递铺传递，一昼夜急行五百里，由成都府发递十余日即可到达京师，此亦表明神宗皇帝对蜀地新法推行情形的重视，对成都知府吕大防意见的重视。递送案牍文书，如真宗天禧五年（1021年）时曾下令"广南路民讼命官不公者，须本官在任，及得替未发，事实干己，及条诏许诉者，乃得受理。如已离任在路，除犯赃及私罪徒以上，即委转运提刑司体量证佐，明白非诬陷者，乃得追摄。自余咸飞驿以闻"③。"飞驿以闻"是指将此类民讼官的案件，通过递铺急速传递至京师，由皇帝或刑部协调处理。递送申禀类文书，如剑州申禀各县"增置主簿一员"④，专职负责一县的邮驿事宜；夔州路转运司乞"诸马递铺兵阙额，如系重难铺分，招人不足，许本城不系配军投换改刺，仍就小分给请受，及关报住营处遣家属"⑤等。

此类行政信息的高效传递，实现的是文书通信系统"置邮而传命"的功能，即连接着朝廷与西南诸路的信息交流，从而保证了宋代西南区域政令的通畅。西南区域文书通信系统传递的某些行政信息，如从朝廷定期发来的邸报，各级官员都可以接触到，亦强化了

---

① 徐松：《宋会要·职官》2之45，第2394页上栏。
② 李焘：《长编》卷359，元丰八年九月辛丑条。
③ 李焘：《长编》卷97，天禧五年六月癸丑条。
④ 李焘：《长编》卷97，天禧五年五月丁酉条。
⑤ 李焘：《长编》卷252，熙宁七年夏四月乙亥条。

西南区域内各级地方政府之间的横向联系。如《宋史·马伸传》载：高宗绍兴年间何兑为辰州通判，"睹邮报，秦桧自陈其存赵之功，谓它人莫预。（何）兑径取所辑事状达尚书省，桧大怒，下兑荆南诏狱"。① 此外，西南区域各部族间亦有类似之通信。如端拱二年（989年），西南少数民族的一部南宁州夷王龙汉璇即曾"贻书五溪都统向通汉"②，协商偕同入贡等事宜。

二、文书通信系统与军事信息的传递和传播

传递军事信息是宋代西南区域文书通信系统建构的最主要目的之一。军事信息的高效传递，对战事有着尤为重要的影响，因而在军事活动中完善的通信系统显得着实重要。《宋史·王全斌传》载，成都全师雄起兵反叛，切断了成都的交通要道，致使"邮传不通者月余，（王）全斌等甚惧"③。太祖开宝四年（971年）广南西路的邕州、桂州"修置铺驿"④，真宗大中祥符九年（1016年）梓州、绵州"置递铺"⑤，神宗熙宁八年（1075年）"自京至广西邕、桂州已来，沿边置急递铺"⑥。纵观上述西南区域几次大规模设置递铺、完善文书通信系统，均为用兵之际。是时，军事信息的传递与传播或为其首要任务。

军事信息中最重要的是行军状况和战报等信息。太宗淳化五年（994年），王继恩领兵在川东镇压王小波、李顺起义，几日即遣使驰

---

① 脱脱：《宋史》卷455《马伸传》，第13369页。
② 脱脱：《宋史》卷496《蛮夷列传四》，第14224页。
③ 脱脱：《宋史》卷255《王全斌传》，第8922页。
④ 徐松：《宋会要·方域》10之13，第7480页下栏。
⑤ 李焘：《长编》卷86，大中祥符九年三月丙寅条；徐松：《宋会要·方域》10之24，第7485页下栏。
⑥ 李焘：《长编》卷271，熙宁八年十二月丁未条；徐松：《宋会要·方域》10之24，第7485页下栏。

第六章　宋代西南区域文书通信系统的社会功用

奏或发递入奏。五月的一份"捷书"中，禀报了四月下旬至五月的行军动向；十二日的一次兵捷，"曹习等一战破贼寨，趁贼众上山入水、四散奔走等，〔赶〕截杀戮及拥入大江，约三千余人，并夺下大小舟船四只……收取阆州，寻入城，夺得骡马牛驴，封占仓库，招安百姓一万余人，点检军资库钱帛、盐曲，共计五十一万贯、斤、两、匹、石、头、口"；十七日夜的一次兵捷，"贼烧绵州粮草，时王华领众先入州城，战退贼千余人，乘势拥入大江，并夺到枪掉刀呈验"。① 此类行军报告和战报捷书等，相关史籍中记载较多。神宗时用兵交阯，曾下诏要求"安南行营军前动静，朝廷欲日知之，可令权发遣邕州事周沃日具以闻"。② 日发一递报告军队动向，这与《武经总要》的要求相符。"凡行军，主将不以有无事机，并须日一发奏，仍令急递，或事非文字可传者，即差亲信驰奏。"③ 如此一来，沿路通信组织传递的信息量就陡然激增。以至于一年后，神宗不得不亲书手诏下广西转运、提点刑狱、经略邕州安抚都监司，"自今后非紧切边事，毋得擅发急递，及经略司已奏者，不须重复"④。延至南宋，荆湖、广南、川峡等路长期为用兵前线，时常奏请降给各类通信牌符，用以快速实现军事信息的传递。李纲任荆湖广南路宣抚使时曾多次请求降给金字牌。⑤ 孝宗乾道三年（1163年），降给金州、兴元府驻扎御前都统制司和四川制置司，黑漆白粉牌各十面。⑥ 八年（1172年），又仿"昨置黑漆白字牌式样，更行制造"，"四川

---

① 徐松：《宋会要·兵》14之11，第6998页上栏。
② 李焘：《长编》卷280，熙宁十年春正月壬子条。
③ 曾公亮：《武经总要》前集卷15《行军约束》，解放军出版社·辽沈书社，1988年中国兵书集成本，第751页。
④ 李焘：《长编》卷289，元丰元年五月辛丑条。
⑤ 李纲：《梁溪集》卷67《乞差内使一员承受发来文字奏状》。
⑥ 徐松：《宋会要·方域》11之20，第7510页上栏。

宣抚司给牌十"，金州、兴元府都统制司给牌五面。① 详尽的汇报前线的军事动向，一方面利于朝廷全面把握军机，适时调整军事行动，保证枢密决策的可行性；更为重要的，从一侧面映射了赵宋皇室以及执政文臣对武人的不信任，折射了有宋一代的立国方略。

当然，宋代西南区域文书通信系统传递的军事信息还涉及前线军事部署、人事布局、后勤供应、民族关系、筑城与关隘维修等方方面面。前文已述，《可斋杂稿》的相关资料，详细描绘了晚宋时期广南西路抗蒙前线内部的静江府、邕州与行在所临安府之间军事信息传递和传播的生动画面。

发达的文书通信系统不仅在中央和地方、枢密与前线统帅之间流通信息，同时亦能在战争双方之间进行沟通。宋有"贼大难制，则用金字牌以招之"的惯例。抚州人周僧聚众叛乱，由于叛军据守险山，官军一年多不能平叛，即曾发"金字牌以招之"。② 宜州抚水的少数民族，太宗雍熙年间（984—987年），屡次寇边，朝廷亦"诏书招安"。③ 仁宗庆历五年（1045年）宜州白崖山的少数民族反叛，广南西路转运按察安抚使杜杞赴任途中"遣急递以书谕蛮，听其自新"。④ 皇祐初年，广源的少数民族侬智高同交阯相恶后，数次"赍金函书"与知邕州陈珙。五年（1053年），狄青进剿侬智高时，亦曾发书至归仁铺。⑤ 至和二年（1055年），辰州北江的少数民族彭仕羲反叛，朝廷兵临其地，"且驰檄招谕"。⑥ 发金字牌、遣急递等大都是由递铺等通信组织往来传递，文书通信系统在其中发挥着沟通

---

① 徐松：《宋会要·方域》11 之 24，第 7512 页上栏。
② 吕南公：《灌园集》卷 19《饶寺丞墓志》，文渊阁四库全书本。
③ 脱脱：《宋史》卷 495《蛮夷列传三》，第 14205 页。
④ 脱脱：《宋史》卷 300《杜杞传》，第 9962 页；李焘：《长编》卷 155，庆历五年三月甲子条。
⑤ 脱脱：《宋史》卷 495《蛮夷列传三》，第 14215～14217 页。
⑥ 脱脱：《宋史》卷 493《蛮夷列传一》，第 14179 页。

第六章 宋代西南区域文书通信系统的社会功用

战争双方的作用。

战时部分通信组织不仅仅是被动地传递相关军事信息,有时也能主动地获取敌方的军事情报,成为集侦察、传播等功能于一体的通信组织。《武经总要》一书对此有详细记录。主张"凡军行,去营镇二百里以来须置递铺,以探报警急,务择要径,使往来疾速。平陆别置健足之人,水路则作飞艇,或五里或十里一铺。纵非敌来之方,亦须置之。"① 五里或十里即设置一递铺,陆路置"健足",水路置"飞艇",主要目的就是探测敌情,传递警急。在《虎钤经》中亦有类似的记录,"每铺相去三十里,于要路山谷间牧马两匹与游奕计会,有事警急烟尘入境,即报探"。②

三、文书通信系统与社会信息的传递和传播

暌诸宋代,文书通信系统"官办、官有、官用"的性质毫无损动,其传递的信息,无论是行政文书还是军事信息,几乎全为官方资讯。从此层面上讲,两宋时期西南区域的文书通信系统是一个将下层民众排除在外的通信系统。但是,作为一个覆盖全区域的信息传递和传播网络,除了行政、军事等信息外,必定会有相当部分的社会信息混杂其间。诸多馆、驿、递铺等文书通信组织,其传递的社会信息涵盖范围较为宽泛,既包括各区域的灾异变化、风土人情,亦应含有相当大一部分的私人信息。

文书通信系统传递灾异变化等信息的例子。如王明清在《投辖录》中即有此类记载。神宗熙宁年间,神宗遣内侍高伟使蜀。回京途中,路过华阴县,投宿在县驿中,"忽一老卒若抱丝者,前白曰:某住此多年,今夕气候非常,必有大灾异,官人速去,或可免,不

---

① 曾公亮:《武经总要》前集卷5《递铺》,第204页。
② 许洞:《虎钤经》卷6《马铺第六十三》,文渊阁四库全书本。

可留也。"① 在老兵的一再请求之下，高伟离驿投他铺。是夜，华山北侧果然大面积滑坡、坍塌。在宋代，由于自然或人为的原因，各种自然灾害频繁发生。根据方燕教授的分析，按信息传输渠道的不同，宋代各类灾害信息"可分为正式信息和非正式信息两大类，正式的灾害信息是通过体制性渠道获取的信息，以公文为主要的传递形式，而非正式的灾害信息则是通过体制外的渠道获得的，以口头形式的人际传播为主，如民谣、流言、小道消息等"②。对于前者而言，正式灾害信息的传递和传播有赖于各级官员，特别是基层官员"由于处于受灾地区的前沿，对灾伤信息的反馈和处理比上级政府更为方便和快捷"③。对于后者而言，两宋之时形形色色的各类灾害信息如不适当加以管控和约束，则容易滋生谣言和流言。这些灾害流言纠缠着许多复杂的社会心态和破坏因素，往往会很快发展成为侵蚀政府权威和扰乱社会秩序的一股灰色力量。"因此，警惕防范各种灾害流言的危害，遏制其滋生蔓延的势头，迅速、妥善地处理化解危机，成为宋代各级政府高度重视和密切关注的重要问题。"④

　　文书通信系统传播风土人情等信息的作用，文献中亦有相关记录。仁宗至和年间，彭乘转任邕州。路过宜州金城驿，隐约听见"如以手搭腰鼓者"。于是，问邮卒曰："何处作乐？"邮卒的回答着

---

① 王明清撰，燕永成整理：《投辖录》，大象出版社，2013年全宋笔记本，第6编第2册第80~81页。

② 方燕：《宋代灾害信息的传播与管控》，《"10至13世纪中国国家与社会"国际学术研讨会暨中国宋史研究会第16届年会论文集》，中国宋史研究会·杭州师范大学，2014年。

③ 周浩：《北宋中期水灾处置研究》，重庆师范大学硕士学位论文，2016年，第42页。

④ 方燕：《宋代灾害流言的传播心理与应对策略》，《四川师范大学学报（社会科学版）》，2016年第5期，第155页。

实惊奇:"非也,乃鸺鸟禁蛇!"① 原来,金城州地处亚热带地区,周边飞鸟虫蛇之类较多,不时即有"鸟蛇相争",其声与腰鼓极为相似。

  文书通信系统之所以能传递些许灾异变化、风土人情、私人信息等,一方面是因为宋时递铺、馆驿等文书通信组织在通信之外,仍承担着接待的功能,各级官员或是赴任,或是回京,或是巡按都可留宿其中;形形色色的一般民众,如商人、僧侣、道人等,只要有朝廷许可,亦能投宿其中。于是,无形之中文书通信组织就渐而发展成为一个个小型的信息集散中心,各色各样的信息在人员流动中得到交流。在某些情况下,政府也利用其"信息集散中心"的功能,将部分信息"粉壁晓示"②,以求广泛传播。另一方面是因为两宋政府允许"私书附递",大量私人信件经由文书通信系统往来传递,期间亦有些许信息透露、扩散。藉此,一个个的文书通信组织即连接成为一个遍及社会每一角落的信息网络,行政、军事及社会等信息即由此传播开来,从而促成了各类信息在全社会范围的流通。

第二节　宋代西南区域文书通信系统与交通行旅环境的优化

  宋代时,行人外出依然面临严峻的瘴疠、疾疫、劫掠、盗寇等

---

  ① 彭乘著,孔凡礼点校:《墨客挥犀》卷5《鸺鸟禁蛇》,中华书局,2002年,第340页。
  ② 学界有关两宋"粉壁"的研究成果较为丰硕,可参见高柯立《宋代的粉壁与榜谕》(邓小南主编《政绩考察与信息渠道——以宋代为重点》)、李德辉《论宋人驿铺题诗》、李德辉《唐宋馆驿制度及其与文学关系研究》、刘洪生《唐宋题壁诗词的思想价值》等文论。

各种自然、社会和人为的行旅风险问题。① 宋代西南区域也不例外，甚至特定时期较之其他区域尤甚。一方面是因为西南区域大都地势崎岖，地形起伏较大，自然条件恶劣，致使交通行旅环境不佳。如宝庆府在宋初仍然有不少瘴疠，那么西南区域其他更为偏僻的地方则可想而知；而且地势崎岖也导致路况较差，蜀道号称"难于上青天"。如涪州的道路多"在巉岩险峻之中"，即使是官道也"近江多乱石"，虽然部分路段修有栈道以便通行，但是溺亡、坠崖等风险较大；此外，多变的天气往往会阻碍行人出行，打乱行旅计划，甚至是因此染上沉疴，宋人徐玑曾经过沅州幽兰铺并留有题壁词，其中写到"秋欲暮，路入乱山深处，扑面西风吹雾雨"。另一方面，劫掠、盗寇等社会和人为风险也影响着宋代西南区域的行人。在辰州，因为山多而且部分地区人口稀少，所以经常有人遭到剽掠，影响交通道路的正常通行；韩元吉在通判邵州和靖州时，曾经发生过溪峒的少数民族伪冒为官宦世家，"带家属止驿铺，以诱市吾人为奴婢"的欺诈行为；至于西南区域各类叛乱、流寇、义军势力阻断交通道路之事亦有发生，如前文所述的杨晟台部义军曾"断渠阳道"，切阻往来交通。

西南区域文书通信系统的建构直接带动了诸多交通道路的修筑和开通，这在较大程度上起到了改善交通行旅环境的作用。当然，沿线设置的馆、驿、递铺等文书通信组织机构，既能为行人提供车马等交通工具，又能为行人提供食宿服务，从而改变了原来行人

---

① 铁爱花教授近年持续关注宋代女性群体的行旅风险问题，取得了诸多可喜的成果，笔者获益良多。如《宋代女性行旅风险问题续探》（浙江学刊，2016年第4期）、《宋代女性行旅风险问题探析——以女性行旅遇劫为中心》（浙江学刊，2015年第1期）、《宋人行旅中情色诈骗问题探析》（社会科学战线，2013年第7期）、《旅者与精魅：宋人行旅中情色精魅故事论析——以〈夷坚志〉为中心的探讨》（中国史研究，2012年第1期）。

"凡至宿泊，多倚溪岩就水造食"的局面，所以能大大改善西南区域的交通行旅条件。而且馆、驿、递铺等文书通信组织机构都驻守有铺兵，这能在一定程度上改善地方的治安状况，减少劫掠、盗寇等行为的发生，保障西南区域的交通行旅安全。下文以地处今湘鄂渝黔边境的武陵山片区①为案例，分析宋代该区域文书通信系统与交通行旅环境的优化关系。

一、宋代武陵山片区陆路交通道路

1. 施黔驿路

施黔驿路因为是驿路②，所以是宋代武陵山片区内部一条重要的交通道路，始于夔州路施州建始县，西南行经清江县、绍庆府黔江县，至彭水县。绍庆府本黔州，理宗绍定元年（1228年）升府，治彭水，习惯上，时人仍多沿称黔州。《舆地纪胜》的第176卷《黔州》"风俗形胜"条引《旧志》云：当时的绍庆府"路途阔远，亦无馆舍，凡至宿泊，多倚溪岩就水造食，钻木出火"③。可见绍庆府

---

① 武陵山脉绵延渝鄂湘黔4省市，是乌江与沅江和澧水分水岭。其覆盖区域称武陵山区，面积约17万平方公里，包括湖北、湖南、重庆和贵州的64个县市。武陵山片区自太祖建隆四年（963年）取荆南，开始纳入赵宋统治；其后经过平湖南，思州田祐恭内附，以及经营溪峒等措置，逐步扩大并掌控本区域。直到恭帝德祐元年（元世祖至元十二年，1275年）元军大兵压境，思州田景贤归附元朝，赵宋势力彻底退出。行政区划方面，武陵山片区在宋代分别隶属夔州路、荆湖北路以及荆湖南路，包括夔州路绍庆府、施州、思州、珍州的全部及咸淳府、涪州的一部分；荆湖北路澧州、辰州、沅州、靖州的全部及常德府、归州、峡州的一部分；荆湖南路宝庆府、武冈军的全部及潭州的一部分。

② 宋代的交通道路一般有官路、私路与驿路、县路的区别，具体内容可参阅《官路、私路与驿路、县路——宋代州（府）县城周围道路格局新探》一文。（曹家齐：《官路、私路与驿路、县路——宋代州（府）县城周围道路格局新探》，学术研究，2012年第7期。）

③ 王象之：《舆地纪胜》，第1208页上栏。

当时交通道路条件之一斑。① 哲宗绍圣年间（1094-1097年），黄庭坚谪居黔州就是由此路入黔的。② 黄庭坚在其诗文中也多有记述沿途馆驿等。根据本书第三章的考证，施黔驿路沿途有施州驿、小猿叫驿、驴瘦岭马铺、太平驿、浮塘驿、建始驿、歌罗驿等几处馆驿递铺。

至于该道路何时辟为驿路，何时在沿途设置馆驿机构则暂未能确考。但从北宋以至整个南宋时期施黔驿路都在行用。而且在度宗咸淳二年（1266年），知州张朝宝还再一次修整了该道路，并刻石以记，文曰："渐入佳景，宋咸淳丙寅季冬，郡守张朝宝平削险巇，拓砌此路，以便行役。"③

2. 沅靖驿路

沅州和靖州在宋朝初年均为溪峒羁縻地区，神宗熙宁年间（1068-1077年）章惇经制荆湖④，极力进取，相继收复建为经制州。后，建制屡有变更，直到徽宗崇宁二年（1103年）诚州改为靖州后，建制略微稳定。

沅靖驿路最早应创置于熙宁年间建立经制州的时候。据记载：神宗熙宁九年（1076年）知徽州杨光衔等降宋，并"乞自修道路，及用材木共力起铺屋驿舍等"，主动修筑道路，建设馆驿以迎官军⑤。

---

① 明人曹学佺在《蜀中名胜记》卷19中亦引此内容，并认为这并非《旧志》的内容，而以为"摩围山唐人石刻"。（曹学佺：《蜀中名胜记》，第270页。）
② 严耕望先生在《唐代交通图考》卷4《山剑滇黔区》文中简略记述黄庭坚入黔的路途。
③ 石刻位于今湖北省恩施市七里坪旧州城南门口的悬崖上。（杨华、屈定富：《长江三峡南岸入蜀古道考证》，第11页。）
④ 张筱兑：《论章惇及其对荆湖的经略——宋代文官集团研究系列之》，甘肃联合大学学报（社会科学版），2007年第3期。
⑤ 李焘：《续资治通鉴长编》卷278，熙宁九年冬十月甲辰条；陈佳华、蔡家艺、莫俊卿等著：《宋辽金时期民族史》，四川民族出版社，1996年，第498页。

第六章 宋代西南区域文书通信系统的社会功用

驿路始自沅州卢阳县,南行经托口寨、洪江口、梅口,到达靖州界①;再沿渠河谷地上溯至靖州永平县、通道县,经收溪寨可达广南西路界。靖州南向与广南西路的融州、宜州等地之间本无道路。神宗元丰六年(1083 年),在知州周士隆的主持下开通新道路,"其趋融、宜,比他处为捷途,自(收溪)寨至广西佛子坡三十里"②。自此开通了靖州南向通往广南西路的道路,为本区域又增辟了一条区域间沟通往来的交通道路。③ 这条驿路随即成为当时朝廷控扼武陵山片区南部沅州、靖州溪峒诸少数民族的要道。哲宗元祐三年(1088年),五溪的少数民族杨晟台率领溪峒民起义,"断渠阳道"④,曾一度扼制了靖州与外界联系的通道,导致官军不得进。可见沅靖驿路在当时的重要性。然而,随着朝廷与溪峒势力在本区域内的胶着和反复,尤其是沅州、靖州以及下辖各县和堡寨等废复不定,沅靖驿路也屡经创开-废置-复开的怪圈。

宋代沅靖驿路可考的馆驿递铺如下:

(1)龙标驿:为陆驿,属沅州。《舆地纪胜》第 71 卷的《沅州》记载:龙标驿,在镇江寨。又:镇江寨,本唐之龙标县,后没入溪峒,"熙宁收复,以其地置寨;元丰三年,废为铺"。唐时龙标县治今湖南芷江东南唐纠山,宋时龙标驿应在其地。

---

① 李焘:《续资治通鉴长编》卷 335,元丰六年五月戊子条:西上阁门使、果州刺史谢麟言:缘沅州与诚州元自梅口为界,今因割移四堡,遂以洪江口为界。自洪江口至梅口江约三驿,又从托口寨卢阳县界至梅口江约四驿。

② 王象之:《舆地纪胜》卷 72《靖州》"收溪寨"条,第 640 页下栏。

③ 廖幼华先生在《宋代湘桂黔相邻地区堡寨及交通》文中立足湘桂沟通的视角,将沅靖驿路称为"诚融通道",又以诚州为中心节点,将其分成"南段"和"北段",并且详细列出了道路的走向和途经的重要节点堡寨,用功甚深,可资阅。但是,文中对道路走向等若干关键问题并没有列出具体的考证过程以及明确的文献来源等信息,所以不知其所列细节出自何处,有待进一步商榷。

④ 脱脱:《宋史》卷 333《余良肱附子下传》,第 10718 页。

（2）熟平铺：为陆驿，属沅州黔阳县。据上书同卷记载："在黔阳"。宋黔阳县治今县西南黔城，所以熟平铺应在今黔城周围。

（3）茭托铺：为递铺，属沅州黔阳县。据《舆地纪胜》第71卷的《沅州》记载："在黔阳郡"。另据《湖广通志》卷十四记载："茭托铺，在（黔阳）县东一百六十里。"可知其在今县东。"自安江至茭托皆溪峒出入要道。宋时特置砦铺以控扼之。"说明茭托铺在宋代控扼黔阳县溪峒人出入要道。

（4）幽兰铺：为递铺，属沅州。据上书同卷引《云谷杂记》云："沅州道间有古驿曰幽兰铺"，并记载有叫徐玼的人路过该铺且在递铺墙壁上题词，有"雨驿亭欣暂驻"之句。可知，宋代沅州有一幽兰铺，具体位置不详。

（5）金袍铺：为递铺，属靖州永平县。金袍铺，"在永平县（靖州治所）西二十里"①。宋永平县治今县渠河东岸，金袍铺应在其附近。

3. 梅山驿路

梅山，古地名，位于今湖南中部新化、安化交接地带，属荆湖南路宝庆府和潭州治下。其地在北宋前期还是一个独立的政治军事实体，未接受宋时朝廷的管辖②。章惇经制荆湖时，于神宗熙宁五年（1072年）纳土内附，朝廷以其地置新化县。

梅山驿路亦即此时期开通，并设置馆驿。据章惇奏："梅山地区的民众皆欢喜，争开道路，迎所遣招谕人。"③ 此后，梅山驿路一直行用。《舆地纪胜》引用侯延庆在徽宗宣和三年（1121年）撰写的《修门记》云：自熙宁中纳梅山为省地，通道置驿，而郡为湖岭要

---

① 王象之：《舆地纪胜》卷72《靖州》，第640页下栏。
② 陈佳华、蔡家艺、莫俊卿：《宋辽金时期民族史》，第512页。
③ 李焘：《续资治通鉴长编》卷240，熙宁五年十一月庚申条。

卫①。因为梅山驿路的开辟，不仅使得梅山地区纳为省地，而且其周边的宝庆府也渐渐成为荆湖南路的重要交通枢纽和军事重地。该驿路可考的馆驿仅有石槽铺，章惇有《过石槽铺》的诗：瘴疠潜消瑞气和，梅峰千里润烟萝。人逢双堠虽云远，路在好山宁厌多。②

4. 思黔东通辰州道

思州原为绍庆府下辖羁縻州，宋徽宗时首领田祐恭纳土内附，政和八年（1118年）建州。其后，建制多有废复，高宗绍兴二年（1132年）稳定下来。此后，直到元至元十四年（1277年）田景贤归附元朝。思州和黔州东向通往辰州的道路，唐代即已通行，严耕望先生有详细考证，宋代应该基本沿袭。兹简录于此，以备参阅③：其一，由思州的思王县东南入辰水河谷，至常丰县，至锦州卢阳县，又东北经麻阳、辰溪、卢溪至辰州沅陵县。④ 其二，由牂牁充州（约今余庆）入潕水河谷，经梓姜县（约今镇远）至业州夜郎县（今晃县），又经费州东行至奖州，至巫州龙标县（约今芷江），又东北至辰州沅陵县。其三，由黔州东行至黔江县，入酉水河谷至三亭县，至溪州大乡县，又东微南至辰州沅陵县。

以上三条道路都要穿过武陵山脉，且都是水陆兼程，在宋代也应该大都行用。但因史料的阙如，不知宋代具体而细微的变动以及具体的行用事实；而且也不知是否设置有馆驿递铺等交通机构。

二、宋代武陵山片区水路交通道路

1. 乌江水道

乌江水道应该是本区域内部最为重要的交通道路之一。该水道

---

① 王象之：《舆地纪胜》卷59《宝庆府·风俗形胜》，第563页上栏。
② 王象之：《舆地纪胜》卷59《宝庆府》，第565页下栏。
③ 严耕望：《唐代交通图考》卷4《山剑滇黔区》，第1293~1298页。
④ 唐宋时期中原的佛教文化就是沿着乌江和此条交通道路传入黔地、传入梵净山的。具体可参阅龙云清《梵净山佛教宗派探析》（《铜仁师范高等专科学校学报》，2006年第4期）和拙著《宋代梵净山周边佛教寺院考》（《铜仁学院学报》，2015年第1期）。

的行用历史相当久远。严耕望先生详细考证了唐代乌江水道的具体情况，笔者亦录于此，以备参阅①：自涪州（今涪陵）循乌江东南水行160里至武隆县。又水行40里至信宁县。又水行130里至黔州治所彭水县（今县）。东南复水行一百三十里至洪杜县（今龚滩）。又东南水行150里，至思州治所务川县（约今沿河县）。又南水行300里至思王县（约今思南县），又50里至慈头滩，又10里至多田县（约今龙庭江与乌江会口之北岸）。又西南40里至费州治所涪川县（约今鹦鹉河与乌江会口之南岸）。又西南一百九十里至牂牁别部至充州（约今余庆境）。又西南盖仍循河谷而上，行牂牁国境约1100百里至牂牁国都，即牂州也，治建安县（约今永宁地区）。

由于史料的阙如，宋代乌江水道的行用情况不甚明了，推测应该大体与上述相同。而且，同样也不知是否设置有馆驿递铺等交通机构。

2. 峡江水道

峡江水道是宋代一条重要的水路交通道路，位于武陵山片区的北侧边缘，是西向沟通川峡四路和东向连接江陵府的重要交通道路。本书第二章详细论述了该水道沿线设置水路文书通信组织，擘画文书通信线路的具体状况。该水道经过武陵山片区的涪州、归州和峡州以至江陵府，沿线置有馆、驿、递铺、急脚递、摆铺等各类交通及通信组织，是为驿路。

此水道经北宋前期反复规整，通畅情况及通过能力都大幅提升，俨然成为西南区域间交通往来最重要通道之一。而且该水道在宋代取用极为频繁，著名爱国诗人陆游入蜀即经由此路。

3. 湘江水道

湘江水道位于武陵山片区的东侧，也是宋代一条繁忙的交通道路，为北上连通江陵府、南下到达广南西路提供了又一便利通道。

———————
① 严耕望：《唐代交通图考》卷4《山剑滇黔区》，第1289~1292页。

赵宋之时，湘江水道也是取用极为频繁的。孝宗乾道年间（1165—1173年），范成大由两浙路吴兴赴任广南西路的靖江府，以及其后又由靖江府赴任成都府途中均经过了湘江水道①。

此水道沿途也置有馆、驿、递铺，亦是驿路。水道通畅情况虽不及峡江水道，但其通过能力仍较高。② 当下，笔者可以确知洞庭驿、湘口馆是宋代湘江水道的著名馆驿。

三、文书通信系统与交通行旅环境的优化

由上述宋代武陵山片区交通道路具体状况可知，文书通信系统的建构直接带动了区域内交通道路的修筑和开通，这在很大程度上起到了改善交通行旅环境的作用。神宗熙宁五年（1072年）开通的宝庆府梅山驿路虽然仍多为山路，但是路况较好，交通行旅环境较好，章惇亦曾感叹"路在好山宁厌多"。元丰六年（1083年）开通的靖州南向通往广南西路的道路，不仅连通了两大区域，大大缩减了道路里程，所以"比他处为捷途"，为行人提供了便捷的通道，而且道路两侧的自然环境较好，尤其是途径的福湖山"比之诸山最为苍翠"。度宗咸淳二年（1266年）重新修整施黔驿路，消除了一些险峻的岩石，平整、拓宽和修葺了路面，不仅大大便利了行人通行，而且沿途的风景更是"渐入佳景"。

当然，沿线设置的馆驿递铺等文书通信组织机构，既能为行人提供车马等交通工具，又能为行人提供食宿服务，从而改变了原来行人"凡至宿泊，多倚溪岩就水造食"的局面，所以大大优化了本区域的交通行旅条件。

而且馆、驿、递铺等文书通信组织机构都驻守有铺兵，这能在

---

① 范成大：《吴船录》卷上。
② 李焘：《长编》卷18，太平兴国二年春正月丙寅条：湘江多巨潭险石，而程限与陆铺等。

一定程度上改善地方的治安状况，减少劫掠、盗寇、诈骗等行为的发生，保障本区域的交通行旅安全。因为两宋时社会治安状况总体上并不是尽如人意，各类盗寇之徒诸路地方时亦有之。其中有些寇乱行为也波及地方的文书通信系统。如欧阳修曾言：河北西路的洺州经常有军贼为乱，有时"掠夺递马"，有时打劫马递铺。① 再如，《夷坚志》记载："浙西人刘承节，自赣州回，至高冈下与盗遇，虽与拒斗而寡不敌众……死焉"，而一递铺兵卒恰巧路过，也被杀害。② 此类事件在西南区域也有发生，孝宗隆兴元年（1163年），全州军士李明等作乱，"阴伺邮传，凡递角至先发之"，完全破坏了正常的通信秩序，甚至州县官员上报此事的文书，都"追吏窜易，悉如己意"，致使全州人心慌慌，长时间未能平定。③ 有鉴于此，朝廷不得不采取措施，提高文书通信组织防御寇贼的能力，下令递铺"制小沙锣、鼓，寇到，鸣鼓集众，迭相救援"，而且明确规定听见鼓声后，"止听下、上两铺驰救"，其他递铺则要加强警备，防御寇贼。④ 此措施意在让各递铺连点成线，集体防御寇贼，变每铺单独对付寇贼为前后数铺共同防御，这在很大程度上增加了文书通信组织应付各类寇贼的能力，从而也相对地加强了地方的治安。

此外，诸路普遍设置"巡检马递铺"一职，专门负责陆路通信沿线"巡逻几察之事"⑤；水路通信沿线则设置"沿淮巡检"⑥ 和

---

① 欧阳修：《欧阳文忠公集》卷117《河北奉使奏草·奏洺州盗贼事》，长春时代文艺出版社2001年点校本。
② 洪迈：《夷坚支甲》卷3《刘承节马》，第730~731页。
③ 韩元吉：《南涧甲乙稿》卷21《中奉大夫提举武夷山冲右观王公墓志铭》，文渊阁四库全书本。
④ 徐松：《宋会要·兵》11之13，第6944页上栏。
⑤ 脱脱：《宋史》卷167《职官志七·巡检司》，第3982页；胡矩、方万里、罗濬《宝庆四明志》卷3《官僚》。
⑥ 《长编》有"凡两驿增置捉贼使臣一员，而罢自京至楚州夹河巡检"的记载（李焘：《长编》卷105，天圣五年六月庚寅条）。

"沿江巡检"①，负责水路的治安维护等工作。西南区域设置了"沿边溪峒都巡检"，有的只掌管一州或一县的巡逻工作，有的则兼掌数州数县"巡逻州邑、擒捕盗贼事"；尤其是海南的琼州及荆湖北路的归州、峡州和荆门军等处，都"跨连数郡，控制溪峒"，设置了水陆都巡检使或三州都巡检使等。②《宋会要》也有类似记载：神宗元丰七年（1084年），宜州沿边溪洞都巡检程建协同广南路提点刑狱司追捕汀州军贼蓝载等。③ 巡检马递铺、各水路巡检及沿边溪洞都巡检的存在，对于地方的治安在客观上必能有所改善。而且，诸多铺兵本身即为地方厢军的一员，虽然战斗力不及禁军，但也应是其中的佼佼者。因此，往来于道路的通信组织从业人员，其存在本身即能一定程度的强化道路治安，保障本区域的交通行旅安全，从而能够优化交通行旅的环境。

第三节 宋代西南区域文书通信系统与区域经济文化

宋代西南区域文书通信系统的建构，不仅直接带动该区域交通道路的通畅，而且推动了该区域经济与文化的发展。

一、宋代西南区域文书通信系统与区域经济发展

宋代西南区域文书通信系统的建构推动了该区域经济的发展，繁荣了茶叶、食盐、丹砂等区域特色产业，加速了城镇的发展，加快了人口的增长，促进了区域开发。

1. 茶叶生产

西南区域的川峡四路是宋代茶叶生产的重要区域。据宋人范镇的

---

① 陆游在《入蜀记》中描述百里荒时，写道："平时行舟，多于此遇盗，通济巡检持兵来警逻，不寐达旦。"（陆游：《陆游集·渭南文集》卷47《入蜀记第五》，第2445页。）
② 脱脱：《宋史》卷167《职官志七·巡检司》，第3982页。
③ 徐松：《宋会要·兵》12之10，第6957页上栏。

《东斋记事》记载:"蜀之产茶凡八处,雅州之蒙顶、蜀州之味江、邛州之火井、嘉州之中峰、彭州之堋口、汉州之杨村、锦州之兽目、利州之罗村。"而且本区域更为偏僻的黔州、思州、播州等地,早在唐代即产好茶。据陆羽的《茶经·八之出》记载:"黔中生思州、播州、费州、夷州","其思、播、费、夷⋯⋯往往得之,其味极佳"。到宋代,这些地区持续出产茶叶。《太平寰宇记》中记载思州的贡物有茶。黄庭坚谪居黔州期间,也对黔州产茶情况有所描述。其在《答从圣使君》中云:"此邦(黔州)茶乃可饮,但去城或数日,土人不善制造,焙多带烟耳,不然亦殊佳,今往黔州都濡在刘氏贡炮也,味殊厚。恨此方难得真好事者耳。"《阮郎归》又写到"黔中桃李可寻芳,摘茶人自忙。月团犀胯斗圆方。研膏入焙香,青笼裹,绛纱囊,品高闻外江。酒阑传碗舞红裳,都濡春味长。"从以上资料可以看出,宋代西南区域产茶之广泛。在茶叶产量方面,据贾大泉先生考证,两宋时本区域的川峡四路每年茶产量约在3 000万斤,超过了东南地区茶产量的总和①。

茶叶生产的繁荣,直接促进了本区域茶马贸易的繁荣。② 宋代茶叶生产的繁荣,周边区域对茶叶需求量的急剧增加,以及宋代马匹的急需,在更加便利的文书通信系统和交通道路体系的带动下,使茶马贸易迅速走向繁荣。据裴一璞考证,宋代西南区域的川峡四路买马数量自神宗起开始大量增加,熙宁八年(1076年)时达到15 000千匹,元丰二年(1080年)时达到20 000匹,此后基本维持此数。到高宗建炎初买马数有所下降,仍"逾万匹",建炎四年(1131年)再次恢复到两万匹,其后有所下降,但基

---

① 贾大泉:《四川通史》第四册《五代两宋》,四川大学出版社,1994年,第195页。
② 方文述,喻学忠:《宋代官营茶马贸易制度的建构》,《江汉大学学报(人文科学版)》,2009年第6期。

本维持在 11 000~13 000 匹。① 购买的这些马匹，无论是川马、广马还是秦马，都是经由本区域文书通信系统的干线交通线纲运驿送至京城或者各处马监饲养、繁育和驾驭使用。

2. 食盐生产

西南区域是宋代重要产盐区，全为井盐，即通过打井的方式抽取地下卤水（天然形成或盐矿注水后生成），"得水入灶，以柴茅煎熬"，制成的盐。据文献记载，宋代本区域主要是川峡四路的食盐产地。在北宋前期共有 600 多个盐井，产盐 1 630 万斤。到南宋高宗时期有 4 900 个盐井，产盐 6 000 余万斤。② 可见，宋代本区域食盐生产发展速度之快。随着食盐产量的增加，以及运销的便利化，各方围绕食盐资源展开激烈的博弈，其间既有暴力冲突也有相互妥协。特别是在夔州路食盐博弈中，通过各民族之间互动等各方共同努力，探索出"以盐转粟"的方式，实现了盐权分配的均衡，促进了盐权秩序的稳定和区域社会经济的开发。③

3. 丹砂生产

西南区域是我国重要的传统药材产地，以丹砂为代表的药材生产较为突出。早在先秦时期，本区域的丹砂即见诸记载。到宋代，本区域的丹砂生产愈加繁盛，产地持续扩张。《桂海虞衡志》记载："丹砂，《本草》以辰砂为上，宜砂次之。今宜山人云，出砂处与湖北（荆湖北路）犬牙，山北为辰砂，南为宜砂。地脉不殊，无甚分别。"④ 而辰砂和宜砂产地均在本区域内。据考证，仅本区域的武陵山片区，宋代就有黔州、澧州、费州、思州、沅州、业州和辰州产

---

① 裴一璞，唐春生：《宋代四川与少数民族市马交易考述》，《重庆师范大学学报（哲学社会科学版）》，2010 年第 3 期，第 85 页。
② 贾大泉：《四川通史》第四册《五代两宋》，第 205 页；贾大泉：《宋代四川经济述论》，四川省社会科学院出版社，1985 年，第 131－137 页。
③ 裴一璞：《宋代夔路食盐博弈与社会互动》，《盐业史研究》，2013 年第 4 期。
④ 范成大著，严沛校注：《桂海虞衡志校注》，广西人民出版社，1986 年，第 21 页。

丹砂。① 这些丹砂的运输，大都是经由本区域文书通信系统的干线交通线运输，特别是峡江和乌江水道运输。

文书通信系统建构推动本区域经济的发展，还集中表现在带动文书通信系统沿线城镇的发展。一方面是城镇砦堡数量的急剧增加，学界已有部分研究成果，如王涯军的《宋代川峡四路市镇地理考》②和《宋代长江三峡地区草市镇地理考》③、裴洞毫的《宋代夔州路砦堡地理考》④、杨果的《北宋湘西"寨"的兴替及其与区域开发的关系》⑤，可资阅读。另一个直观的表现就是文书通信线路途经的一些州县人口增长较快。⑥ 这主要是因为文书通信系统建构以后，交通便利了，"商贾出入，金钱盐币贸易不绝"，各类各色人等由此出入和贸易，人口自然繁育快，加之由此而来的军事移民等，相关州县人口增长明显。

二、宋代西南区域文书通信系统与贡赐贸易

西南区域不仅地理形势十分复杂，而且杂居着诸多少数民族，历来是牵涉民族关系的重要区域。而"慕风化""崇忠效"的朝贡在政治上表明对中央王朝的归顺，所以历来为中央王朝所重视，成为落实"羁縻"政策，进而扼制各部族的重要方式。宋朝继承李唐制度，在西南区域"树其酋长，使自镇抚"⑦，继续实行羁縻之制度，

---

① 胡安徽，卢华语：《历史时期武陵山区丹砂产地分布及其变迁》，《中国历史地理论丛》，2011 年第 4 期，第 38 页。
② 蓝勇主编：《西南史地（第一辑）》，巴蜀书社，2009 年。
③ 王涯军：《宋代长江三峡地区草市镇地理考》，《中国历史地理论丛》，1998 年第 1 期。
④ 裴洞毫：《宋代夔州路砦堡地理考》，西南大学硕士学位论文，2009 年。
⑤ 杨果：《北宋湘西"寨"的兴替及其与区域开发的关系》，《漆侠先生纪念文集》，河北大学出版社出版，2002 年。
⑥ 吴松弟：《中国人口史》第三卷《辽宋金元时期》，复旦大学出版社，2000 年。
⑦ 脱脱：《宋史》卷 1493《蛮夷列传一·西南溪峒诸蛮上》，第 14172 页。

第六章 宋代西南区域文书通信系统的社会功用

逐步完善了朝贡体系。① 从史籍记载来看，本区域各部族向赵宋朝廷朝贡次数最多的是成都府路黎州的部分少数民族②。另外，据段绪光先生统计，分布于今湘鄂西的溪峒诸少数民族"自太祖乾德四年（966 年）七月到哲宗元符二年（1099 年）十月止，见诸史籍，注明年月的朝贡达五十多次，朝贡人数多达数百、上千。"特别是在真宗和仁宗朝达到鼎盛，两朝 66 年间朝贡竟达 41 次之多。"其中朝贡队伍百以上者有十次，占总朝贡数的四分之一，有的一年达五次之多。"③ 可见，宋代西南区域朝贡之频繁。宋代西南区域各部族入贡，朝廷一般都派遣牙吏严加保护，并给"驿券"，沿文书通信干线的驿路入京。例如，辰州的南江地区少数民族进贡，按惯例都发给驿卷，所以"（李）光银援以为请，诏以券九道给之。"④ 再如，真宗大中祥符五年（1012 年）曾诏令各部族首领"有来贡者，选使臣一人部押，先须搜索兵刃器械，每程与驿官同给驿料。"⑤

而宋代西南区域各部族入贡队伍之大、入贡之频、贡物之多，以及宋廷之重视和回赐之丰厚，都是以往各朝代所无法比拟的。其中，一个很重要的原因就是宋代西南区域文书通信系统的建构，直接带动该区域交通道路的通畅；而深层次的原因则是朝贡背后的政治与经济利益的驱动，即朝廷注重朝贡的政治利益，各部族则以朝

---

① 黄纯艳教授对宋代朝贡制度研究用功较深，成果卓著，可资参阅。如《宋代朝贡体系研究》（商务印书馆，2014 年）、《宋代朝贡贸易中的回赐问题》（《厦门大学学报（哲学社会科学版）》，2011 年第 4 期）、《南宋朝贡体系的构成与运行》（《上海师范大学学报（哲学社会科学版）》，2011 年第 5 期）。论及宋代西南区域朝贡问题的成果有《宋代西南少数民族朝贡初步制度化的几个问题》（赵永忠：《宋代西南少数民族朝贡初步制度化的几个问题》，《贵州民族研究》，2014 年第 1 期）、《论宋代湘鄂西土酋的"朝贡"与朝廷的"回赐"》（段绪光：《论宋代湘鄂西土酋的"朝贡"与朝廷的"回赐"》，《民族论坛》，1989 年第 2 期）。
② 赵永忠：《宋代西南少数民族朝贡初步制度化的几个问题》，第 141 页。
③ 段绪光：《论宋代湘鄂西土酋的"朝贡"与朝廷的"回赐"》，第 44~45 页。
④ 脱脱：《宋史》卷 1493《蛮夷列传一·西南溪峒诸蛮上》，第 14181 页。
⑤ 徐松：《宋会要·蕃夷》5 之 78，第 9884 页上栏。

廷的回赐为利，由此形成了朝廷与西南各部族间的贡赐贸易，"崇忠效"与"赐有差"相得益彰。通过贡赐贸易，宋廷达到了"服远人"即控厄诸少数民族的政治目的，而宋廷丰厚的回赐则是诸少数民族的经济目的。据不完全统计，宋廷的"有差"回赐主要包括：袭衣、巾服、银袍、锦袍、麻鞋、靴、笏、金带、银带、碗、币、帛、衿、绢、印、鞍勒马、盐等物。即使由于朝奉而遣回者，亦可得到赐物。如真宗大中祥符九年（1106年），"诏令溪峒诸部族因朝奉遣回者，并令夔州转运使勘会，贡方物者，人赐彩三匹，盐二十斤；无方物者，人彩二匹，盐半斤，其近上首领即加赐二两银碗一。"① 可以说，这些回赐物品的价值往往高于"贡物"数倍，有的则是当地部族十分缺乏而又不可或缺的物品，如食盐等。《宋会要·蕃夷》记载：宋廷曾规定"溪峒诸部族若愿得食盐，亦听就近取射数目，比折支与"。所以，一些部族首领为获得食盐等物便想方设法入贡。往往掠边民充数以求入贡换得"赐物"。更有甚者，一些汉人亦逃入少数民族境内，"与蛮俱来朝贡，以冒赏赐"。当然，宋廷亦采取了相应措施，对朝贡时限、朝贡人数和朝贡程序等做了具体规定，使本区域各部族朝贡逐步走向制度化②，使得该区域的贡赐贸易持续发展。

三、宋代西南区域文书通信系统与区域文化发展

宋代西南区域文书通信系统的建构也带动了区域文化的发展，带来文化发展的新因素，激发区域文化发展，同时也便利了特色文化的交流与展示。

文书通信系统的建构和交通的便利，使得更多知识分子、文化名人往来该区域。程颐、黄庭坚、范成大、尹焞、陆游、李曾伯等

---

① 徐松：《宋会要·蕃夷》5 之 78，第 9884 页上栏。
② 赵永忠：《宋代西南少数民族朝贡初步制度化的几个问题》，第 142~143 页。

第六章 宋代西南区域文书通信系统的社会功用

等知识分子和文化名人，或因任官，或因避居，或因贬谪，或因游历，来到西南区域；同时，三苏等本区域名士又因种种原因，往来其他区域，文化名人的便利往来带来了文化发展的新因素。较为明显的成果是本区域教育的繁荣和儒学的发展。

随着文书通信系统的建构、交通的便利以及社会经济的发展，宋代本区域教育逐渐兴盛，学校规模和数量不断增加。到仁宗庆历年间（1041—1048年），本区域一些原本文化相对落后的州县，如夔州、富顺监、渠州、戎州等地，均由官方开办了学校即官学。其后，神宗熙宁年间（1068—1077年）和徽宗崇宁年间（1102—1106年），其他一些州县也开办了官学，如罗江、射洪、永泰、合江、邻水、阆州等。① 期间，荆湖北路的沅州亦建立了府学和宝山书院；靖州建有州学和作新书院，南渡以后又设立新民学，是为蕃学，主要教育溪峒诸部族子弟，以3000人数为满额②；夔州路的思州，在高宗绍兴年间（1131—1162年）建立有銮塘书院③。而且，学校的建立不仅是个案，两宋之际就开始在整个西南区域兴起建立学校的热潮，甚至徽宗皇帝专为黔南兴学下发过御笔诏书④。以上史料，足可说明其学校规模之大及教育之兴盛。

其实，教育的兴盛离不开地方当政者和文化名人的提倡。具体到宋代的西南区域来看，一个典型的兴学案例就是播州杨氏兴学。播州杨氏兴学的详细情况裴一璞和张文在《拒绝边缘：宋代播州杨氏的华夏认同》⑤一文中有细致的描述。该文考述了播州杨氏从十一

---

① 贾大泉：《四川通史》第四册《五代两宋》，第263页。
② 陈佳华，蔡家艺，莫俊卿：《宋辽金时期民族史》，第500页。
③ 周春元、王燕玉、张祥光等：《贵州古代史》，贵州人民出版社，1982年，第191页。
④ 孙廷林：《论宋代的蕃学教育》，《保定学院学报》，2015年第5期，第85页。
⑤ 裴一璞，张文：《拒绝边缘：宋代播州杨氏的华夏认同》，《中国边疆史地研究》，2014年第1期，第125页。

代杨选到十六代杨邦宪等数代,在当地兴办教育的具体状况,成绩斐然,值得肯定。

宋代西南区域文书通信系统的建构带动区域文化发展,还表现在本区域儒学的发展。首先是众多知识分子、文化名人的到来,直接促进本区域儒学的发展。如哲宗绍圣四年(1097年)—元符二年(1099年),理学重要创始人程颐因党争,贬官涪州。期间著书立说,完成了《周易程氏传》。凝结了程颐毕生研究《周易》的成果,"既展现了程颐丰富深刻的理性主义思辨哲学,又充实了宋代初期义理之学的学术规模"①,是理学的重要代表著作。这也直接奠定了涪州在理学发展史上的重要地位。其后,作为程颐晚年最得意的弟子以及两宋之际洛学服膺者的尹焞,在靖康之变后,为避难迁居涪州,再次引领本区域儒学的发展。其次,本区域的文士亦当仁不让,迎头赶上,在宋代儒学领域独树一帜。特别是以三苏为代表的文士,立足文学本位,杂糅百家的"大全之道",主论性命之学与修养之学,创立了独具特色的三苏蜀学②,是为北宋新儒学的重要流派。

当然,诸多知识分子、文化名人在西南区域任官、居住或者游历期间,写下了大量优美的诗文,而且有很多诗文是在馆驿递铺等文书通信组织中创作,甚至直接书写于馆驿的墙壁之上③,是为题壁诗词④,或者是以其描述对象、以其为意象等,如魏了翁的《眉州江乡馆壁记》、陆游的《剑南诗稿》、黄庭坚的《竹枝词》,等等。并且他们还会借助文书通信系统,往来传递和唱和诗文。⑤ 例如,苏轼被贬琼州,还能时常与同时被贬雷州的秦观通过文书通信系统往来

---

① 卢连章:《程颢程颐评传》,南京大学出版社,2001年,第18页。
② 叶平:《三苏蜀学思想研究》,河南大学出版社,2011年。
③ 李德辉:《论宋人驿铺题诗》,《衡阳师范学院学报》,2009年第2期。
④ 张惠乔:《北宋题壁诗之研究》,台湾师范大学硕士学位论文,2004年;刘洪生:《唐宋题壁诗词的思想价值》,《湛江海洋大学学报》,2005年第2期。
⑤ 谭新红:《宋代的驿递制度与文学传播》,《武汉大学学报》2010年第6期。

邮寄诗文,"有自雷州来者,递至少游所惠书诗累幅"①,更是宋代西南区域文书通信系统的建构带动区域文化发展的具体表征。其他,诸如促进书法、舞蹈、宗教等方方面面的交流和发展不一而足。

---

① 朱弁撰,孔凡礼点校:《曲洧旧闻》卷5"东坡论秦少游张文潜",中华书局,2002年唐宋史料笔记丛刊本,第155页。

参 考 文 献

[1] 徐松辑. 宋会要辑稿 [M]. 北京：中华书局, 1957.
[2] 李焘. 续资治通鉴长编 [M]. 北京：中华书局, 1979.
[3] 脱脱. 宋史 [M]. 北京：中华书局, 1985.
[4] 曾巩. 隆平集 [M]. 台北：文化出版社, 1967.
[5] 程大昌. 演繁露 [M]. 北京：京华出版社, 2000.
[6] 陆游. 陆游集 [M]. 北京：中华书局, 1976.
[7] 洪迈. 夷坚志 [M]. 北京：中华书局, 1981.
[8] 黄庭坚. 山谷诗集注 [M]. 上海：上海古籍出版社, 2003.
[9] 彭百川. 太平治迹统类 [M]. 扬州：江苏广陵古籍刻印社, 1981.
[10] 王象之. 舆地纪胜 [M]. 扬州：江苏广陵古籍刻印社, 1991.
[11] 祝穆. 方舆胜览 [M]. 北京：中华书局, 2003.
[12] 苏轼. 栾城集 [M]. 上海：上海古籍出版社, 1987.
[13] 赵彦卫. 云麓漫抄 [M]. 北京：中华书局, 1996.
[14] 谢深甫. 庆元条法事类 [M]. 北京：燕京大学图书馆, 1948.
[15] 曹学佺. 蜀中名胜记 [M]. 重庆：重庆出版社, 1983.
[16] 胡矩, 方万里, 罗浚. 宝庆四明志 [M]. 北京：中华书局, 1990.
[17] 曾枣庄, 刘琳. 全宋文 [M]. 上海辞书出版社·安徽教育出版社, 2006.
[18] 赵歧注, 孙奭疏. 孟子注疏 [M]. 北京：北京大学出版社, 2000.

[19] 施宿．嘉泰会稽志［M］．北京：中华书局，1990年．

[20] 熊梦祥．析津志辑佚［M］．北京：北京古籍出版社，1983．

[21] 顾祖禹．读史方舆纪要［M］．北京：中华书局，2003．

[22] 杨慎．全蜀艺文志［M］．北京：线装书局，2003．

[23] 程公许．沧洲尘缶编［M］．文渊阁四库全书本．

[24] 嘉庆罗江县志［M］．成都：巴蜀书社，1992．

[25] 李流谦．澹斋集［M］．北京：线装书局，2004．

[26] 曹彦约．昌谷集［M］．文渊阁四库全书本．

[27] 范成大．范成大笔记六种［M］．北京：中华书局，2002．

[28] 魏了翁．鹤山先生大全文集［M］．四部丛刊本．

[29] 范成大．范石湖集［M］．上海；上海古籍出版社，1981．

[30] 嘉庆汉中续修府志［M］．台北：台湾学生书局，1968．

[31] 文同．丹渊集［M］．台北：世界书局，1986．

[32] 韩琦．安阳集［M］．北京：线装书局，2004．

[33] 赵抃．清献集［M］．北京：书目文献出版社，1998．

[34] 张方平．乐全集［M］．文渊阁四库全书本．

[35] 韦骧．钱塘集［M］．文渊阁四库全书本．

[36] 袁说友．东塘集［M］．北京：线装书局，2004．

[37] 冯时行．缙云文集［M］．文渊阁四库全书本．

[38] 李新．跨鳌集［M］．文渊阁四库全书本．

[39] 万历三峡通志［M］．上海：上海古籍出版社，2003．

[40] 郭印．云溪集［M］．文渊阁四库全书本．

[41] 李纲．梁溪集［M］．文渊阁四库全书本．

[42] 吕陶．净德集［M］．文渊阁四库全书本．

[43] 徐梦莘．三朝北盟会编［M］．台北：大化书局，1980．

[44] 永乐大典［M］．北京：中华书局，1986．

[45] 李心传．建炎以来朝野杂记［M］．北京：中华书局，2000．

[46] 李曾伯．可斋杂稿［M］．文渊阁四库全书本．

[47] 杨士奇. 历代名臣奏议 [M]. 上海：上海古籍出版社，1989.

[48] 欧阳忞. 舆地广记 [M]. 成都：四川大学出版社，2003.

[49] 周密. 武林旧事 [M]. 杭州：西湖书社，1981.

[50] 曾公亮. 武经总要 [M]. 解放军出版社·辽沈书社，1988.

[51] 吕南公. 灌园集 [M]. 文渊阁四库全书本.

[52] 许洞. 虎钤经 [M]. 文渊阁四库全书本.

[53] 王明清. 投辖录 [M]. 郑州：大象出版社，2013.

[54] 彭乘. 墨客挥犀 [M]. 北京：中华书局，2002.

[55] 欧阳修. 欧阳文忠公集 [M]. 长春：时代文艺出版社，2001.

[56] 韩元吉. 南涧甲乙稿 [M]. 文渊阁四库全书本.

[57] 张樑任. 中国邮政 [M]. 上海：商务印书馆，1935.

[58] 楼祖诒. 中国邮驿发达史 [M]. 昆明：中华书局，1940.

[59] 楼祖诒. 中国邮驿史料 [M]. 北京：人民邮电出版社，1958.

[60] [日] 青山定雄. 唐宋时代的交通与地志地图研究 [M]. 东京：吉川弘文馆，1962.

[61] 刘伯骥. 宋代政教史 [M]. 香港：中华书局，1971.

[62] 施水浪. 邮驿春秋 [M]. 西安：陕西人民出版社，2002.

[63] 高学良. 中国邮史通览 [M]. 沈阳：沈阳市集邮协会，1985.

[64] 刘广生. 中国古代邮驿史 [M]. 北京：人民邮电出版社，1986.

[65] 郑游. 中国的邮驿与邮政 [M]. 北京：人民出版社，1988.

[66] 藏荣. 中国古代驿站与邮传 [M]. 天津：天津教育出版社，1991.

[67] 马楚坚. 中国古代的邮驿 [M]. 上海：商务印书馆，1997.

[68] 王化隆，王艳玉. 中国邮政简史 [M]. 上海：商务印书馆，1999.

[69] 王子今. 邮传万里——驿站与邮递 [M]. 长春：长春出版社，2004.

[70] 来新夏．天津的邮驿与邮政［M］．天津：天津古籍出版社，2004．

[71] 王展意．中国古代道路交通史［M］．北京：人民交通出版社，1994．

[72] 曹家齐．宋代交通管理制度研究［M］．郑州：河南大学出版社，2002．

[73] 曹家齐．唐宋时期南方地区交通研究［M］．香港：华夏文艺出版社，2005．

[74] 张锦鹏．南宋交通史［M］．上海：上海古籍出版社，2008．

[75] 漆侠．宋代经济史［M］．上海：上海人民出版社，1988．

[76] 傅筑夫．中国封建经济史（第五卷）．［M］．北京：人民出版社，1989．

[77] 朱瑞熙，王曾瑜，等．辽宋西夏金社会生活史［M］．北京：中国社会科学出版社，1998．

[78] 仇润喜，刘广生，等．中国邮驿史料［M］．北京：北京航空航天大学出版社，1999．

[79] 李德辉．唐宋馆驿制度及其与文学关系研究［M］．北京：人民文学出版社，2008．

[80] 曹潜．中华邮政史［M］．台北："交通部"邮政总局，1981．

[81] 赵效宣．宋代驿站制度［M］．台北：联经出版事业公司，1983．

[82] 晏星．中华邮政发展史［M］．台北：商务印书馆，1994．

[83] 张翊．中华邮政史［M］．台北：东大图书公司，1996．

[84] 王士英．中国邮政史料丛稿［M］《今日邮政》月刊社，1984．

[85] 邓小南．政绩考察与信息渠道：以宋代为重心［M］．北京：北京大学出版社，2008．

[86] 湖南省地方志编纂委员会．湖南省志［M］．长沙：湖南出版社，1995．

[87] 王文光,龙晓燕,陈斌. 中国西南民族关系史 [M]. 北京：中国社会科学出版社, 2005.

[88] [美] E·A·罗斯 著, 秦志勇、毛永政 译. 社会控制 [M]. 北京：华夏出版社, 1989.

[89] 林文勋, 古更有. 唐宋乡村社会力量与基层控制 [M]. 昆明：云南大学出版社, 2005.

[90] 蓝勇. 四川古代交通路线史 [M]. 重庆：西南师范大学出版社, 1989.

[91] 严耕望. 唐代交通图考 [M]. 台北：中研院史语所, 1985.

[92] 欧小牧. 陆游年谱 [M]. 北京：人民文学出版社, 1981.

[93] 杨正泰. 明代驿站考 [M]. 上海：上海古籍出版社, 2006.

[94] 郭黎安. 宋史地理志汇释 [M]. 合肥：安徽教育出版社, 2003.

[95] 中国历史地图集编辑组. 中国历史地图集·第六册 [M]. 北京：中华地图学社, 1975.

[96] 于北山. 范成大年谱 [M]. 上海：上海古籍出版社, 1987.

[97] 李仲广. 旅游经济学：模型与方法 [M]. 北京：中国旅游出版社, 2006.

[98] 保继刚, 楚义芳. 旅游地理学 [M]. 北京：高等教育出版社, 1999.

[99] 吴松弟. 中国人口史·第三卷 [M]. 上海：复旦大学出版社, 2000.

[100] 包伟民. 宋代财政史研究 [M]. 上海：上海古籍出版社, 2001.

[101] 邓小南. 宋代信息渠道举隅：以宋廷对地方政绩的考察为例 [J]. 历史研究, 2008 (3).

[102] 曾我部静雄. 宋代的驿传邮铺 [A]. 桑原博士还历纪念东洋史论丛 [C]. 东京：名古书屋, 1930.

[103] 王夔强．宋代交通制度考略［J］．安雅月刊，1935（5）~193（1）．

[104] 青山定雄．宋代的邮铺［J］．东方学报，1936（6）；颐安曾译，中和月刊，1942（9）．

[105] 魏重庆．两宋时代之交通事业［J］正风半月刊，1936（11）．

[106] 泷川政次郎．宋元驿制记事——《永乐大典》所引《金玉新书》及《经世大典》逸文［J］．建国大学研究院编．满洲事情案内所，1942（B5）．

[107] 张樑任．中国历代邮制概要［J］．东方杂志，1935（1）．

[108] 史式．宋代的军邮［J］．集邮，1963（7）．

[109] 董新和．中国邮政简史［J］．中国一周，1958（7）．

[110] 滇生．中国古代的邮政［N］．安徽日报，1962-3-24．

[111] 张增元．古代邮驿漫话［N］．天津日报，1962-9-9．

[112] 钱剑夫．邮驿溯源［N］．新民晚报，1963-3-13．

[113] 真上隆俊．关于南宋邮铺的考察［J］．东洋学报，1952（1、2、4）．

[114] 小岩井弘光．论宋代急脚递铺兵［J］．集刊东洋学，1959（1）．

[115] 澎瀛添．两宋的邮驿制度［J］．史学汇刊，1977（8）．

[116] 曹家齐．南宋对邮传之整饬与更张［J］．中山大学学报，2003（6）．

[117] 曹家齐．唐宋驿传制度变迹探略［A］．燕京学报新17期［C］，北京：北京大学出版社，2004．

[118] 曹家齐．南宋临安府周围之邮传系统——立足具体背景和设置状况的考察［A］．文史［C］，北京：中华书局，2008．

[119] 曹家齐．宋代文书传递制度述论［A］．邓小南主编．政绩考察与信息渠道——以宋代为重心［C］北京：北京大学出版社，2008．

[120] 魏天安，杨世利．宋代的驿馆与邮传［J］．中州学刊，2003（4）．

[121] 戴庞海．宋代的邮传制度［J］．中州今古，2004（6）．

[122] 赵彦昌，吕真真．宋代公文邮驿制度研究［J］．浙江档案，2009（3）．

[123] 孙志平．宋代的递铺［J］．中国邮政，1985（1）．

[124] 汪圣铎．宋代的递铺［J］．文史知识，1988（5）．

[125] 曹家齐．金字牌递创设时间小考［J］．江海学刊，1998（5）．

[126] 曹家齐．宋代的馆驿和递铺［J］．华夏文化，1999（3）．

[127] 曹家齐．关于南宋斥堠铺、摆铺的几个问题［J］．浙江大学学报，2002（5）．

[128] 吴士海．宋元明清急递铺述略［J］．秘书之友，1993（1）．

[129] 曹家齐．宋代急脚递考［J］．中国史研究，2001（1）．

[130] 焦杰．北宋急脚递的传递方式考［J］．中国历史地理论丛，2008（3）．

[131] 焦杰．唐宋金元急递制度的沿革［J］．社会科学评论，2008（3）．

[132] 刘洪生．唐宋题壁诗词的思想价值［J］．湛江海洋大学学报，2005（2）．

[133] 李德辉．论宋人驿铺题诗［J］．衡阳师范学院学报，2009（2）．

[134] 谭新红．宋代的驿递制度与文学传播［J］．武汉大学学报，2010（6）．

[135] 桦子．宋代的私人用邮［J］．上海师范大学学报，1987（2）．

[136] 游彪：宋代邮政管理体制的一个侧面——以进奏院的职责与官方文书的分类为中心［J］．云南社会科学，2003（3）．

[137] 游彪．宋代朝廷与地方之间的"文字"传递［J］．河南大学学报，2003（3）．

[138] 苏全有, 陈自豪. 中国邮驿史研究的回顾与反思 [J]. 北京邮电大学学报, 2010 (5).

[139] 谢日升. 广西交通史研究综述 [J]. 广西地方志, 2009 (6).

[140] 王子今. 中国交通史研究一百年 [J]. 历史研究, 2002 (2).

[141] 王文楚. 中国古代驿传制度概述 [J]. 历史教学问题, 1983 (3).

[142] 陈京. 中国邮驿发展简史 [J]. 邮政研究, 1990 (3).

[143] 陈燮阳, 乔惠英. 中国古代邮驿沿革 [J]. 汽车研究与开发, 1999 (3).

[144] 程京生. 见证源远流长的中华通信文化 [J]. 知识就是力量, 2003 (6).

[145] 王晓静. 中国古代的邮驿系统 [J]. 中国文化遗产, 2009 (2).

[146] 苏卫国. 中国古代文书接力传递问题试探 [J]. 鞍山师范学院学报, 2010 (1).

[147] 刘宝河, 刘七妮. 我国古代的信息传递 [J]. 决策与信息, 1999 (5).

[148] 吴建琪, 王树生. 中国古代信息传播方式略论 [J]. 哈尔滨工业大学学报, 2001 (3).

[149] 邹莹. 中国古代邮驿制度与传播 [J]. 咸宁学院学报. 2003 (4).

[150] 王殿芝. 我国古代的邮驿法规、法令 [N]. 中国档案报, 2003-06-13 (2).

[151] 涂继文. 古代的邮驿法规法令 [N]. 中国邮政报, 2004-11-12 (6).

[152] 胡文悼. 古代邮驿的管理 [N]. 中国邮政报, 2006-03-31 (6).

[153] 胡文悼. 中国古代的邮驿法规 [N]. 中国邮政报, 2006-03

-31（6）.

[154] 陈孔坛. 古代邮驿及其法律 [J]. 检察风云, 2010（20）.

[155] 李良品. 长江三峡地区水驿发展浅探 [J]. 长江志季刊, 2003（3）.

[156] 黄祥辉. 松江府驿站和递铺考 [J]. 上海集邮, 2007（6）.

[157] 纪小春. 青海古代邮驿考述 [J]. 青海民族研究, 2009（3）.

[158] 曹尔琴. 中国古都与邮驿 [J]. 中国历史地理论丛, 1994（2）.

[159] 翁礼华. 古驿及其财政 [J]. 浙江财税与会计, 2000（7）.

[160] 蔡东洲, 于富业. 论中国古代驿站和邮传对旅游业的影响 [J]. 重庆邮电大学学报, 2007（3）.

[161] 李爽. 略谈古代驿站的功能 [J]. 兰台世界, 2009（11）.

[162] 蔡绍彬. 中国邮驿史话 [J]. 邮票史话, 1987（70～82）.

[163] 远藤隆俊. 宋代的外国使节与文书传递：以成寻《参天台五台山记》为线索 [J]. 历史研究, 2008（3）.

[164] 黄宽重. 晚宋军情搜集与传递——以《可斋杂稿》所见宋、蒙广西战役为例 [J]. 汉学研究 2009（2）.

[165] 包伟民. 视角、史料和方法：关于宋代研究中的"问题" [J]. 历史研究, 2009（6）.

[166] 于省吾. 殷代的交通工具和驲传制度 [J]. 人文科学学报, 1955（2）.

[167] 邓小南. 多途考察：宋廷核验地方政绩的努力 [A]. 宋代社会的空间与网络 [C]. 东京：汲古书院, 2006.

[168] 邓小南. 宋代信息渠道举隅：以宋廷对地方政绩的考察为例 [J]. 历史研究, 2008（3）.

[169] 王化雨. 宋朝君主的信息渠道研究 [D]. 北京大学博士论文, 2008.

[170] 陈晔. 北宋政情、政风下的转对制 [J]. 史学月刊, 2010

(11).

[171] 黄纯艳. 宋代登闻鼓制度 [J]. 中州学刊, 2004 (6).

[172] 赵冬梅. 论宋代的阁门官员 [J]. 中国史研究, 2004 (4).

[173] 赵冬梅. 通进视角下的唐宋阁门司 [A]. 邓小南主编. 政绩考察与信息渠道——以宋代为重心 [C] 北京：北京大学出版社, 2008.

[174] 李全德. 文书运行中的宋代通进银台司 [A].

[175] 寺地遵. 宋代政治史研究方法试论 [A].

[176] 平田茂树. 宋代政治构造试论：以"对"和"议"为线索 [J]. 东洋史研究, 1994 (4).

[177] 平田茂树. 宋代的政治空间：皇帝与臣僚交流方式的变化 [J]. 历史研究, 2008 (3).

[178] 卢俊勇. 宋代厢军兵源述论 [J]. 宜宾学院学报, 2008 (10).

[179] 龚维玲. 宋代广西兵制探微 [J]. 社会科学家, 1990 (4).

[180] 罗炳良, 宋代兵变性质之我见 [J]. 北方工业大学学报, 1989 (2).

[181] 张中一. "鄂君启金节" 路线新探 [J]. 求索, 1989 (3).

[182] 尹娜. 两宋时期的瘟疫与社会控制 [D]. 上海师范大学硕士学位论文, 2005.

[183] 吴静. 宋明理学的社会控制思想述论 [J]. 成都纺织高等专科学校学报, 2009 (4).

[184] 刘云. 税役文书与社会控制：宋代户帖制度新探 [J]. 保定学院学报, 2010 (2).

[185] 沈红雁. 置邮传命 [J]. 中国邮政, 1982 (2).

[186] 黄盛璋. 川陕交通的历史发展 [J]. 地理学报, 1953 (4).

[187] 杨华, 屈定富. 长江三峡南岸入蜀古道考证 [J]. 三峡大学学报, 2006 (4).

后 记

  2009年，我有幸考入重庆师范大学，忝列喻学忠先生门下，研读宋代历史。先生以润物无声的方式启发着我的学习，使我初窥宋史殿门。先生为学为行，言传身教，让我终身受用。在先生的悉心指导下，我以宋代西南区域文书通信系统为研究主题，顺利完成论文写作，通过答辩，并获得硕士学位。本书就是在我硕士论文基础上修订而成。在本书即将刊印之际，我谨向恩师喻学忠先生表达衷心的感谢和诚挚的祝福！

  尚记得在毕业之时，恩师喻学忠先生叮嘱之语：继续完善论文，找合适的时机出版。但毕业之后，我先是寓居泉城济南准备博士入学考试，无奈为学尚浅，再三受挫，遂一度心伤之至，继续完善论文一事更是无从谈起。后，短暂浪迹八桂古郡玉林，感受岭南风光的同时，兴趣一度转向历史文化旅游，草成短文数篇。但初心不忘，时时感念。后得以落脚黔东，欣喜之余，全部心思都落在学生身上，以对得起教师的称呼。工作慢慢熟悉，也就渐渐想起文章一事，并且再度征求先生的意见，计划着手修改。但耽搁几年，再度捡拾并非易事。实际上，直到2016年下半年才真正开始修改工作，而且大都是利用周末以及假期完成。所以，特别感谢领导、同事的关心和帮助，在此谨致诚挚谢意。

  本书在出版过程中，得到了北京理工大学出版社皮发英女士的热情帮助，深表谢意。爱人张瑜女士，一心向学，奋勇作为，砥砺之意，感念良多，此中热忱，默记心中，唯愿执手，流年不负。

  最后，特别需要说明的是，关于宋代西南区域文书通信系统，还有很多问题需要再做具体讨论。书中不足之处，敬请师友不吝指教。

田 青

2017 年 4 月 25 日写于铜仁职业技术学院